《伦理学研究书系》
总　序

　　伦理学作为经典的人文科学在现代社会具有不可替代的地位和独特的社会功能。

　　伦理学的价值不在于提供物质财富或实用工具与技术,而是为人类构建一个意义的世界,守护一个精神的家园,使人类的心灵有所安顿、有所归依,使人格高尚起来。

　　伦理学也可以推动社会经济技术的进步,因为它能提供有实用性的人文知识,能营造一个有助于经济技术发展的人文环境。不过,为人类的经济与技术行为匡定终极意义或规范价值取向,为人类生存构建一个理想精神世界,却是伦理学更为重要的使命。

　　伦理学对人的价值、人的尊严的关怀,对人的精神理想的守护,对精神彼岸世界的不懈追求,使它与社会中占居主导地位的政治、经济或科技力量保持一定的距离或独立性,从而可以形成一种对社会发展进程起校正、平衡、弥补功能的人文精神力量。这样一种具有超越性和理想性的人文精神力量,将有助于保证经济的增长和科技的进步符合人类的要求和造福于人类,从而避免它们异化为人类的对立物去支配或奴役人类自身。

　　在人类经济高度发展、科技急速飞跃的今天,在人类的精神上守护这样一种理想,在文化上保持这样一种超越性的力量是十分必要的。伦理学以构建和更新人类文化价值体系,唤起人类的理性与良知,提高人的精神境界,开发人的心性资源,开拓更博大的人道主义和人格力量等方式来推动历史发展和人类进步。

中南大学伦理学学科始建于20世纪70年代末,由我国著名伦理学家曾钊新先生所开创。1990年获伦理学专业硕士学位授予权,2002年获伦理学专业博士点;同年在基础医学一级学科博士点下自主设置生命伦理学二级学科博士点;2006年成为湖南省重点学科,2007年获博士后科研流动站,2008年中南大学应用伦理学研究中心成为湖南省哲学社会科学重点研究基地,2008年"伦理文化与社会治理"研究基地成为国家"985"三期哲学社会科学重点研究基地,2008年成立了中南大学宗教文化与道德建设研究中心,目前已经成为我国伦理学研究和伦理学人才培养的重要基地之一。中南大学伦理学开创了道德心理学与伦理社会学研究,形成了伦理学基础理论、传统伦理思想及比较、应用伦理学、生命伦理学四个稳定而有特色的研究方向,曾组织出版"负面文化研究丛书"、"走出误区丛书"、"伦理新视野丛书"等大型学术研究丛书,编辑出版有《伦理学与公共事务》大型学术年刊。目前希望在核心价值体系建设、政治伦理、科技伦理、公共伦理、心智伦理、传统伦理文化等领域有所作为。

《伦理学研究书系》正是基于我们对伦理学事业的挚爱与追求而组织的反映中南大学伦理学学科建设的大型学术研究丛书,初步拟定为《导师文论》、《博士论丛》、《文本课堂》、《经典译丛》、《核心价值体系》、《公共伦理》、《经济伦理》、《政治伦理》、《道德心理》、《传统伦理》、《生命伦理》等系列。它既是对过去研究成果的总结,也是对新的研究领域的拓展;既是研究者个体智慧的体现,也是师生共同劳作的结晶。

书系不是一种学术体系的宣示,仅仅是一种研究组合;书系没有框定的思维和统一的风格,相反充满着研究者个性的光彩;书系没有不可一世的盛气,只有对先人和大家的无限敬仰;书系是中国伦理学百花园中的一片绿叶,追求的是关爱与忠诚、祈盼的是尊重与宽容。

丛书主编 李建华

二〇〇八年二月十八日

序

王小锡

李建华教授主编的《伦理学研究书系·经济伦理》丛书 6 册即将出版，我有幸在丛书出版之际较早拜读书稿，在饱览丛书独特研究进路和创新理念之时，我由衷地敬佩建华教授的学术境界和学术谋略。自从他治伦理学以来，建华教授在伦理学领域涉猎广泛，成就卓著，尤其是他对法律伦理、政治伦理、德性伦理等的研究多有建树，在学界形成了广泛的学术影响。现在，在他的主持下，富有创意和特色的经济伦理学丛书也即将出版，真可谓大家学术手笔。建华教授是学界奇才，他的学术战略及其成就在一定意义上是我国当代伦理学学科发展样态的缩影。

我认识建华教授时间并不长，但对他为人的坦荡与诚恳、为学的睿智与深邃、为事的韧劲与干练，我深有感触，我们也在"神交"中结下了深厚的友谊。这次承蒙建华教授看重，约我为他主编的经济伦理学丛书作序，我深感我学术分量不够，但他的一句"为经济伦理学丛书作序理当是你老兄"的话语激励我要为经济伦理学学科事业的发展说几句话。

改革开放以来，尤其是 20 世纪 80 年代末 90 年代初以来，顺应改革开放和经济建设发展的需要，作为"显学之显学"的经济伦理学在我国的伦理学学科中发展迅猛，凯歌高进，成绩不凡。经济伦理学的学科体系从无到有，研究视阈逐渐拓展，研究问题逐步深入，形成了学科自身对理论和应用问题研究的独特的学科特色，在伦理学分支学科中一枝独秀,展现了一道最为亮丽的学术风景线。

经济伦理研究始终伴随着我国改革开放的进程,并随着改革开放的发展而不断深入。研究的热点是关于经济伦理学学科的基本问题、关于经济与伦理、经济与道德的关系问题、关于经济伦理范畴问题、关于道德的经济作用即道德资本与道德生产力问题、关于经济信用和经济诚信的问题、关于经济正义和公平的问题、关于企业伦理与社会责任问题、关于生态经济伦理问题、关于消费伦理问题等。围绕这些问题的探讨与争鸣,逐步形成了中国经济伦理学特有的学术术语、概念范式和理论命题。从学术层面来讲,可以毫不夸张地说,这无疑是对经济伦理学研究的进一步发展提供了重要的理论资源和学术平台,启发我们对于现实经济实践问题的理论思考和学术解答。同样,经济伦理学的形成和发展可以启发或促进伦理学研究尤其是元伦理学和应用伦理学研究的"实"、"论"结合与互补,并进而推动各学科的理念创新与理论重构。而从实践层面来讲,经济伦理学的一些基本理论观点已经成为现实经济实践指导或应用理念,其中令人感到欣慰的是,一些企业已经清楚地认识到道德是企业发展的无形资产和精神资本,是企业的"安身立命"之根本,"无德"企业无以行天下,进而在生产与经营过程中摈弃"非道德经营"的传统企业哲学,转而恪守"道德经营"的企业哲学,企业家的确在"流淌着道德血液"(温家宝语),企业在承担着必要的社会责任。

尽管30年的经济伦理学研究取得了累累硕果,但与国家与社会期待相比,与合理解答现实经济问题的要求相比,其间差距显而易见。也许我们可以找出许多理由来为经济伦理学发展中的"不足"进行辩护,但一些突出的问题乃至难题需要引起我们的关注。概括起来,我国经济伦理学研究的主要问题大体有二:其一是理论研究尚没有充分凸显"显学"的地位。不管是先构建体系还是先研究问题(其实这是伪命题或伪问题,因为任何理论研究都只能是构建体系与研究问题同时并举,互为促进),理论的研究和发展始终是前提,唯有特色学科理论的完善和发展,才有学科应有的地位;其二是"问题意识"的淡漠。"面向实践"（恩德勒语）的应用研究尚需进一步强化、深入。简言之，经济伦理学研究"上不去"（抽象思辨平台不高）与"下不来"（实际应用的普适性程度不高）的尴尬格局仍然困扰着广大经济伦理学人，其产生的研究后果势必是要么自说自话，无病呻吟，要么软弱无力，浮光掠影。这一"学术困窘"从反面印证了一个道理：越是"形而上"的研究越离不开"形而下"的依据或基础，而越是"形而下"的研究越离不开"形而上"之关照与启迪。离开应用或没有应用价值、忽视当今社会或不能观照当今社会的所谓理论研究，忽视理论分析或没有理论支撑的所谓应用研究，都必将背离学术研究的本真理路和运思进路。事实上，真正的学术创新永远是"形而上"和"形而下"的自觉结合的产物。

鉴于此，中国经济伦理学研究今后应该也能够别开生面，倾力开拓"形而上"与"形而下"结合之研究趋向，进一步揭示经济领域的客观规律，诠释伦理道德之于经济生活的无可替代之价值。在坚持马克思主义主导地位的基础上，推动经济伦理学哲学层面的理论抽象、西文译著的文本解读与实践层面的田野调查这三辆拉动未来中国经济伦理学腾飞的"三驾马车"的快速前进，推进中国经济伦理学研究的实质性进步，是为时代赋予我们广大伦理学人的历史使命。

敢于承担历史使命的是可敬的，也是值得学习和借鉴的。由建华教授主持编著的这套《伦理学研究书系·经济伦理》丛书，立足中国，立足应用，实为难能可贵。她是"形而上"和"形而下"的自觉结合的最新成果，这可以说是经济伦理学乃至伦理学研究的一大令人欣喜之事。丛书立意高远，富有伦理抱负，直面现实生活尤其是企业发展中的迫切需要学术理论来加以解决的经济热点问题，其学术境界堪称学界之标杆。由是观之，该套丛书之所以成功，绝不仅仅在于其强烈的现实针对性和"实践感"（布迪厄语），更在于其理论抽象层面的分析、阐述鞭辟入里，切中要害，逻辑谨严，环环相扣。离开了前者或后者，学术研究必然会陷入低水平徘徊的泥淖之中，失去其逻辑力量。可以想象，《伦理学研究书系·经济伦理》丛书的强烈的现实意识、问题意识与深刻的学术视阈的契合，一定能发挥重大的理论功能，并在我国经济伦理学乃

序

至伦理学的发展史上留下深刻的学术记忆。

我相信《伦理学研究书系·经济伦理》丛书出版一定会受到学界同仁关注和欢迎,我也真诚地希望建华教授及其所领导的学术团队在我国伦理学学科建设中再接再厉,再创辉煌。

是为序。

2009 年 5 月于南京隽凤园

(作者为中国伦理学会副会长、南京师范大学公共管理学院教授、博士生导师)

目　录

第一章
企业委托代理关系中的道德风险

我国的企业改革走的是一条渐进式的制度变迁之路。在制度变迁过程中,当外围增量的改革取得成效时,企业内涵改革的成本却在原来制度的自留地上堆积起来:当前私营企业低谷徘徊、国有企业步履维艰;同时,随着市场经济的发展和推进,企业中的风险问题越来越凸显出来,并日益成为企业管理中不得不面对的重要问题。

企业管理所面临的风险主要是市场风险和道德风险两类风险问题。从某种意义上说,企业中的道德风险给一个企业造成的损失和影响,有时甚至超过市场风险。因为市场风险可以通过及时的策略调整予以避免,而道德风险却不是很容易在短期内得以解决的。专家估计,我国市场交易由于缺乏诚信体系,使得无效成本占国内生产总值的比重至少为10%至20%。企业效率低下必然会使国家受到影响,减慢了整个社会经济发展的步伐。实际上,诚信不单单是道德问题,而且是一种重要的社会资源,它影响着一个企业的竞争力。缺乏诚信以及普遍的失信现象,像瘟疫一样侵蚀着人与人之间的信任以及人们对企业对社会的信心。

同时,企业的内部管理是否符合道德规范,将直接影响员工的心理、意识、忠诚度,会在相当长的时间内影响制约着企业的发展。比如由于企业制度的不健全,导致各种违规违纪甚至违法行为,在这种情况下,职工首先对企业管理者信任度降低,对企业的忠诚度也随之下降,企业的道德风险随之增大。从这个意义上讲,企业中道德风险的规避实质就是企业诚信制度体系的建设,它的作用就在于为企业的长远目标提供强大的道德基础。

一、道德风险:市场经济的伦理之维

道德风险是 20 世纪 70 年代提出的一个经济学概念,但这一经济学概念本身就包含有伦理的因子,必须突破单纯经济学的视野才能找到理解和规避道德风险的路径(并不是仅仅通过经济学的激励机制能奏效的)。可以说,道德风险是市场经济的伦理维度,假如说经济人的假设为道德风险的产生提供了某种依据的话,那么只有对扬弃了道德人和经济人的社会人的认定,才能为道德风险问题的解决提供合理的思路。

1. 道德风险概念的经济学分析

道德风险(moral hazard)作为一个概念,最早源出于 20 世纪 70 年代美国经济学家阿罗(Arrow),他在《承担风险的理论文集》(Essays in the theory of Risk bearing)(1971 年)中指出:在交易合约中,不一定能直接或间接观察到的"自然状态"存在,随机事件实现反映为"自然"的外生选择而不是经济行为者的内生选择,以致实际的合同,不得不依赖于不完全的代理人。① 在这里,阿罗强调合约关系中的"随机事件"的存在,使"为取得第一流的最佳效率所需要的完全的市场系列经济不能组织起来,而不得不依靠不完全的代理人"。继阿罗之后,美国经济学家科托威茨(Y·Kotowits)用"道德风险"去表达偶发事件的不可观察性的含义,他指出:需要这种有关偶然事件不可观察性的知识来设计效率最佳合约。并指出:"道德风险存在于下列情况:由于不确定性和不完全的或有限制的合同使负有责任的经济行为者不能承担全部损失(或利益),因而他们不承受其行动的全部后果,同样地,也不享受行动

---

① 参见《新帕尔格雷夫货币金融大辞典》第 2 卷,经济科学出版社 1992 年版,第 295 页。

的所有好处"。① 在这里,科托威茨强调"道德风险"的不可观察性和需要有这方面的知识来设计效率最佳合约的必要性。为此,他和哈特(Hart)共同构建了一个可以用货币来度量的代理人行为结果的模型,用以解释道德风险的形成和分担。可见,按照早先提出这一概念的美国经济学家的论述,Moral Hazard 这个概念能够理解翻译为"道德危险"、"道德祸因"、"败德行为"(当然,道德风险并不等同于道德败坏),它相对实质危险(physical hazard)而言,实质危险是有形的危险,道德危险是一种无形的危险。道德风险,指代理人(或有信息优势的一方)在最大限度地谋求其自身效用时会做出损害委托人(或处于信息劣势的一方)利益的行为。

如果单从经济学看,道德风险是在市场关系中、在合约的条件下发生的。合约是在市场经济条件下交易双方达成的出于一定目的的共同协议和行为承诺,它表示双方权利与义务的确立。在市场经济条件下,交易双方达成共同的协议和行为承诺必须彼此了解对方,拥有双方的信息。在信息经济学的文献中,拥有私人信息的参与人称为"代理人"(agent),不拥有私人信息的参与人称为"委托人"(principal),由此,我们能够说合约的达成和实现是"代理人"与"委托人"的博弈。在博弈中,"代理人"能够将自身拥有私人信息隐蔽起来,使委托人不了解或不能充分了解自己的信息,这样就会使代理人的行为后果或者产生风险或者产生收益。由于委托人不拥有代理人的私人信息(私人信息具有不可观察性),不可能掌握代理人行为的全部后果,在这种条件下,反映在合约中的共同协议和行为承诺就不可能与代理人行为的全部后果区别开来。这样,代理人就有可能把自己的行为的负后果转嫁到委托人的身上,而逃避风险。所以,道德风险是在合约条件下,代理人凭借自己拥有私人信息的优势,可能采取"隐瞒信息"、"隐瞒行为"的方式,以有利于自己、有损于委托人的经济现象。

————————

① 参见《新帕尔格雷夫货币金融大辞典》第 2 卷,经济科学出版社 1992 年版,第588 页。

2. 道德风险蕴藏着伦理学的内涵

另一方面,道德风险其实也是 20 世纪 80 年代西方理论界提出的一个经济伦理学的概念,它特指从事经济活动的人在最大限度地增进自身的利益、不完全承担风险后果时做出不利于他人的不道德行为。到 90 年代,道德风险被学者们广泛地用于解释保险市场、公共福利、卫生保健和借贷市场等行为。西方经济学家认为,道德风险是在人们的社会和经济生活中广泛存在的一种现象,他们把凡是涉及契约或合同的其他经济领域中本质相同的问题都统称为"道德风险",即从事经济活动的人在最大限度地增进自身利益时做出不利于他人的行动。根据国际货币基金组织出版的《银行稳健经营与宏观经济政策》一书中的定义,道德风险是指当人们将不为自己的行为承担全部后果时变得不太谨慎的行为倾向。该定义把人们不为自己的行为承担全部后果作为道德风险滋生的原因,由此致使人们的行为"变得不太谨慎"。这样,风险就不可避免地产生了。柯武刚和史漫飞对委托代理关系中的道德风险有一个明确的定义:道德风险(moral hazard)即自利的个人受某种因素的引诱而违反有关诚实和可靠的一般准则,因为环境允许他们这样做而不受惩罚。① 毫无疑问,所谓"违反有关诚实和可靠的一般准则"其实就是"违反基本的道德法则"的同义语。

在现实经济活动中,道德风险问题相当普遍。例如,如果一个小孩相信在他超支的时候可以轻易得到他的父母追加的零花钱,他乱花钱的可能性就会增加。又如,如果某个政府官员的亲属认为在他触犯法律的时候会得到该官员的有效庇护,他遵守法律的自觉性将会下降。再如,在人们购买了汽车保险以后,他们不会像以前那样细心地驾驶汽车;在人们购买了火灾保险后,他们将不会像从前那样谨慎的防范火灾;在实行公费医疗制度以后,药品的浪费将会增加;如此等等。获 2001 年度诺贝尔经济学奖的斯蒂格里茨在研究保险市场时,发现了一

① 参见柯武刚、史漫飞:《制度经济学——社会秩序和公共政策》,商务印书馆 2002 年版,第 236 页。

个经典的例子:美国一所大学学生自行车被盗比率约为 10%,几个有经营头脑的学生发起了一个对自行车的保险,保费为保险标的 15%。按常理,这几个有经营头脑的学生应获得 5% 的利润。但该保险运作一段时间后,这几个学生发现自行车被盗比率迅速提高到 15% 以上。何以如此? 这是因为自行车投保后学生们对自行车安全防范措施明显减少。在这个例子中,投保的学生由于不完全承担自行车被盗的风险后果,因而采取了对自行车安全防范的不作为行为。而这种不作为的行为,也就是道德风险。可见,只要市场经济环境存在,道德风险就具有不可避免性。但是,对在经济生活中普遍存在的道德风险问题,我们不禁要从道德上进行追问:出于这样一种自我关注、自我利益或者自爱的道德风险在道德生活中到底占据了一个什么样的地位? 我们实际上出于自我利益的动机去做的任何事情是否都是在道德上必然导致利己主义? 以自我关注、自我利益或者自爱为基本形式的利己主义就是最好的道德理论吗? 或者,利己主义与真正的道德是否实际上是完全对立的? 利他主义是否是可能的,如果可能的话,其合理性何在?

当然,道德风险并不是道德与风险的简单组合,它是西方经济伦理学中的一个完整概念。道德风险中的"道德"是指市场经济中,人们签订合约后在履行合约的过程中,合约的一方出于主观意识和机会主义的动机隐蔽信息、隐蔽行为,以有损于对方的自私自利的不道德行为;道德风险中的"道德"在市场经济中具有随机性、偶然性和不确定性,"道德"发生在合约双方,具有特殊意义。职业道德与道德风险有密切的关联,二者之间存在着交集,有共同研究的内容。以"爱岗敬业、诚实守信、办事公道"为主要内容的职业道德,通过敬业、乐业、勤业、精业的职业态度和职业行为表现出来。这些范畴与道德风险涉及的委托代理合同和雇佣合同对员工行为的研究有共同之处,都有期望员工更加勤奋努力工作的含义,但是,职业道德中很多精神层面的取向,如"服务群众、奉献社会"等内容不是道德风险研究的范畴。违背职业道德,不能单单用道德风险的理论去进行解释。理解道德风险概念不能简单地以伦理道德去思考,又不能离开伦理道德去思考,而必须理解它的经济学逻辑,并由其固有的逻辑中推演出深层的伦理内容。

基于以上分析,我们可以说,道德风险的基本含义是指代理人在信息不对称时基于个人利益最大化的内在动机做出损害委托人利益的不道德行为。由于这种不道德行为具有很强的隐藏性,在不可避免地给委托人造成损害风险或损害后果时,而代理人却不承担责任。从伦理学的角度而言,我们比较认同这样一种对道德风险的理解:"所谓道德风险,是指可能道德行为的不确定性,这种道德行为的不确定性即可一直作为行为主体本身的可能行为的不确定性,也可以指一种社会措施所可能引起的社会可能道德后果的不确定性,且这种不确定性主要又是立足于其可能的结果及其潜在的危险而言的。"①因此,基于以上对道德风险概念演进的分析,我们可以从经济伦理的角度对道德风险这样来界定:所谓道德风险是指在委托代理关系中,经济主体在最大限度地增进自身效用时做出不利于他人的不道德行动。或者说是,当签约一方不完全承担风险后果时所采取的自身效用最大化的自私自利行为。

二、委托—代理理论分析框架

在现代企业制度下,企业所有权和经营权的两权分离引发了委托代理关系,而企业道德风险是委托代理关系的必然产物。下面我们对委托代理关系下的企业道德风险作一下分析。

1. 两权分离引发的委托代理关系

委托—代理理论是过去几十年中制度经济学最重要的发展之一,它大大改进了经济学家对资本家、管理者、工人之间内在的关系以及更一般的市场交易关系的理解。委托—代理理论是以信息经济学为基础、以研究制度激励约束为核心的新制度经济学中的一种较为独立的分析方法和理论。该理论一方面分析研究公司管理行为的各种代理问

① 高兆明:"应当重视道德风险研究",《浙江社会科学》,2000年第3期。

题以及由此而产生绩效报酬、所有权结构等问题（如陈郁等）；另一方面，揭示代理成本与各种"分离与控制"问题的关系，并通过隐藏行动和隐藏信息两类信息不对称下的委托代理博弈模型分析，研究各种委托代理关系的性质，由此得出一些如何进行最优机制设计的理论对策结论（如科斯、哈特、斯蒂格利茨等）。简言之，该理论就是试图模型化两个参与者之间关系的问题：一个参与人通过契约性的协议使另一个参与人按照前者的利益和意图选择行动。第一个参与人被称为委托人（principal），第二个参与人被称为代理人（agent）。委托人想让代理人按自己的利益选择行动，但由于委托人不能直接观测到代理人选择了什么行动，能观测到的只是一些变量，而这些变量是由代理人的行动和其他外生的随机因素共同决定，因此充其量只是代理人行动的不完全信息。委托人面临的是如何根据观测到的信息通过一套激励机制，促使代理人选择对委托人最有利的行动。

在现代公司制企业中，资本与劳动的关系发生了根本的改变，资本雇佣劳动成为一种常见的、主要的形式，所有权与控制权发生了分离。所有权与控制权分离的问题，由伯勒（Berle）和米恩斯（Means）于1970年前非常成功地引入现代公司理论，他们通过对美国200家大公司进行实证分析以后，认为现代大企业的控制权已经不可避免地从私人所有者手中转移到具有管理技能的企业家手中。结论是股份公司的发展导致了所有权与控制权的分离，即企业主不再在大企业中行使管理权力，利润最大化取决于那些作为代理人的经理人员，这些经理人员为股东所有者工作，从企业领取报酬和额外津贴。至此，不参与公司具体经营管理的资产所有者阶层逐渐形成，为资产所有者管理公司的经理阶层应运而生。管理创新的持续要求和股权分散必然导致企业的经营管理权旁落，委托代理关系由此产生。

2. 委托代理关系中的道德风险

委托代理关系是一种契约关系。契约的基本内容是规定代理人为委托人的利益应采取何种行动，委托人相应地应向代理人支付何种报酬。在经济活动中，当代理人为委托人工作，但后者支付给前者的报酬无法完全精确地取决于前者付出的劳动的数量和质量,而后者又无法使用非经济手段使前者努力工作时,就会产生委托代理问题。可见,标准的委托代理理论,是建立在两个基本命题之上:一是委托人对随机的产出没有直接的贡献;二是代理人的行为不易直接被委托人观察到。企业中的委托代理关系主要是出资人和公司所聘的经理人之间的关系。企业出资人通过签订合同的形式自愿委托某经理人来从事企业经营管理活动的日常工作,这样双方的委托代理关系就形成了。

每当人们按他人要求行动且代理人比委托人更了解营运情况时,代理人很有可能按自己的利益行事并忽略委托人的利益,委托代理关系中的道德风险也随之产生。柯武刚和史漫飞对委托代理关系中的道德风险有一个明确的定义:道德风险描述这样一种情境,即自利的个人受某种因素的引诱而违反有关诚实和可靠的一般准则,因为环境允许他们这样做而不受惩罚。张立海和于琳芝认为,在委托代理关系的研究中,道德风险指的是由于信息的不对称和监督的不完全,代理人利用自己的信息优势,通过减少自己的要素投入,或者采取机会主义的行为来达到自我效用最大化。显然,在委托代理关系中产生道德风险的原因在于代理人的利己性和委托人与代理人之间的信息的不对称性的同时存在。经济主体的利己动机是普遍存在的,但只有当信息的不对称也存在时,这种动机才有可能行为化。

在信息经济学文献中,常常讲博弈中拥有较多私人信息的参与人称为"代理人"(agent),拥有较少或不拥有私人信息的参与人称为"委托人"(principal)。事后非对称信息的模型成为道德风险模型,包括隐藏行为的道德风险模型和隐藏信息的道德风险模型。由此,道德风险分为两类:隐藏信息的道德风险和隐藏行动的道德风险。①

隐藏行为的道德风险模型(moral hazard with hidden action):签约时信息是对称的,因而是完全信息;签约后,代理人选择行为(如工作

① 参见张维迎:《博弈论与信息经济学》,上海人民出版社1996年版,第398—399页。

努力还是不努力),"自然"选择"状态";代理人的行为和自然状态一起决定某些可以观测的结果,委托人只能观测到结果,而不能直接观测到代理人的行为本身和自然状态本身。委托人的问题是一个激励合同以诱使代理人从自身利益出发选择对委托人最有利的行为。如,雇主与雇员的关系:雇主不能观测到雇员是否努力工作,但可以观测到雇员的任务完成得如何,因此,雇员的报酬应该与其完成任务的情况有关。隐藏信息的道德风险模型(moral hazard with hidden information):签约时信息是对称的(因而是完全信息);签约后,"自然"选择"状态";代理人观测到自然的选择,然后选择行为;委托人观测到待人的行为,但不能观测到自然的选择。委托人的问题是涉及一个激励合同以诱使代理人在给定状态下选择对委托人最有利的行为。如,企业经理与营销人员的关系:营销人员知道顾客的特征,企业经理(委托人)不知道;经理设计的激励合同是要想营销人员提供刺激以使后者针对不同的顾客选择不同的营销策略。

当然,上述的道德风险只是从一个角度来看,即代理人有出现败德行为的可能。而在实际生活中,企业老板失信于经理人的现象比比皆是,对于经理人来说,同样存在着如何面对企业老板失信保护自身利益的问题。

三、企业中不同层次的道德风险

在企业委托代理关系中,所有者(雇主、股东、董事或政府等)、经理人和员工是其基本的链条,股东与经理、经理与员工都可以归结为委托人与代理人的关系。由此,企业道德风险可以分成所有者、经理人和员工三个层面来分析,以委托代理关系的经理人的道德风险为轴心和重点。

1. 有限责任的代理人道德风险

现代企业一般采取股份运作的形式,由此形成各种各样的股份制企业。股份制企业是由众多股东共同投资建立的法人企业,作为企业组织必须有一个权威人或组织来指挥生产,还应充分体现股东的意志。因此股份制企业采取了委托代理经营,这种所有权和经营权分离的制度设计是从经营要素有效配置、高效运营的角度考虑的,但同时也产生了少数代理多数或多数人的权力和利益被少数人侵占的矛盾,即道德风险问题。

当股东大会把部分权力和责任委托给董事会时,董事会就成为股东大会的常设权力机关和企业的实际所有者,具有经营决策权和公司代表权,董事特别是董事长和执行董事就有不尽受托责任或滥用职权以权谋私的可能,或者说股东委托权责就要冒被侵权吞利的道德风险。当董事会以信任托管关系将公司经营管理事务全权交给总经理时,就存在总经理未尽托管责任、越权行为或以权谋私的道德风险。另外,监事会受股东委托对董事会及经理层的个人行为和收益、公司经营行为和业绩进行监督,保证其合法、合规性,监事未尽监督职责或发生寻租行为(被监督者收买)则监督失效,也属于公司的道德风险。

公司制产生的历史表明,从人身责任(血腥复仇)——家族财产责任(索塞特)——个人财产有限责任(康孟达、特许公司)——股东、公司有限责任(有限责任公司和股份有限公司)的依次推进,经济个体的法律责任从无限、强制、特惠逐渐过渡到有限、自愿、平等;同时,经营方式则从所有权和经营权的高度合一逐渐演变为所有权和经营权的适当分离。随着个人的投资风险被严格限制在其投资额的范围之内,多样化的投资风险和收益的组合,为日益发展的工商企业提供了宝贵的资本资源。

虽然公司制度有力地推动了企业发展和社会进步,但自公司制度建立时起,如何规范公司运作、防止公司欺诈就一直备受关注。历史上著名的南海泡沫、密西西比泡沫、郁金香泡沫等都是由公司欺诈引起的过度投机所致,而近期发生的安然公司、世界通讯公司、施乐公司等财务欺诈丑闻导致美国股票市场的急剧波动,严重动摇了投资者的信心。理论和经验证明,公司的独立人格和有限责任是导致公司欺诈的直接诱因。

然而,公司人格的独立性和公司责任的有限性,不仅是公司诞生的前提条件,同时也是公司治理问题的关键所在。公司人格的独立,使公司具备了和自然人一样从事市场动的主体资格;公司责任的有限,使公司以较低成本聚集大量资本成为可能。问题是,公司自身并无手足,公司的正常运转一刻也离不开股东会、董事会、监事会、管理者(简称"三会四权")的密切配合,尤其是公司的日常管理,基本上完全赖于高层管理者。这样,委托代理中就会发生道德风险问题。

　　根据公司法及相关规定,在公司必要事务范围内,任何有关公司的行动决策和行动后果,公司总是直接和最终的承担者。名义上,是公司这个独立法人在行动;事实上,透过公司这层"面纱",站在公司背后、指挥公司行动的是"三会四权"等一系列公司内部人员,即内部人控制。换句话说,内部人通过公司这个绝好的"面纱"来为或不为一定的行为,并把为或不为的后果归置于公司。可以合理预见,理性的内部人追求最大利益的道德风险,将对公司的独立人格和有限责任产生巨大损害。

　　同时,公司内部也存在着多层次的复合委托代理问题。在"三会四权"等公司内部人员中,股东会委托董事会,董事会委托高层管理者(如 CEO、CFO 等)。在公司内部一系列的委托链条中,高层管理人员成了最后的受托者,即最后代理人。一方面,相对于公司供应商、消费者、投资者等公司外部的市场参与者来说,高层管理者拥有公司战略、生产经营决策方面的内幕信息;另一方面,相对于公司董事会、股东会、监事会等委托方来说,高层管理者又拥有市场信息、生产经营、人力资源等方面的具体信息。高层管理者拥有的不对称信息越多,发生道德风险的可能性也就越大。沿此思路演绎下去,高层管理者无疑是隐藏于公司"面纱"后面,试图超越有限责任框架的潜在获利者。

　　借助自身拥有的不对称信息优势和公司"面纱"的保护,公司高层管理者为最大化个人利益,就可能不惜牺牲公司及其利益相关者的权益,通过各种不正当手段来谋取暴利。其中,制造虚假财务信息、夸大收入、隐瞒亏损,并以此抬高股价,就成了目前企业激励管理者、约束其经营管理中的道德风险需要深入研究的问题。

2. 所有者的道德风险

尽管代理人的道德风险问题是委托代理中企业道德风险的主题，但是在有些情况下，委托人方面也存在着道德风险问题。建立在代理人业绩上的激励合同要求有关代理人业绩上的信息（或其他可观测的信息）是对称的，因为只有在这种情况下，委托人和代理人双方才都知道前者应该支付给后者多少，合同才具有法律上的可执行性。然而，在许多雇佣关系中，有关代理人业绩的信息是非对称的：度量有很大随意性，代理人可能无法证实委托人观测的东西，或者，即便当事人之间的信息是对称的，但这种信息无法在法庭上证实（当事人与法庭之间信息息是不对称的）。在这种情况下，就出现了委托人的道德风险问题：根据合同，当观测到的产出高时，委托人应该支付给代理人高的报酬，但委托人可能谎称产出不高而逃避履约责任，从而把本该支付的给代理人的收入占为己有。在有些情况下，委托人可能顾忌名声而不这样做，但情况并不总是如此。特别是，如根据合同，委托人必须支付的数额很大的话，委托人可能有很大的诱惑不履行承诺。如果代理人预期到委托人可能要耍赖，也就不会有积极性努力工作。马尔科森（Malcomson）证明，类似锦标制度的激励合同可能是解决委托人道德风险问题的一个有效办法。①

包工头携款逃跑就是一个委托人的道德风险的例子。麦克阿斐（McAfee）和麦克米伦（McMillan）证明，正是由于委托人也存在道德风险问题，阿—德的监督型委托人才可能优越于赫姆斯特姆的打破预算平衡的委托人，原因在于，当委托人是监督代理人的行为而不是向代理人收取保证金时，他逃跑的积极性就降低了。正是在这个意义上，麦克阿斐和麦克米伦认为，委托人监督的目的是约束委托人自己，而不是代理人。

多数学者在治理道德风险时非常强调治理经理人道德风险，即代

---

① 张维迎：《博弈论与信息经济学》，上海人民出版社 1996 年版，第 464—465 页。

理人道德风险,而忽视了委托人道德风险的治理。这种委托人道德风险行为会通过示范效应强化经理人原有的机会主义倾向,助长经理人道德风险行为的发生。因此防范道德风险应双管齐下,既要治理委托人道德风险,又要治理代理人道德风险。假如仅强调治理代理人道德风险,而不治理委托人道德风险,那么真正意义上的企业委托代理的契约关系就难以建立,企业道德风险的防范也就无从谈起。本文由于受篇幅的限制,对于委托人的道德风险问题只能在论述中附带提及,不可能专门展开论述,这是需要加以说明的。

3. 经理人的道德风险

企业经理人的道德风险是"委托代理"道德风险的主要方面,它特指企业代理人在对他行为的后果不必承担全部责任的情况下,因追求其自身效用最大化而做出损害委托人利益的不道德行为。企业经理人以牺牲出资者的利益为代价,使自己的效用最大化及经营者行为偏离企业价值最大化。根据产权制度有关委托代理理论,股东作为出资者,同董事会及企业经理层之间属于一种委托关系。出资者是企业的委托人,董事、经理则是企业的代理人。在现代企业中,包括已实行股份制改造的现代公司制度中,客观存在出资者所有权与法人财产权、经理阶层的控制权之间的两级委托代理关系,由于企业经营者个人利益、个人目标与企业出资者的利益、目标的不完全一致性,同时,由于存在企业出资者与经营者的信息不对称性,就出现了作为出资者代理人的企业经营者的道德风险问题。

企业经理人道德风险的表现为:(1)经理人采取私立账户、转移资产、造假账、违反规定报销等手段,挪用公司资金,贪污企业资产;(2)经理人在产品定价、销售,原材料和机器设备采购、选择,供应商和销售商投资、融资等方面损害企业利益,自己收取回扣;出卖公司经济技术情报,收取贿赂;(3)经理人挥霍公款,在职消费肆意扩张;(4)经理人工作不努力、决策不负责、盲目冒险投机经营、行为短期化,为了个人收入最大化,不惜运用其掌握的经营决策权力,追求企业短期利润最大化,忽视甚至损害企业的长远发展;(5)经理人为了提高社会地位片面追求企业规模扩张;(6)代理人在契约签订后,经理人可能会采取其他冒险的行为,例如任用与自己有特殊关系而缺乏相应能力的人员,等等。

在现代企业尤其是股份制企业中,资本所有权与经营权通常是分离的。所有者把企业经营权委托给他所聘请的经理人,一般情况下不直接干预企业的经营活动。然而,所有者和经理人之间的目标函数通常并不一致,——所有者追求企业利润或企业价值最大化,经理人追求自身效用最大化,两者存在利益上的冲突。加之信息不对称,所有者不能直接观察经理人的全部行动;还因为不确定性的存在因素,企业的经营结果由经理的行为和其他一些不确定因素共同决定。因此,经理人就有可能为了自己的利益而做出一些有损于所有者利益的事情,并且通过"隐藏行动"和"隐藏信息"来使所有者承担风险。如果所有者不能对经理人进行有效的激励与约束,则这种潜在的可能就有转化为现实的可能。

由于经理人员控制了公司的资产经营权,支配着公司的日常生产经营活动,所以进经理人的"道德风险"一旦成为现实,则给企业带来莫大的损失。一个德才兼备的经理人能使濒临倒闭的企业起死回生。一个不思进取的经理人也能使兴旺的企业破产、倒闭。在中外企业中,无数事实充分说明了这一点。

4. 员工的道德风险

一般来说,企业员工道德水平具有差异性和多样性。因为个体道德虽然受社会道德制约,但本身表现出很大的差异性和多样性。这是由个人对道德的选择和道德修养的实践以及个人社会环境和社会生活的特殊性决定的。目前我国的个体道德状况存在着四种类型:一是大公无私,为集体和国家的利益可以奉献一切;二是先公后私,在维护集体和国家利益的前提下追求合理的个人利益;三是公私分明,追求合理的个人利益但不会损害他人、集体或国家的利益;四是自私自利,唯利是图,在追求自己利益的时候损人利己。可见,在社会和经济生活中,当人们处理自己与他人、企业和国家的关系时,多数人还是比较注重自己利益的。但是,如果人们损害他人、集体或国家的利益将要付出代价,并最终会损害自己的利益时,那么人们对自身利益的追求就会受到某种制约,从而促使他们把自己的利益与他人、企业或国家的利益结合起来。如果人们损害他人、企业或国家的利益将不会因此付出代价,那么他们在追求自身利益的过程中就会减少顾及他人、企业或国家利益的考虑,这样就会产生道德风险。

企业员工出现的道德风险问题,从根本上讲有三个层面的因素促成:(1)大环境:目前国内社会信用体系现状堪忧;社会信用体系不完善引发的种种问题;(2)小环境:企业管理制度在制定上存在不足,特别是有些企业根本没有建立道德风险的防范和监督制度;公司管理层面对公司制度执行不力,甚至参与有损公司利益的行为;(3)个人层面:员工缺乏应有的职业化素养。员工道德水准、特别是尽职性不高,使其在履行职业责任时,主观意识上主动侵害公司利益给公司业务造成各种威胁,这是主动风险;员工缺少必要的职业规范和素质,在履行职业责任时,没有按照公司业务规范及制度操作,使外来的各种风险威胁到公司安全,这是被动风险。

此外,团队活动是现代企业的重要特征之一,员工团队也会产生道德风险。员工团队是指一组代理人,他们独立地选择行动,但创造一个共同的产出,每个代理人对产出的边际贡献依赖于其他代理人的行动,其贡献不可独立观测。在团队生产中,由于代理人行动的不可观测性和团队产出的特点,即使没有不确定性也会产生道德风险问题。因此,能否优化团队生产的契约设计是提高企业生产效率的关键。

四、我国企业中道德风险的特殊问题

倘若不考虑股份制改造的因素,我国现有的企业形式主要是私营企业和国有企业两种。与企业中道德风险密切相关的问题,对私营企业而言,主要是家族化问题和非国民待遇问题;对国有企业而言,主要是企业治理结构问题和"所有者缺位"问题。

1. 国有企业中道德风险的特殊问题

国有企业改革是我国经济体制改革的中心环节,由于特殊的历史原因,其委托代理关系更显中国特色。从最初委托人到最终代理人,从中央政府到基层企业呈现出多层次结构状态。在国有经济中,作为最终所有者和初始委托人的全体公民并无行为能力,也缺乏监督的动力。其强制和惩罚代理人的能力非常有限,对作为代理人的各级政府官员乃至企业经营者难以形成有效的监督和约束。这样的委托代理关系必然会造成对代理人的约束软化、激励不当、惩罚不力的后果,从而更容易产生经营者的道德风险。另外,国有企业规模大,数量多、分布散的特点也严重影响了监督效率,加大了代理成本。具体说来,国有企业经营中道德风险的突出表现在以下几个方面:

第一,所有者缺位问题

从法律角度来看,国有企业属全民所有,但在实践中由全民共同行使产权根本不可能。因此,国有企业经营天然存在新一层委托代理关系,即行使所有权者不可能是实际意义上的所有者,只能是接受国家委托的"代理所有者",是一种新型的"派生委托人","人人所有"在实际运行中变成了"无人所有",这种现象常被称为"所有者缺位"。

在我国,国有资产的最终所有者是全民,全体人民通过国家来代表自己行使资产所有者职能,国家又通过各级资产管理部门具体行使资产所有权职能。由于行政主管部门权力过于集中,致使国有资产管理部门实际上不存在委托的能力,因此使国有资产所有权代表缺位。由于国有资产所有权代表缺位,所以对代理人的行为监督不能达到预期效果,这就为代理人的道德风险的产生创造了条件。"派生委托人"也有剩余行为,国有企业中表现尤盛。国企委托代理多层次性决定了"代理所有者"具有双重身份,一方面他们是国家设置的国有资产人格化代表,这一身份说明他们是以全体劳动者成员的一分子同国有资产发生关系的,他们没有直接的剩余索取权,也缺乏与其权利对等的责任约束,这种间接的权责关系实际上淡化了国有资产的人格意识。另一方面,他们又是追求财产、政绩、舒适等自身效用的相对独立的主体,他们追求个人利益的内在动力更强。在现有经济条件下,否认个人利益是不切实际的,当"代理所有者"个人或小团体利益与国家和全民的利益发生冲突时,"代理所有者"的道德风险活动便可能发生。不仅如此,"代理所有者的身份"是政府官员,他们能控制企业相当部分的决策权和收益,却能在企业"出事"后脱身事外,多数情况下并不为自己行为的不良后果负责。

"代理所有者"的道德风险活动突出地体现在"廉价投票权"上。所谓"廉价投票权"是指未能表达最终出资者真实意愿的表决。"代理所有者"正是以此谋取个人和小团体利益,如:委派行贿者或"关系户"为企业负责人,产生不称职的经营者;只进行对自己有利的决策而置国家利益不顾;参与"内部人控制",与经营者合谋侵蚀国家利益,为实现个人利益对企业施加不当干预等。

由所有者缺位必然造成国有企业更严重的道德风险。国有企业存在的道德风险问题,对于国有企业,由于存在着双重的委托代理关系。即:国家把企业委托给了政府,政府又把企业委托给了经理,出现了国有企业中所有权与经营权分离的情况。两权分离会导致一系列的问题:在观念上,我国国有企业的厂长、经理在现行体制下大多被看作国家干部而不是具有独立利益的经营者,再加上国有企业的倒闭对管理者的个人利益也没有重大影响。他们在一个企业经营不善还可以转到别的企业或别的工作岗位,正是由于国有企业的管理者不必为经营的后果承担全部责任,因而易于产生道德风险。事实上,随着社会主义市场经济的不断完善和发展,一个国企经营者的真实思想可能与一个市场中的普通商人相差无几。他既可以把企业经营好,实现政府规定的任期盈利指标,并且为企业留下足够的发展后劲;也可以在企业的生产经营中,或采取短期行为,在企业利益与自身利益冲突时,以追求自身利益最大化为依据;或加大在职消费,建立小金库,甚至收受贿赂、贪污腐败。

经营者的风险体现在经营失败时承担财产责任的大小、丧失职位的可能性和机会成本、失职和腐败行为被查处的概率和力度。首先,当前国有企业还没有真正的财产风险承担者,负盈不负亏是一个较为普遍的现象,其原因在于制度上还没有建立起对经营者有实际"威慑力"的个人财产担保制度。其次,企业家进出机制不健全,企业管理者通常是由政府官员选择且与政府官员"仕途"相通:庸俗的"能上不下"的官场信条在企业中也颇有市场,经营失败的厂长、经理常有易地做官的不错归宿,升官也往往被用作对经理、厂长们的奖励,这种"退入仕途"的机制大大降低了经营者失去现有职位的机会成本,因而对现有职位不够珍惜。第三,法制不健全、企业内部治理结构不完善使经营者失职和腐败行为被查处的概率和力度大大降低。以上三点说明同一般企业相比,国有企业经营者的风险承担更小。这种风险结构下,经营者容易滋生经营失败无风险的"合理预期",从事道德风险的动机会增强。

第二,国有企业治理结构问题

国有企业委托代理关系的复杂性。现实中我国国有企业委托代理关系存在五个层次:全民——中央政府——各级政府职能部门——企业——员工。从管理角度来看,国家所有制形式下的国有企业管理可以分为四个层次:中央政府、各级政府管理部门、企业以及员工。由于国家所有制作为全民所有制的具体实现形式,政府就为全民资产的实际受托人,代表全民行使对这一庞大资产的所有者权利。但中央政府因其拥有信息和控制幅度的局限,不可能直接监管所有的企业微观经营活动,不可能直接监督所有企业,管理所有工人,更不可能直接经营这些企业,只能将国有资产委托授权各职能部门管理,再由各职能部门委托企业从事实际的生产经营。然后由各职能部门再委托企业直接进行经营。这样,层层授权,层层代理,每一个层次相对于上一个层次来说是代理人,而相对于下一个层次来说又是委托人,或者说只有中央政府是最终委托人,其余层次都具有代理人性质。这样,每一个层级相对于上一个层级来说是代理人,而相对于下一个层级而言又是委托人。这样一种长距离、多层级、多环节的委托代理链条,进一步扩大了信息的不对称性,增加了契约的不完全性,必然会产生很多问题,提供众多机会使得代理人既有动机,又有条件损害委托人的利益,使其难以为委托人忠实地服务,从而更进一步强化了代理人的道德风险动机。下面作一下具体分析。

第一,在中央政府与各级政府管理部门第一层级的委托代理关系中,存在着政府管理部门的道德风险。中央政府的目标是实现整个国家利益的最大化,而各级政府管理部门虽然在名义上是政府的一个机构,但实际上,它既然受委托管理经济事务,在相当程度上也就具有经济动机,有追求自身利益最大化的一面。特别是当中央政府还无法对其进行有效约束,也无法对其管理的努力程度进行合理度量并付以报酬时,各级政府管理部门必然会利用信息不对称等方面的便利条件隐蔽自己的行为,以满足自身利益的最大化,从而出现道德风险。此外,由于受传统体制的影响,国有企业代理人被认为是国家干部,由政府主管职能部门来任免。这些部门并不像真正的股东或出资者那样拥有企业经营的剩余索取权,企业的盈亏与己无关。这样,握有任免权的政府主管部门并没有"求贤若渴"的内在动力,所以,在选拔任用企业经营者时,主管部门往往过分注重政治表现、注重他与我关系的好坏、我喜不喜欢以及上任后是否听话等,而忽视了经营能力和经济绩效,从而做出有利于自己利益的行为选择。

第二,在各级职能部门与国有企业经理第二层级的委托代理关系中,存在着国有企业经理的道德风险。我们知道,各级职能部门作为国有资产的实际管理机构实际上它并不直接参与企业的经营,而且一般情况下它同时管理着多个国有企业的国有资产。这样一来,作为脱离实际生产活动、管理面有一定广度的政府职能部门要及时有效地捕捉到企业经理在经营活动中的完全信息,并对之进行有效的评价、监督确非易事。通常情况下,他们只能通过所观察到的经营结果来推测业经理的行动,既然这样,作为理性"经济人"的企业经理自然有机会做出一些有损委托人利益的投机行为。所以,在我们国家,国有企业做假账、违规报销、贪污挪用、收取回扣贿赂、公款挥霍、过度职务消费、企业行为短期化、片面扩张企业规模、盲目投资等道德风险现象特别严重。

在我国国有企业的经营活动中,除了产品技术风险、市场风险、投资风险、核心竞争力风险、信用风险等风险之外，引起人们逐渐重视的是，国有企业经营者存在着严重地道德风险及内部人控制等风险问题，由此产生了严重后果，有时甚至超过其他风险对企业的影响。在我国国有企业中，财产所有权与控制权彼此分离，财产所有者委托经营者从事管理决策，二者之间形成委托代理关系。经营者和委托者之间的目标通常不完全相同，因此存在着利益上的冲突，产生了激励不相容问题；而且由于国有企业目标的经营结果由经营者的行动和一些不确定的因素共同决定，委托者不能直接观察经营者的行动和不确定因素，而只能由所观察到的经营结果来推测经营者的行为，因此财产所有者关于经营者的行动或者说关于经营者的努力程度的信息是不完全的。这导致出资者无法准确地辨别国有企业的经营结果是由经营者的努力程度还是由一些经营者所不能控制的不确定因素所造成的。这样，国有企业经营者就可以通过"隐形行动"不完全承担其行为的全部后果，从而有动机也有可能从事高风险或者损害出资者权益的活动，而出资者则要承担过度的风险，由此导致了国有企业经营者的道德风险问题。

第三，在企业经理与职工第三层次的委托代理关系中，存在着职工的道德风险。国有企业创造的新增价值可分为三部分：上缴利税、企业留利、职工所得。虽然从理论上讲，我们的工人阶级是国家的主人，但从经济运行的角度看，每个工人对政府收入和支出的财产权和决策权几乎为零，而对企业留利的支配权是极其有限的。相比较而言，普通职工只有对分配到手中的工资、奖金才有完全的产权和支配权。因此，从职工所得到企业留利再到国家利税，职工作为"经济人"会有这样的倾向，即当利润在国家和企业之间进行分配时，企业留利越多越好；当留利在企业与职工之间进行分配时，个人所得越多越好。总之，希望自己拥有的那部分财产最大化。因此，在国家与企业间利润分配的过程中，职工极有可能配合企业经营者隐藏整个企业的行动信息，即职工与经营者合谋，共同损害国家利益，以及无人维护国有资产的利益。这就是企业经营者的欺骗行为中为什么总有部分职工协助的原因。再者，由于在大工业生产中单个劳动者的劳动成绩很难具体衡量，所以有的国有企业职工常在工作过程中偷懒、磨洋工、免费搭车等等,道德风险的存在不一而足。

企业治理结构极不规范。完善的法人治理结构是由股东会、董事会、监事会和经理层组成的委托授权并相互制衡的公司组织结构。然而在我国改制的一些国有公司中,股东会形同虚设,董事会的成员往往由国家直接委派,甚至经理层人员也由国家直接委派,改制后的公司实际上"新瓶装旧酒",成了"翻牌公司"。有的国有企业的代理人将精力放在经营领导,而不是经营企业上。在国有企业所有权代表缺位的情况下,有的代理人甚至还与政府官员中的腐败分子合谋,共同侵害国家利益。从委托代理关系的角度来看,我国公司治理结构存在的主要问题有以下几个方面:

第一,国有股本的产权主体缺位,致使委托人的监督约束弱化。在公司制企业中,国有股本的产权主体缺位是一个重大的难题,在上市公司中首先表现为国家股的持股主体不明确。根据何浚 1998 年的调查,332 家含有国家股份的上市公司的股东名册上,有 39 家公司(占 11.8%)只是标明国家股有多少,至于谁代表国家行使股东权利和承担股东义务则没有记载;注明持股主体为集团公司的有 106 家、国资局有 100 家、财政局 13 家、国有资产经营公司或国有控股公司有 4772 家、企业主管部门有 20 家,多数公司由国资局、财政局和主管部门等政府机关作为持股主体。而对于国资局、财政局和企业主管部门来说,首先他们有各自的行政目标,所有者目标并不是他们的主要目标,当所有者目标与行政目标发生冲突时,他们往往以行政目标代替所有者目标,致使所有者的利益受到损害;其次他们并不是投资的受益人,又不受产权约束,本身缺乏监督经理层的激励,尤其是企业主管部门,由于同企业的行政隶属关系,他们容易结成一体,形成事实上的内部人控制问题;第三政府拥有行政权力,是市场规则的制定者和维护者,他们作为股东参与市场,既当"裁判"又当"球员",会导致权力的滥用,破坏市场规则。

第二,股权结构不合理,股东控制权残缺。根据北京连城国际理财顾问有限公司对1135家上市公司总体股权结构的统计,不上市流通的国有股权和社会法人股权占上市公司总股权的60.3%,而上市流通股份仅占39.01%,且国有股权处于控制地位。目前国家股、法人股还没有被允许在证券市场上自由买卖,协议转让有严格的限制,持股主体难以借助市场来行使自己的控制权,既不能在股票升值时通过转让而获利,也不能在股票贬值时通过转让而减少损失,因而使得股东控制权残缺,股东控制权是不全面的。而同样作为委托人的中小股东行使控制权的基本方式"用脚投票",其后果是助长了股票市场的投机行为。

第三,董事会运作不规范,内部人控制现象严重。一些国有企业在股份制改造中操作不规范,上市公司长期与集团公司(大股东)人员、资产、财务三不分,母公司或控股股东经常干预上市公司的经营活动,形成内部人控制严重的问题。董事会成员70%左右来自于控股单位的派遣,来自第一大股东的人数超过董事会总人数的50%,而且公司董事长兼总经理的现象相当普遍,还有相当数量是国家政府以行政方式的任命的。这样组建起来的公司董事会必然受到操纵或由内部人控制,独立性很差,根本不能代表全体股东尤其是中小股东利益,对公司进行规范运作,其工作目标也不是公司价值最大化或股东利益最大化,而更多考虑的是自身的利益和大股东的利益,加上一些董事会成员个人素质并不高,也程度不同地存在"偷懒"和"搭便车"行为,不能尽到勤勉、诚信,使公司经营不尽如人意。

第四,经理层缺乏激励和约束机制。目前我国公司对经理层的激励机制落后,大多数停留在传统的工薪上,经理层的收入与公司的效益结合的程度不高,主要表现是报酬结构不合理,形式单一,人均货币收入低,行业差异明显,个别差异悬殊。总体持股量较少,持股比例偏低,人均持股数量更少,零持股现象十分严重。据统计791家样本公司中,管理人员人均持股19620股,占总股本职仅为0.014%,未持本公司股票的高管人员比例占40.88%(根据魏刚1998年的调查)。我国公司高管人员的收入就是报酬加奖金,实行年薪制的很少,期权激励仍然是真空状态。经营好坏与个人收入不明确挂钩,缺乏激励作用,更无有效的绩效考评办法,所以难以调动高层管理人员的工作积极性和主动性。

国有企业中严重的经理人"道德风险"问题的表现。国有企业特殊的产权结构以及不完善的竞争环境使企业经营者道德风险行为显得尤为突出,主要表现在:(1)过度的在职消费;(2)蓄意提高进货价格或高息融资,以提取高回扣,化公为私;(3)过度投资和耗用资产,国有资产边际收益极低,折旧提取不足,国有资产流失严重;(4)利用职权获得平价资源,赚取平价和市价的差额,偷税逃税现象严重;(5)信息披露不规范,财务透明度低,甚至进行"暗箱操作",欺骗股东和政府;(6)不分红或少分红,大量拖欠债务,亏损严重;(7)短期行为严重,重消费、轻积累;(8)不考虑企业的长期利益和发展,只注重眼前的业绩、地位和利益;(9)置小股东利益于不顾;(10)抵制兼并或过度扩张,以是否威胁其对企业控制权为标准。经营者违背道德行为的额外收益还包括利用手中的职权给自己、子女等带来大量的货币性与非货币性收益。

在职消费、隐性收入、大组织内部客观上存在很多寻租活动,诱使企业管理者主动进行平衡,因而,大组织内部不会提供足够充分的奖励,甚至一些事前的激励承诺也可能被"平衡"掉,使激励变得不可靠。国有企业在提供激励时同样会面临平衡关系和利益集团的要求制约,如同是"国家干部",企业经营者同别的干部之间就不能有太大的差别,作茧自缚为"下级"。企业经营者的待遇就不能高过主管部门官员等。经营者经常通过大量隐性收入求得"补偿"。日本学者奥村宏认为:目前中国企业的管理者更多地受益于在职消费和津贴,包括能分配到更多更好的住房、私人用车、公款吃喝、娱乐。另外隐性收入或称腐败收入也是一些经营者获取利益的重要渠道。

企业家选择机制的行政化与经营者"经营领导"的行为模式是滋生国有企业道德风险的重要诱因。在中国国有企业特殊的委托—代理关系的条件下,政府控制着经营者的任命权,企业控制权(人事权、经营权和收益分配权)完全掌握在政府手中。在这种制度条件下,经营者为了增加自身利益,中饱私囊,极力减轻政府官员对自己的监督和控制程度,必然千方百计"经营领导"而不是经营市场,积极贿赂政府官员,而政府官员由于其订有效的合同,明确规定所有者和代理者的责任和权利,选择经营者标准的主观性,容易受到诱惑,同时为了自己双方都按章程和合同办事,既保证所有者对经营者决策的利益,他也积极与经营者大搞权钱交易,合谋寻租,导致经营者道德风险的程度大大降低,特别是在国有企业经营业绩下降,国有资产流失。

2. 私营企业中道德风险的特殊问题

新中国成立以来长期受计划经济的束缚和制约,我国私营经济起步较晚,在探索中曲折发展,遭遇着几多观念上和实践上的障碍,也存在着特殊的道德风险问题。

第一,家族制问题突出

我国私营企业的发展历史不长,而且由于我国从计划经济体制向市场经济体制转变经历了一个较长的逐步转化的发展历程,私营企业的待遇与地位也经历了一个从受歧视、压制和排斥,到逐步认可并最终上升为"社会主义市场经济的重要组成部分"的过程,这种渐进的发展历程造就了我国私营企业的独特的运营结构。当前中国私营企业,仍带有自然经济的家族制的某些痕迹。

私营企业大都实行原始的家长式管理。由于私营企业多是小型、分散的,以劳动密集型、家族经营型、拾遗补缺型为主,决策和管理权高度集中在企业主手中,企业主与雇工的关系多是血缘、地缘、人缘关系,这些因素决定了私营企业的管理特征是封建式的家长制管理。企业普遍存在基础管理工作差的现象,很多企业无规章制度,财务不建账或建假账,企业管理程序、规章、分配、生产经营决策,均由企业主一人说了算。正是由于这种传统的家族式管理,决定了私营企业的封闭性和私营企业主思想的封闭性,从而导致了其在企业经营中的诸多道德风险,诸如独断专行、过度剥削员工、短期行为等等。我国目前已有不少私营企业,诸如中国长城集团、希望集团等等,已经认识到家族经营的弊端,正在或已经引入现代企业治理结构,摒弃家族管理方式,并已取得一定的成效。但目前众多中小私营企业仍然在家族经营的泥沼中跋涉,建立现代企业制度对于他们依然是艰巨而重大的选择。

资金来源的相对封闭。从资金来源情况来看,私营企业开办时其资金大多由自己劳动积累所得和继承家业所得,借款或合伙集资的资金比例较小,具有很大的封闭性。据1993年全国首次私营企业抽样调查数据和1995年抽样调查结果分析,1989年,私营企业户均投资人数为2.36人,1990年为2.28人,1991年为2.24人,1992年为2.1人,1993年为2.16人,1994年为2.06人。不同类型私营企业中,独资企业中91%是1人投资,4.7%是2人投资,4.2%是3人以上投资;合伙企业中12.9%是1人投资;有限责任公司中25%也只有1人投资。而且一般来说,最大的投资者就是私营企业主,他执掌企业生产经营管理大权,企业内部通行的是按出资多少分配劳动所得。有些私营企业虽然也设有不同性质的各种组织机构,如职代会、工会、董事会等,但这些组织基本上处于无权管理生产经营的状态。因此,许多形式上为合伙或有限责任公司的私营企业其实质与独资企业无异。正是由于这种出资与经营管理中的高度集中的特点,决定了我国私营企业多是封建式的家长制管理,企业的管理程序、规章制度、收益分配、生产经营决策等均由企业主一人说了算,这种高度集中的企业治理结构决定了私营企业的封闭性。

用人机制的高度闭锁。企业主与雇工之间存在浓厚的血缘关系。血缘关系分两类:一是亲族联系,包括宗亲和姻亲;二是扩大的血缘关系,包括企业主亲友介绍进厂的人缘关系和邻居地缘关系。据调查,在农村私营企业中,雇工中有36.5%与企业主沾亲 14.4%是企业主的邻居或朋友;在城镇,有这两种关系的也占1/3。

在小农经济社会里,家庭是一切社会关系的核心与完美的化身,表现在家中的成员都要维护家庭的整体利益,对家庭的责任胜过所有其他责任。在这种背景下产生的家族企业是由家庭系统和企业系统两个系统重叠造成的,具有双重的系统属性。在择人机制上,往往是首先考虑家庭系统的平衡,企业系统要服从于家庭系统。因此,无形中家庭成员与家庭成员之间就形成了一条无法逾越的沟壑。经理人虽然进入了家族企业的管理层,但是却找不到一种归属感,得不到应有的尊重和重用。觉得在家族企业里没有发展空间、没有前途,自然也就不会有长远打算,企业主也难以避免其随时可能做出的短期行为。福山通过研究发现中国属于低信任度的社会。在这样的社会中,人信任与自己有血缘关系的人,而不信任家庭和亲属以外的人,即使是朋友和熟人,也只有在建立了相互依赖的关系,并承担投资的风险时才能达到信任的程度。所以,私营家族企业主对经理人的信任度和放权一般都是很有限的,经理人对企业的一些核心技术、客户状况、营销网络、竞争状况和材料采购等信息的了解也是有限的。与之相对应,经理人的才能也得不到充分发挥甚至会关闭其才能,而只注重短期的效益以获得老板的赏识和重用。

由此可见,我国目前的私营企业由于财产权、管理权、决策权、指挥权、监督权均大部分集中于业主一人手中,现代企业制度发展很不完善,大多数仍为独资企业,而独资企业的主体资格是自然人而非法人,所以我国目前大部分的私人企业其主体仍为自然人。因此,我们认为我国目前私营企业的道德风险与私营企业主的道德风险是同一的。

第二,非国民待遇问题

政府的公共政策和制度供给由于其制定过程受到各种利益集团的影响总是带有倾向性。长期以来,针对私营经济的公共政策和制度最突出的就是系统性的"非国民待遇"问题。非国民待遇就是对私营企业实行歧视,就是人为的设置非公平竞争的条件;或者说设置妨碍公平竞争的条件。我们过去讲私营企业有"原罪"("非国民待遇"根源的形象表述),这些"原罪"可分为两种情况:一种是为了自己的利益主动提出行贿;另一种是为了维护自己的利益被迫去行贿。应该承认,这些年对私营经济的国民待遇问题已经大大缓解。但是,由于对私营经济的偏见根深蒂固,完全消除对私营经济的歧见尚需时日。现在私营经济仍然面对着来自公共政策、制度和社会观念等许多方面的系统性"非国民待遇"。

"非国民待遇"问题会对私营企业的信誉度构成威胁,从而诱发较高的企业道德风险。在改革开放的初期,市场经济处于萌芽阶段,规范市场和竞争秩序的法规不成熟、不完善,民营企业不讲信用、采用不正当竞争手法等道德风险问题十分突出。市场经济是通过市场机制来调节资源在市场经济循环中的流动,以达到合理有效配置经济资源的目的。从形式上看市场交易的主体是平等的,愿买愿卖、讨价还价都是自愿的、公正公平的,但由于交易双方对交易的各种信息占有不对称,使交易双方出现事实上不平等。因为信息非对称,欺诈行为就成为一些不法企业牟取暴利的手段,特别是改革开放后,在中国经济由计划经济向市场经济转轨的进程中,经济利益成了私营企业发展的唯一驱动力,加之市场失序和游戏规则的屡遭破坏,不讲信用、相互欺诈盛行,坑蒙拐骗猖獗,从而使私营企业的道德风险问题日益突出。一些私营企业生产和销售假、冒、伪、劣商品,进行商业贿赂、商业欺诈、低价倾销,转移、隐匿、销毁违法财物,以及企业之间相互恶性拖欠等等。根据"中国私营企业研究"课题组的"2002 年中国第五次私营企业抽样调查数据分析",私营企业之间因信誉引致的拖欠问题十分严重,被调查企业被拖欠的最大值为 19000 万元,而被调查企业对外拖欠的最大值也达到 5000 万元。私营企业信誉度差一方面造成严重不良的社会后果,另一方面大大地毁坏了自身的信誉,削弱了私营经济累积的社会资本。从深层次上看,私营经济遇到的各种歧视和非国民待遇,同其较高的道德风险、较差的声誉有一定关系。因此,私营企业要想有进一步的发展,缓解其道德风险,废除非国民待遇、重树声誉就不可回避。

第二章

企业决策中的伦理二难及选择

任何一个企业在进行决策的过程中,都受到一定价值观的支配。其决策的方向受价值观的牵引,其决策的内容受价值观的影响。我国社会主义市场经济的确立,使得微观经济活动主体——企业成为市场经济中的主角。企业要想在市场上真正立稳足,在激烈的竞争环境中生存与发展,就必须解决好为谁生产、生产什么、生产多少等经济学上的基本问题,也就必须在企业的投资、生产、经营等各个环节中做出正确的决策。这就要求企业的管理者、决策者懂得市场经济,掌握经济运行的一般规律,了解科学决策的理论与方法,科学地管理企业,使企业在市场经济中立于不败之地。企业自诞生以来,从来就是社会性存在,在全球经济一体化的知识经济时代,企业的一举一动无不对利益相关者产生重大的影响。因此,社会要求企业用社会公共道德标准来约束自己的生产、经营行为。

然而,自从决策学成为独立的学科以来,很长一段时间内,企业决策者都不太关心企业决策与伦理道德的关系。许多人认为,企业决策与伦理道德无关,甚至出现了"无商不奸"的说法。在企业决策的过程中,不顾相关者利益违反商业道德的行为给企业本身带来的危害是巨大的,唯利是图、不择手段只能图一时之利,最终将得不偿失。据报道,在加拿大数百家大企业中,1997年因决策违反商业道德的行为而遭受的经济损失平均每家企业就达150万元。国际投机机构在肆无忌惮大赚不义之财后,最终也引火烧身,纷纷出现财务危机。这就给企业界提出了一个严峻的课题:做生意挣钱,天经地义,但是是否意味着,为了挣钱就可以不择手段,可以损害他人利益呢? 是否存在一种既能确保赢利又能安抚众多相关个体、群体的"双赢"局面呢？这就是本文的选题,并要着重从理论上进行探讨和分析的问题。

一、伦理:企业决策的必要考量

企业决策是企业行为中重要的一个环节,是企业管理中的一种高层行为。实际上,就企业而言,管理的全过程就是不断决策的过程,决策是管理的核心,是执行企业各种职能的基础,它关系到整个企业的发展方向、前途命运等。但企业在进行决策时,除了要考虑技术上的可行性及手段外,还要充分认识伦理因素在企业决策中的重要作用。企业决策中对伦理的忽视,已经造成了许多的社会问题,并引起了许多有识之士的关注。今天一些大公司、大企业出现的丑闻并不是源自公司的经济活动,而是早就潜藏在不同时点做出的一系列决策之中,是从早先的不当决策开始一步步发展而来的。因此,道德水准是管理能力的组成部分。决策者们会发现,因为他们的非道德化,公司要付出沉重的代价,有时个人也要付出代价。非道德化的决策者把道德决策看成是独立于管理决策和管理能力以外的东西。而在有道德意识的决策者看来,每一项决策都必须包含一种道德观。这种具有前瞻性的观点是一种最基本的管理技能。伦理是企业科学决策的必要考量。

1. 企业决策的特性

在谈企业决策的特性之前先来了解一下有关企业的解释是很有必要的。"企业"或"公司",其相对应的英文有"firm"、"business"、"company"、"enterprise"、"corporate"等。在对"企业"下定义时,世界各国学者往往是根据其研究的结果从不同的角度来表述的。现列举几种中外学者对企业所下的定义:(1)"企业是市场经济中的一种经济组织,它占有有形和无形资产,目的是以赢利性价格为市场提供产品和服务。"①

---

① [英]马尔科姆·沃纳主编:《工商管理大百科全书》,清华大学经济管理学院编译,辽宁教育出版社 1999 年版,第 142 页。

(2)企业是"从事生产和经营等经济活动,以满足社会需求来获得赢利,实行独立经济核算并具有法人资格的基本经济单位。"①(3)企业是"从事生产、流通和服务性活动并进行独立核算的经济组织。企业存在的一般基础,是社会化生产和商品经济。企业必须实行独立的经济核算,自主经营,对外具有法人地位。"②(4)国内相关教科书也对"企业"的定义作了规定,"企业是指依法成立并具有一定的组织形式,以赢利为目的,独立从事商业生产经营活动和商业服务的经济组织。"③从上面这些定义所包含的内容,我们可以从中推出一条带有根本性的特征来界定"企业行为或活动"的本质,即企业是通过配置社会资源以获得利润的营利性社会组织,它包含所有的进行经济性活动的机构或组织。这些活动包括制造、销售、财务等,其目的是为社会需求提供产品和服务。

"决策"这个词在管理学中出现首先是在美国,是近三四十年的事,当时的英文名称叫"DECISION MAKING"。在日语中,译为"意思决定",其含义就是"决定主意"。我国中文最早译成"作出决定",后来许多人译成"决策"两个字,简练而确切,一直沿用至今。对于决策概念的理解,详细地讲,就是决策者为了一个特定系统的目标,根据客观条件的可能性,在占有一定的工具、方法和技巧,对需要决定的问题的诸因素进行准确的计算和选优判断后,所做出的行动对策。概括成一句话,就是决策者根据预定的目标做出某种行动的对策称为决策。

企业决策就是决策者针对企业的科研开发、生产经营、人事组织等一系列问题所进行的决断。企业决策是企业管理的中心,关系到企业的成败与兴衰。在企业运行的所有方面都包含着这样或那样的决策过程。事实上正是决策形成了所有管理活动的基础,并决定了企业运行的方向。决策之所以必须是因为在企业运行过程中,有许多的变化;这

① 《当代社会科学大词典》,南京大学出版社1995年版,第526页。
② 《市场经济大词典》,中国国际广播出版社1994年版,第22页。
③ 甘培忠:《企业与公司法学》,北京大学出版社1998年版,第2页。

可能是外部变化,它们是由政府政策、立法、技术或竞争所导致的;也可能是内部变化,起因于新的目标,不同的管理机构,或者是以前的外部因素所产生的间接影响。由于这些因素的存在,企业必须而且经常要做出相应的变化,这样企业的运行才会更有效,效率才会更高,而相应的决策则是企业运行更有成效的保证。①

企业决策的内容很广,一般包括:投资决策、财务决策、市场营销决策、产品组合决策、新产品开发决策、工艺分享决策、人事决策等等。任何决策都必须经历如下过程:提出并选择实现目标的最佳方案,将最佳方案付诸实施,以实现既定目标。企业决策的目的,总的来说就是要使企业未来的发展更符合决策者的意愿和要求。企业的规模可以有大小、性质、类型各不相同,所面对的内部条件和外部环境也彼此不同,但总离不开求生存、求发展这一目标。因此,管理者需要随时做出各种决策,以保证目标的实现。可见,企业决策作用十分重大。正确的决策,实际上就是企业决策者运用科学的方法对企业本身、企业所面对的环境、企业的现状和未来等不断进行再认识,不断做出新的选择和必要的调整的过程。在这个过程中,企业决策者将可以更全面地把握自己的发展机遇,从而求得生存和发展。企业的决策者还能够使企业得以站在更高更有利的位置上确定自身的奋斗目标,进而对人力、物力、财力进行更有效更合理的配置和使用,适时调整企业内部或外部的关系。因此,企业决策是关系到企业兴衰的关键。②

从企业决策的概念我们可以看出企业决策的特性。

(1)关系成败的全局性。对于企业而言,能否做出正确的决策,能否保证正确的决策得到实施,是其经营、管理和发展的核心。现代企业普遍具有组织复杂、分工细密、联系广泛的特点。这就使得决策在企业中显得非常必要,也非常重要。比如,在一个工业企业中,企业自身发

---

① 许志远、林平凡、王朝瑞:《企业决策学》,华南理工大学出版社 2000 年版,第2—7 页。

② 同上。

展目标的选定,产品市场的开拓和竞争,企业的科技进步等均需要做出决策。与此相关,如产品的设计制造,原材料的来源和供应,产品销售的战略和策略,产品质量的管理和保障,资金的筹集和运用,劳动管理、员工科技素质和生产技能的提高,产品售后服务系统的确定和运行,企业形象的确立和如何加强企业的凝聚力,科技信息、产品信息、市场信息、行业信息的收集、筛选和运用等,都要进行决策。在上述种种的决策中,有的是全局性的,有的是局部性的。但是,即使是某一项局部的决策,它也往往和企业的全局性决策有着直接或间接的关系。如果决策得当,那么成功就迈开了第一步;反之,决策的失误,乃是全局性的错误,通常是无法挽回的。因此,能否进行科学的正确的决策,就成了企业能否成功顺利发展的关键和前提。每一位企业的管理者,对决策的

重要性和关键性,对如何才能进行科学正确的决策都必须有充分的认识并予以高度的重视。

(2)影响的广泛性。企业总是在一定的内外部环境中运行的,它的每一项重大决策的实施,必然会对环境中有关个人与社团的利益产生程度不同的影响,那些与企业决策的实施结果在利益上休戚相关,并且同时也能对企业决策及其结果产生潜在重要影响的个人和团体,称为企业的利益相关者。企业与包括消费者、供应者、竞争者、政府、社区、所有者、员工等在内的利益相关者有着密切的相互依存关系。企业是个开放的系统。因此,其决策影响的范围是一个"圆锥体",在这个圆锥体之内的利益相关者都可能获利受益,也可能深受其害。决策层次越高,这个"圆锥"的体积就越大,影响范围就越广。

(3)后果的长效性。一个成功的决策,不但有其直接的结果,还可以具有间接的效果,并以此为发端形成良性循环,使企业获得更长足的发展。而决策失误的后遗症也会"经久不衰",形成恶性循环,造成积重难返的局面。企业决策往往有比较长的时效性。所以,在企业的实际决策中,企业决策者一定要运用科学的方法对企业本身、企业所面对的环境、企业的现状和未来等不断进行再认识,不断做出新的选择和必要的调整,做出最佳的决策。

2. 传统企业决策的局限性

"传统"与"现代"的区分是相对性的。在这里,我们把企业社会责任、企业伦理兴起并对企业决策产生影响以前的企业决策称之为"传统"的,此后的则是现代的。

为了获得正确的决策,企业管理学家们在方法、程序、决策标准等方面作了不懈的探索。总结出了许多决策方法,粗分为两大类:软科学方法和硬技术方法。软科学方法是运用社会学、心理学、组织行为学、政治学等有关专业知识、经验和能力,在决策的各个阶段,根据已知的情况和资料,提出决策意见,并作出相应的评价,选择可行的方法。具体的方法有:专家意见法、方案前提分析法、头脑风暴法和反头脑风暴法、创造工程法。硬技术方法是建立在数学公式计算基础上的一种决策方法,是运用统计学、运筹学、电子计算机等科学技术,把决策的变量(影响因素)与目标,用数学关系表示出来,求出方案的损益值,然后得出满意的方案。具体的方法有:确定型决策方法、不确定型决策方法、风险决策法等。

决策程序一般包括:确定问题,提出决策目标,拟订可供选择的方案,方案评价,方案选择。广义地说,它还包括决策的实施。①

在传统企业决策中有三种较有影响的决策标准:(1)最优决策标准,即找出所有的替代决策方案,预测这些方案各自产生的所有结果,根据一定的价值体系比较这些结果,选择其中的最佳方案。(2)满意决策标准,使用这种标准的人认为,要找出所有的决策替代方案是困难的,而要对各种替代方案的可能结果进行分析、预测也常常会顾此失彼,不够全面,而在片面基础上得出的最佳决策方案是缺乏说服力的,所以主张用"满意决策标准"代替"最佳决策标准"。(3)合理决策标准。哈罗德·孔茨对其解释为:首先,他们必须力图达到如无积极行动就不可能达到的某些目标。其次,他们必须对现有环境和限定条件下依循什么方针去达到目标有清楚的了解。第三,他们必须有情报资料

---

① 朱松春、孙之荣:《实用决策科学》,解放军出版社1988年版,第1—6页。

的依据,并有能力根据所要达到的目标去分析和评价抉择方案。最后,他们必须有以最好的办法解决问题的强烈愿望,并能选出最满意地达到目标的方案。①

尽管人们在企业决策的技术方面取得了很大的成就,但是长久以来,由于没有考虑到企业的社会责任和企业决策中的伦理因素或者说对两者没有引起足够的重视,因而在传统企业决策中不可避免地存在着一些缺陷。

第一,企业在做出决策时只追求企业自身的经济效益,考虑的只是企业自身的利益,而对外部乃至整个社会的利益相关者的利益考虑甚少。曾经一度使雀巢公司陷入困境的事例就是一个典型。雀巢是瑞士的大型联合企业,曾经有一个时期,其婴儿奶粉的销售在第三世界国家居主导地位。大约在 1970 年,雀巢公司开始卷入了一场道德争论之中。争论的焦点是该公司在第三世界国家销售婴儿奶粉的道德问题及其被一些人认为是非道德的促销手段。对雀巢公司的基本指控是:在这些第三世界国家,雀巢公司极具进攻性的营销策略是鼓励妇女选择瓶装奶喂养,从而导致母乳喂养率的降低,而母乳喂养显然更安全、更健康。而且,由于卫生条件差、水质不纯、水供应不足及无法读懂说明书等原因,贫穷的母亲为了省钱而对奶粉过度稀释,结果导致婴儿营养不良。雀巢公司和批评者斗了数年,而其利益相关者的队伍越来越大。随着第三世界国家政府、社会活动团体、联合国机构的卷入,相关者的阵容进一步扩大。如果雀巢公司在做出决策时能以相关者的角度看问题,考虑到企业的社会责任和企业伦理,它或许能免去其数年的不幸,避免其声誉的丧失。②

第二,企业在做出决策时,都只是用企业的经济绩效来衡量决策方案的好坏,而对社会绩效考虑不够。这种狭隘的决策观导致了许多不良的后果:由于一切以经济绩效为指标,企业决策者就会只注重短期的

① 陈炳富、周祖城:《企业伦理》,天津人民出版社 1996 年版,第 153 页。
② 万建华:《利益相关者管理》,海天出版社 1998 年版,第 36 页。

经济指标,一心只考虑经济效果,而且往往急功近利,甚至杀鸡取卵,其后果就是企业的长远利益和社会的整体利益都会蒙受巨大的损失。决策时不考虑社会绩效只考虑眼前一时的利润而受到惩罚,汉斯伯杰的失败就是一个典型的例子:汉斯伯杰与1956年出任美国的博伊斯—帕耶特木材公司(后来更名为"博伊斯—凯斯开德公司",以下简称"博—凯公司")的总经理后,丢掉了原来基础十分牢靠的木材加工这一主业,盲目进入那些一时利润很高,但风险很大的房地产业、游乐业等,大肆兼并这些行业的企业、大量投资这些行业的经营项目。

由于汉斯伯杰的仅仅着眼于追求利润的经营观念,在盲目从事房地产与游乐场的开发中严重破坏了生态环境。结果,博—凯公司不可避免地受到了社会的惩罚,致使企业受到重创。1969年,博—凯公司的股票价格为每股75美元;但是,1972年却狂跌到每股9美元,其公司的债务高达9.16亿美元!汉斯伯杰遭到了这样严重的惨败,其根本原因在于:他只图一时盈利的盲目开发,破坏了生态环境,结果不可避免地受到了社会惩罚。①

第三,企业在进行决策分析时,往往只注重经济、技术、法律三者的分析,而缺乏必要的伦理分析。把企业活动看作是一种"纯企业行为",把经济效益、特别是短期效益视为唯一目标,而缺乏伦理分析的企业决策行为会以失败而告终,再看下面这个例子:

1992年,美国著名的Sears-Roebuck公司陷入了大量的抱怨声中,40多个州的消费者和首席检察官指控公司误导顾客。事情起因于,公司面对激烈的市场竞争和日益紧缩的市场份额提出了新的激励办法:为汽车修理工规定汽车零件的销售定额以及允许他们按一定的比例提取佣金,而达不到定额则会被调换工作或减少工作时间。但同时管理层并没有清楚地区分,什么是不必要的服务,什么是合理的预防性养护。在这种压力下,汽车修理工便利用顾客的无知各行其是,随意解释公司的政策,结果导致了上述的指控。虽然Sears-Roebuck公司并非有

---

① 卢苗业、史心田:《经营败局通鉴》,辽宁人民出版社1998年版。

意欺骗顾客,但为了消除指控,解决迫近的诉讼,它还是取消了新的工作定额和激励办法,并为某些顾客提供了优惠。除了名誉上的损失外,整个事件的费用估计达 6000 万美元。①

　　以上这些决策都是不成功的,其不成功之处既不是经济上不合理,也不是技术上不可行,而是:第一,把企业活动看作是企业自身的事,认为只要企业有利可图,不违法,想怎样都行。而没有考虑到企业活动是社会性和经济性的统一。企业一方面是社会的一个细胞,是整个社会的一环,同时又是自主经营实体,这两者同时存在、不可分割。企业的社会性是作为社会一环而存在的,企业的利润性是作为自主经营体而要求的。因此,企业的社会性和利润性是同时存在的。企业的社会性和利润性互为前提:企业强调其社会性时,利润性也会随之增长,而利润性的增长又反过来能够充实其社会性;第二,只考虑自身经济效益,不考虑或很少考虑企业决策对利益相关者的影响。企业是个开放系统,它与内外各利益相关者存在着密切的相互依存关系,故企业为了获取自身的利益,必须同时考虑利益相关者的利益,只有这样,相互间的关系才能得以维系和巩固。②

　　总之,许多企业决策失误的根源在于缺乏必要的伦理分析。而这就是传统企业决策的局限性所在。

3. 现代企业决策的伦理性

　　现代企业决策的一大特点就是纠正了企业决策与伦理无关的观念,并开始对企业决策内容进行必要的伦理分析。企业决策同人类其他任何一类活动一样,都是一种涉及人与人的参与和协作的有组织的群体行为活动。凡是在那种存在着人与人之间的关系的活动中,则肯定存在着某些协调人与人之间的活动的原则和行为规范。这些原则和行为规范无非来自两个方面,一是法律的,二是道德的。"企业决策伦理"是企业决策学和伦理学的一门交叉学科,综合了企业决策学和伦

① 徐大建:《企业伦理学》,上海人民出版社 2001 年版。
② 陈炳富、周祖城:《企业伦理》,天津人民出版社 1996 年版,第 156 页。

理学的要素,要求企业的决策主体在作出决策时,充分考虑到伦理的因素,并能使其对企业决策目标的实现起到积极的作用。爱德华·福瑞曼和丹尼尔.R·吉尔伯特认为:"所有的战略决策都要涉及道德问题,因为它们让某些人受益,而使另一些人遭损。人们对这一基本真理的认同正在导致一场管理革命。"[1]他们甚至说,企业伦理学可以定义为:研究决策如何影响他人的学问。企业所有决策,大到建新厂、开发新产品、开拓新市场等战略决策,小到选择促销方案、处理消费者投诉等日常决策,无不与利益相关者有关。

畅销书《一分钟经理》的作者肯尼斯·布兰查德(Kenneth Blanchard)和诺曼·斯特·皮尔(Norman Vincent Peale)合著了《道德管理的力量》(The Power of Ethical Management)一书中,提出了三个简便易行的伦理检查(Ethical Check)项目:(1)这合法吗?即行为会违犯法律和公司的方针吗?(2)长、短期利益平衡吗?即决策是否兼顾了短期利益和长远利益?(3)自我感觉如何?我的行为是否将使我感到骄傲?假如我的决定曝光给公众(如在报上登出来),我会感觉很好吗?假如我的亲人知道了,我还会感觉很好吗?[2]

美国学者还列举了衡量企业决策伦理性的12个问题,供管理者在做决策时考虑:(1)你已准确地定义决策问题了吗?(2)如果你站在他人的立场上,会怎样定义问题?(3)问题是怎么产生的?(4)作为一个个人和公司成员,你对谁、对什么看得最重?(5)你做决策的意图是什么(即想达到什么目的)?(6)你的决策意图与可能的结果相符合吗?(7)你的决策会损害谁的利益?(8)你能在做决策前与受决策影响的各方讨论该决策问题吗?(9)你认为从长远来看该决策将与现在看上去那样有成效吗?(10)毫无顾忌地与你的上司、高层管理者、董事、家庭,以及整个社会谈论你的决策或行动吗?是否会感到不安?(11)如

---

① Jerry B. Poe, An Introduction to American Business Enterprise, Richard D, Irwin, Inc., 1986.76.

② 陈炳富、周祖城:《企业伦理学概论》,清华大学出版社2000年版,第301页。

果理解正确,人们会对你的行为产生什么样的看法呢?误解了又会怎样?(12)在什么样的条件下,你会允许对你的立场有例外(即稍稍改变你的立场)?①

所有这些问题都谈到了企业决策时决策者们所应做的伦理分析,而不仅仅单纯地只考虑经济、技术和法律的可行性。根据以上标准,我们去检测和衡量企业决策,才有可能使作出的决策不会陷入对企业利润的唯一追求,能更多地体现一种伦理关怀。现代企业决策的伦理性体现在决策过程中决策者对决策与利益相关者及企业决策需要所进行的伦理分析。决策的伦理分析包括以下内容:(1)考虑利益相关者。决策的利益相关者是指直接受到该决策影响的人和机构。前面提到企业的利益相关者包括消费者、供应者、竞争者、政府、社区、公众、所有者、员工等。但并非每一个决策都涉及上述所有的利益相关者,而且,不同的决策对不同的利益相关者的影响程度也不一样。例如,广告决策的利益相关者主要是消费者、竞争者、政府、公众等,而生产自动化改造决策的利益相关者主要包括员工、供应者、社区等。因此,只有确立了相关的利益者后,决策时才有可能有的放矢,有明确的针对性;(2)倾听利益相关者的意见,分析决策对他们的可能影响。既然任何一个决策总会对某些利益相关者有或多或少的影响,所以有必要倾听利益相关者的意见、呼声,分析决策方案对他们的正面和负面的可能影响,与他们磋商解决办法;(3)明确与该决策有关的法律和伦理规范。法律是最低要求的行为规范,因此不违法是最基本的要求。然而,仅仅守法还不足以制定出一个好决策,还需考虑社会准则、社会期望、伦理规范以及行业经营惯例;(4)在对决策方案的评价中,除了要衡量其经济绩效外,还要考虑一些难以定量化的、跟长远经济效益有关的因素,比如商誉、顾客的满意度、与社区的关系等。②

① James A. F. Stoner, etc. Management, Prentice-Hall International, Inc, 1995.114.
② 陈炳富、周祖城:《企业伦理》,天津人民出版社 1996 年版,第 158 页。

二、企业决策中的道德选择

企业在做出时常常会遇到价值观的冲突。每个人在对企业的外部环境、使命目标、自身实力等作出判断选择时，都会自觉不自觉地受其主观价值观念的影响。对于企业战略中心命题所涉及的"做什么，如何做，由谁做"问题的回答，总会或多或少地涉及伦理价值判断。战略决策实际上也就是人们外显或内隐的伦理价值观选择的结果。在做决策时，常常会遇到价值观的冲突。比如，伦理规范要求关心员工和尊重消费者，假设某企业的产品有内在的质量问题，如果销毁这批产品，员工的工资发不出，而用欺骗手段卖出去，又对不起消费者，此时该怎么办？有人将现实中存在的这种顾此失彼的两难选择困境，在伦理学上称为"脏手"问题：只要做事就会脏手，不做事又不可能。在企业决策中存在着个人意志和群体意志、眼前利益和长远利益、不当手段和正当手段的这种价值观的冲突和选择问题。

1. 个人意志还是群体意志

企业决策者中的个人意志，是指企业决策者按照自己个人的意愿来对企业重大事务进行决断，使企业的决策能遵循自己的意志而得到执行。群体意志指的是企业中的员工在企业内部，通过实行集中讨论的方法，相互辩论、协商和妥协，形成民主的体制、程序及气氛，并按照多数人的意见形成的一个决策，这个决策体现了大多数人的意愿。决策中的个人意志体现的是决策者个人对决策的看法和意愿；群体意志体现的是企业内部大多数人的意愿，这种决策的方式就是一种民主的方式。由于民主的方法在认识活动中排斥独裁，反对自以为是和强迫命令，所以对于求得正确的认识是有帮助的：一方面通过讨论、争鸣可达成共识。另一方面在讨论和争鸣中可以深化和完善人的认识。开展自由而有理性的讨论的可能性和批判性是推动决策科学进步和完善决策活动的动力。个人意志、个人决策往往被认为是独裁或武断，而群体意志则与民主的思想是一致的，包含公正、公平的法律精神。因此在企业决策中,群体意志比个人意志来得更为合理。

体现群体意志的民主决策就是企业使得企业员工对企业机构的状况、运作程序及决策过程,有知晓了解、参与评论的权利。就是从"象牙塔"式的封闭管理转向"玻璃屋"式的开放经营管理,增强企业的管理决策的透明度,尤其是引导员工积极参与企业决策、企业管理的过程。这样不仅有利于增强员工对企业的亲善感、向心力和忠诚态度,而且更有利于提高员工的主人翁精神,提高工作效率。

体现群体意志的民主决策,可以防止独裁的决策者打着集体的旗号,把自己的个人意志变成企业的决策目标,把私人的经济行为变成企业的经济行为。缺乏制约的独裁决策,往往为其以权谋私提供了初始的机会。因为一个人同时拥有某种方案的决策权、执行权和监督检查权,如同一个企业中一个人同时掌管钱、财、物一样,作弊并消除证据的机会和手段大大增加。其次,主要依靠自上而下的一对多的监督体制,使得监督先天乏力。这种没有权力制约和监督乏力的体制,使得决策者以权谋私的机会增多,而谋私得逞的几率高而败露并受到惩戒的几率低。这种体现个人意志的自由的无限制增加,就会以损害企业员工的利益为代价。而有了全体员工的参与,有了民主的决策程序和方式,就可以限制决策者把决策目标指向自己的私利,同时也可以体现大家的、集体的利益。只有群众的参与,企业决策才会真正体现大家的、集体的利益,才能体现决策的民主性及其道德内涵。民主制度的力量主要不在于鉴别决策者的个人素质,而在于其通过言论自由、信息交流的自由、适当程序的定期选举方式使决策的整个过程内涵道德的意义。

当然,要避免企业决策中的失误,除了决策中要体现群体意志、提倡民主决策以外,还要建立和坚持严格的决策程序。只有通过严格的程序来控制,才能产生科学民主的决策。因此,决策者要在决策中认真落实民主精神。经过每个程序的层层约束和选择,决策的方案就会越来越可行,越来越可靠。企业决策就会更加正确、科学、符合伦理要求。

2. 眼前利益还是长远利益

眼前利益和长远利益对决策者来说是一个矛盾的统一体,在企业决策的过程中常常会碰到眼前利益与长远利益严重冲突的难题。如大批量生产的成品检验时,发现产品有先天性缺陷,此时该怎么办?产品的使用过程中发现有质量问题,用户要求解决,该怎么办?签了合同后,情况的改变对己十分不利,如何办?等等。这些问题大概是每个企业经营者都可能碰到的,因为从企业经营目标要实现经济效益看,企业的追利行为考虑眼前利益为多,这种眼前利益导向企业决策的做法,许多时候并不利于长远利益,甚至还有损长远利益。如为一时获利将有先天性缺陷的产品投入市场,损害了消费者的利益,最终也会毁坏企业自身的形象;如为一时之利,拒绝用户要求解决产品的质量问题,没有良好的售后服务,就会失去大批现行的和潜在的用户,失去了长远的利益;不守信用,因情况的改变对己不利而撕毁合同,虽获得了暂时的利益却损害了自身的信誉,失去了潜在的市场而最终失去了长远的利益。从以上种种情况可以看出,眼前利益固然也十分重要,但是如果以损害长远利益的做法来获得的眼前利益却是值得每个企业决策者深思的一个难题。

英国管理决策专家克里斯·迪尔登认为:企业的首要目标是要生存、要盈利,随着时间的推移还要不断发展。企业生存、盈利和发展三个目标同时存在,相辅相成,缺一不可。如果企业盲目地追求眼前的利润最大化,那么企业决策将倾向于如何尽可能地在最短的时间内从市场获取收益,或者减少成本开支。这样,商品的价格有所提高,工人有可能被解雇,那些可以延缓的支出如新产品、新工艺的研究与发展、市场调研、培训以及资本的费用都有可能降低。而恰恰是这些因素维持企业的稳定性、竞争优势和顾客的信任,决定了企业的生存和长期的发展。因此,成功的企业着眼于长远利益,注重长远利益,向社会公众展示企业形象,以企业组织为中心,尽可能表现它的历史传统、技术、事业成就、知名度、服务和对社会的责任,从而建立起公众的信誉。下面这个企业就在眼前利益和长远利益发生冲突时,成功地进行了抉择而最终获得了巨大的成功。

实例 1:唐山豪门集团是在一家停产倒闭的县办小化肥厂基

础上发展起来的,仅用 8 年的时间,就发展成了具有 20 万吨年生产能力、年创利税 1.5 亿元的大型集团,资产总值由原来的 890 万元发展至 11 亿元,平均每年增长 8.6 倍,跻身中国啤酒市场的前五名。啤酒厂创办不久,创始人陈世增去车间检查已装箱的啤酒,在一批 2000 多瓶的啤酒中,发现个别瓶里有些微小的悬浮物。他立即召开现场会,询问工人们该怎么处理。有人说,这只是个别情况,换掉就可以了。陈世增却立即命令将这 2000 多瓶啤酒全部倒掉。创业之初,2000 瓶不是个小数目,工人们心疼坏了,主动上上下下追查这几瓶啤酒微小悬浮物的来源,最后终于发现是几只瓶盖不洁造成的。正因为严把质量关,豪门啤酒不仅享誉神州,而且还闯进了美国白宫。①

Pitwey-Bowes 公司的董事长兼总经理弗雷德·艾伦简明扼要地阐述了他对道德问题的理解。他说:"作为商人,我们必须学会权衡短期利益和长期利益。如果要付出的道德代价极高的话,我们必须学会牺牲一些直接利益和短期利益。不然我们得到的与我们最终会损失的相比真是少而又少。"②作为经济主体的企业,首先要有长远眼光和长期经营的谋略,只有这样,企业才能得到长远利益,使自己在激烈的竞争中立稳脚跟。

3. 不当手段还是正当手段

企业在进行决策时,其目的的合理性很重要,但同时也不能忽视手段和途径的合理。我们先看下面这个案例:

2003 年 3 月初中央电视台在经济与法制频道播出一个关于市场竞争的案子。有一家生产压力锅的企业,产品的商标叫做苏泊尔。这家企业在市场上发现,还有一家企业生产的压力锅上也标有"苏泊尔"三个字,而那家企业同样是经过了合法的登记注

① 钱宝琦等:"陈世增——点亮豪门的红灯笼",《商界》,1995 年第 9 期,第 56—57 页。

② Letter to Editor, The Wall Street Journal, October1975. 17.

册。2002年2月27日,浙江苏泊尔公司向北京市第二中级人民法院起诉,将浙江省宁海县搪铝制品厂告上了法庭。原告浙江苏泊尔公司认为,宁海县搪铝制品厂侵害了自己的注册商标专用权,造成商业标识的混淆,构成了不正当竞争行为。原告请求法院,判令被告立即停止侵权行为,公开登报道歉,并赔偿经济损失1031万元。被告则辩称,自己生产的压力锅,是由苏泊尔集团(香港)有限公司的企业授权的,自己所做的不过是标注了授权方的企业名称而已。这样的行为不构成对原告的侵权。

在采访这个案件的过程中,记者了解到,原告浙江苏泊尔公司拥有的"苏泊尔"牌压力锅商标,确实是在国家商标局注册过的。而被告宁海搪铝制品厂并没有否认在他们生产的压力锅的标注中,确实包含有"苏泊尔"这三个字。

2002年12月18日,北京市第二中级人民法院对本案作出一审判决:被告的行为,构成了对原告的不正当竞争,应立即停止在压力锅的产品及包装上标注"苏泊尔集团(香港)有限公司"或"商标由苏泊尔集团(香港)有限公司授权使用"字样,并在《经济日报》上向原告刊登致歉声明,同时,法院还判决,被告向原告赔偿经济损失197万元人民币。

这个案件的审理已经告一段落,但是它给我们的企业却带来了很有价值的启发。在市场竞争的过程中,一种具体的竞争行为究竟能不能做,是正当还是不正当,除了有关法律有了一些具体的规定之外,我们还必须遵守最基本的原则,比如公平原则、诚实信用原则和公认的商业道德。①

对宁海搪铝厂来说,一个企业想使利润大幅度增加是无可厚非的,关键是为达到目的是使用正当的手段还是不正当的手段。

采用正当的手段,也就是正当谋利,是指企业通过合理决策、改革创新等方式获取利益。也就是说企业在具备必要条件时,要充分利用

———————————

① 《经济与法》,"当商标遇上商号",CCTV.com. 财经频道,2003年2月27日。

该条件,以正当的手段实现自己的利益目标;如果不具备必要条件,就要积极创造条件,再以正当的手段实现自己的利益目标。这样就能从根本上保证企业利益目标的追求是合规律和目的的,是既合理又正当的。表现在企业决策上,就是要求企业接受国家的宏观调控,避免一哄而上,浪费资源;按价值规律办事,遵循等价交换的原则;兼顾国家、社会和企业的利益,兼顾长远利益和眼前利益,合法合理地谋取企业的经济利益。市场经济是一种社会化的交换经济,不同的企业以不同的目的和方式在进行企业的经济活动,使得企业之间的社会交换关系变得极其复杂和变化无常。因此,要使这种复杂的关系能有序地进行下去,就要求每一个企业主体都必须遵守一定的规则,包括法律和道德规则,要求讲信誉、遵守契约,采取合理又合法的手段。

然而价值规律的普遍作用,往往使企业决策者们在进行决策时,热切关注决策行为的经济效益,容易忽视它的社会效益,放弃道德对决策行为的制约、规范、引导的职能。在价值取向上只求利润最大化,导致在手段的运用上无所顾忌。这样的企业虽然可能会在短时间内有所获利,但是从长远利益的角度来看,它无法赢得消费者、社会以及竞争对手的认同,最终会失去信誉,失去市场,失去可持续发展的机会。

三、企业决策的伦理责任

企业,作为通过配置社会资源以获取利润的营利性社会组织,其行为或活动的目标即是通过尽可能好的方案或措施以实现尽可能大的利润。而所有这些活动或行为方案的运作,都是在企业决策者的决策和实施得以完成的。企业作为一种盈利性的社会组织(那些从事于公益事业的慈善机构除外),把"赚取最大可能的利润"视为其经营活动的根本目标,这本是无可厚非的。但是,企业能否把"赚取最大可能的利润"作为企业决策的唯一目标,这却是自亚当·斯密以来一直争议而未决的一个重大问题。人们在把"赚取利润"作为企业决策的目标时,是否会不顾一切手段的正当性而一味地唯利是图?企业的经营者和股东是把那些为企业服务的员工仅仅当作替自己赚取利润的工具,还是把他们当作应该彼此尊重与相互依存的伙伴呢?企业在追求经济效益的同时,该不该考虑社会效益、生态环境效益和人的发展效益呢?是否该考虑其行为对社会其他行为主体的影响?是否该为其行为给社会所造成的损害承担相应的社会责任?

1. 从利润最大观到社会责任观

现代企业伦理经过了利润最大化的价值观到承担社会责任的伦理价值观的根本转变。这两种根本不同的价值观是市场经济下企业循序渐进运行的结果,它体现了企业的主体活动目的与手段、动机与效果、功利与道义、企业本位与社会本位的相互结合。

资本主义企业的最大利润观体现在它的生产动机和目的上。马克思曾经做过经典性概括:"资本主义生产过程的动机和决定目的,是资本尽可能多的自行增值,也就是尽可能多地生产剩余价值,因而也就是资本家尽可能多地剥削劳动力。"[1]资本家"为了50%的利润,他就铤而走险;为了100%的利润,他就敢践踏一切人间法律;有300%的利润,他就敢犯任何罪行,甚至冒绞首的危险。如果动乱和纷争能带来利润,他就会鼓励动乱和纷争,走私和贩卖奴隶就是证明。"[2]为了实现最大利润,资本主义企业在早期用尽了各种手段,他们对内残酷剥削,对外疯狂掠夺。资本主义工业革命前后,资本家对工人的压榨是用血与火的文字载入人类编年史的。至于世界范围内的自由贸易也绝不是什么"普遍的友爱",而是"世界范围的剥削"。[3] 亚当·斯密和韦伯的著述为这种利润最大观作了辩护,认为资本主义企业生产目的和手段上的不道德伴随着合乎伦理的行为。

亚当·斯密认为,资本主义的自由竞争是为了实现道德理想,达到"公民的幸福生活"。他指出,财富的增长依赖于勤俭、发奋、责任心、

---

① 《马克思恩格斯全集》,第23卷,人民出版社1975年版,第368页。
② 同上书,第829页。
③ 《马克思恩格斯全集》,第1卷,人民出版社1995年版,第229页。

自爱、同情、正义、自由、竞争、开放等优良品德。在他的著作《国富论》中,他反对赚钱做生意有罪或有失绅士尊严的观念,从思想上舆论上支持了资本主义的兴起。可是现实生活的丑恶也让他倍感困惑,他感到仅从经济上是不能解决社会问题的,富人的贪婪、野心和穷人的偷安、懒惰都是可怕的,在此情形下他写出了《道德情操论》,鼓吹良心普及。亚当·斯密察觉到了资本主义经济伦理的内在矛盾,试图加以解决和调和,并作出了一些努力。

韦伯在《新教伦理与资本主义精神》一书中,系统地说明了宗教伦理对资本主义早期发展提供了一种重要的精神支撑。新教鼓励发财致富,强调节俭、禁欲,这些都是资本原始积累所需要的理念。他写道:"倘若财富意味着人履行其职业责任,则他不仅在道德上是正当的,而且是应该的,必须的。"①他所谈及的节欲现象并没有揭示其本质。如经济学家西尼耳主张的资本是资本家"节欲"的应有报酬和结果,就受到了马克思的有力批驳:"在资本家个人的崇高的心胸中同时展开了积累欲和享受欲之间的浮士德式的冲突……但是资本家的挥霍仍然和积累一同增加,一方决不妨碍另一方。"②另外,韦伯所谈及的资本主义伦理精神只是一定时代和条件下的伦理,而超出这一时期,新教伦理的效力就值得怀疑。在现代盛行极度享乐主义、消费主义,哪里还有节俭的迹象? 韦伯认识到了"旧教"和"新教"的伦理冲突,但他不可能也没有真正解决资本主义经济活动中的伦理对抗。

追求利润最大化使得"在一极是财富的积累,同时在另一极,即在把自己的产品作为资本来生产的阶级方面,是贫困、劳动折磨、受奴役、无知、粗野和道德堕落的积累。"③对金钱的无止境的欲求使人毫不顾及社会影响,"每个人都知道暴风雨总有一天会到来,但每个人都希望暴风雨在自己发了大财并把钱收藏好以后,落到邻人的头上。我死后

① [德]马克斯·韦伯:《新教伦理与资本主义精神》,于晓译,三联书店 1987 年版,第 127 页。
② 《马克思恩格斯全集》,第 23 卷,人民出版社 1975 年版,第 951 页。
③ 同上书,第 708 页。

哪怕洪水滔天!"①因而,追求利润最大化"是违反人类良心的一切准则和原则"②的。

一味追求利润最大化引起了来自各方的抗争,资产阶级不得不作出妥协和让步,以缓和矛盾。资本家主动改善工人的工作和生活条件,投资、赞助社会公共事业,是在 1875 年以后产生的。在被坎农称为个人博爱主义阶段的 1875 年—1890 年,企业主让出一部分利润给工人改善生活。1899 年,美国钢铁大王卡内基提出财富应为社会造福,用于社会福利慈善事业。他一生中拿出了大约 4000 万美元用于慈善事业。和卡内基同时代的斯坦福于 1885 年创建斯坦福大学。亨利·亨廷顿于 1919 年在加州圣马里诺创办亨廷顿图书馆,捐献自己的全部藏书。由于追求利润最大化在其目的、手段、结果方面暴露了其严重弊端,企业的伦理取向也发生了变化,即向社会责任观转变。"企业的社会责任"(corporate social responsibility)这一词条起源于美国,而且在美国商业界和企业(公司)法学界使用的频率很高,其定义也各有说法。The Blackwell Eneyclopedic Dictionary of Business Ethics 认为:所谓"企业的社会责任"(corporate social responsibility)是指"企业具有那种超出于对其业主或股东的狭隘责任观念之外的替整个社会所应承担的责任。"③1953 年霍华德·R. 柏文(Howard R. Bowen)《商人的社会责任》(*Social Responsibility of the Businessman*)一书,宣告了现代企业社会责任观念的开始。在该书中对"企业的社会责任"下的定义是:"商人按照社会的目标和价值,向有关政府靠拢、作出相应的决策、采取理想的具体行动的义务。"④1961 年,伊尔斯(Eels)和汪尔顿(Walton)又提出了对"社会责任"的看法:"当人们谈及到企业的社会责任时,他们正是

---

① 《马克思恩格斯全集》,第 23 卷,人民出版社 1975 年版,第 299 页。

② 《马克思恩格斯全集》,第 13 卷,人民出版社 1962 年版,第 222 页。

③ *The Blackwell Encyclopedic Dictionary of Business Ethics*, Edited by Patricia H. Werhane and R. Edward Freedman. Malden, Mass. , USA: Blackwell Besiness, 1998. p. 593.

④ Howard, R. Bowen, *Social Responsibility of the Businessman*(1953), New York: Haper p. 3.

从这两个方面来思考的:一是立足于企业给社会的伤害所带来的问题;二是根据那些应该支配着企业与社会间之关系的伦理原则。"①1975年戴维斯(Davis)和布洛姆斯(Blomstrom)给"社会责任"下了一个更为精细的定义,他们说:"社会责任是决策者们采取行动的责任(或义务),他们采取行动以保护和改善那些与他们自己的利益相一致的整个社会的福利。"②并向企业提供了两个应该采纳以助长其社会责任的行动措施:一是企业应该"保护"(Protect)社会环境,即暗示着企业应该避免对社会造成的负面影响;二是企业应该"改善"(Improve)社会福利,即隐含着为社会创造良好的生活条件。迈克伽尔(McGuire)于1963年提出了一个从企业的经济和法律义务的情境中看待企业的社会责任问题,他指出:"社会责任的观念意味着,企业不仅具有经济的和法律的义务,而且还具有某些超出这些义务之外的对社会的责任。"③迈克伽尔的这个定义并没有告诉我们除了经济和法律之外的社会责任是什么。后来的塞思(Setli)在1975年间接地揭示了迈克伽尔尚未言说的那些责任,社会责任"暗指把企业行为提升到这样一个等级以至于与当前风行的社会规范、价值和目标相一致。"④

为了便于把企业的经济责任和所谓的社会(Socia)责任协调起来,卡洛尔(Carrou)做了一个有益的尝试。他说:"企业的社会责任囊括了经济责任、法律责任、伦理责任和自由决定的责任。"⑤在卡洛尔看来,经济责任要求企业为社会提供有价值的商品和服务,并且使所有者或者股东获得盈利。法律责任要求企业在法律和规范允许的范围内经营。伦理责任要求企业除了满足法律的最低要求外,还要满足社会做正确事情的期望。自由决定的责任是除了经济、法律、伦理责任外,由

---

① *The Blackwell Encyclopedic Dictionary of Business Ethics*, Edited by Patricia H. Werhane and R. Edward Fredman. Malden, Mass. , USA: Blackwell Besiness, 1998. p. 594.

② 同上。

③ 同上。

④ 同上。

⑤ Archie B. Carroll, . A Three-Dimnsional Conceptual Model of Corporate Rerformance. Academy of management Review 4, no. 4 (1979): 497-505.

企业判断和选择为社会自营作出贡献的社会责任(致力于慈善事业等)。关于这个问题,著名的管理学大师彼得·德鲁克(Reter Druck)是这样看待的。他说"企业首要的'社会责任'就是获取足够的利润来弥补将来的成本。如果这个社会责任没有实现,其他的社会责任也不可能实现。处于经济衰退中的衰退企业不可能成为好邻居、好雇主,或者对社会负责。随着对资本需求的迅速增加,用于非经济目的——尤其是慈善事业——的企业收入盈余不可能增加,他们几乎一定会缩减。"[①]简言之,经济业绩是实现其他社会责任的前提,但是如果企业忽视了其他社会责任,也会破坏它的基础。

随着国外关于"企业社会责任"问题研究热潮的兴起,国内一些学者也相继介入这个问题,参加学术讨论。如刘俊海所著的《公司的社会责任》一书认为:"所谓公司社会责任,是指公司不能仅仅以最大限度地为股东的赢利或赚钱作为自己的唯一存在目的,而应当最大限度地增进股东利益之外的其他所有社会利益。这种社会利益包括雇员(职工)利益、消费者利益、债权人利益、中小竞争者利益、当地社区利益、环境利益、社会弱者利益及整个社会公共利益等内容。"[②]《市场经济百科全书》认为"企业的社会责任是企业为所处的社会福利而必须关心的道义上的责任。"[③]该书还认为,企业的社会责任是企业经营环境的具体体现,即企业具体承担的社会责任包括两部分:一是对社会利益集团承担责任,这些利益集团包括股东(或业主)、顾客、债权人、雇员、政府和社会;二是企业对解决社会问题应负的责任。主要包括:(1)就业机会均等;(2)保护生态环境;(3)保护消费者利益。另外,从一些国内的有关论著中,也可以找到一些有关"企业社会责任"的说法。例如"企业的社会责任主要是企业为社会的福利、稳定、发展等方

---

① Reter F. Drucker, "The New Meaning of Corporate Social Responsibility", California Management Review (winter 1984): pp. 53 –63.

② 刘俊海:《公司的社会责任》,法律出版社 1999 年版,第6—7页。

③ 尹世用:《市场经济百科全书》上卷,四川人民出版社 1993 年版,第261页。

面必须关心的责任,包括环境保护、生产更多更安全的产品等。"①"企业社会责任,可以表述为:企业为所处社会的全面和长远利益而必须关心、全力履行责任和义务,表现为企业对社会的适应和发展的参与。企业社会责任的内容极为丰富,既有强制的法制责任,也有自觉的道义责任。"②《现代企业管理模式》一书说:企业社会责任"是指企业在争取自身的生存与发展的同时,面对社会需要和各种社会问题,为维护国家、社会和人类的根本利益,对社会履行的职责,应做的贡献和应尽的义务。"

社会责任伦理观的出现是企业内部和外部多方面因素造成的。企业管理的实践和理念要求伦理观顺应时代的变革。企业不择手段地追求利润最大化,必然导致劳资对抗,产品质量和生产秩序难以保证,市场也难以接纳和认可这种企业。为了企业的长久生存和发展,企业的决策必然要符合社会道德。企业承担社会责任既从精神动力上武装着企业人,又从日常行为规范上约束着企业人,从而指导企业的运行,于是许多知名企业才下工夫塑造自己的企业伦理、企业价值、企业精神和企业文化。管理学由科学管理到行为科学阶段,再到当代的决策学派、案例学派、社会系统学派的发展,充分表明了企业从追求单纯功利到超越功利,由只重视物到重视人,由"经济人"到"社会人"、"复杂人"的根本转变,充分体现了人们对管理本质认识的深化。所以,企业承担社会责任就内在地成为管理的一项基本要求,也是企业决策必须依据的价值系统的要素之一。

社会法律的完善也强制性地规定了企业必须承担社会责任。像保护消费者权益法、产品质量法、保护生态环境法、劳动保护法、公司法、专利法、商标法、反不正当竞争法都具体规定了企业的底线伦理。企业行为只有纳入法律规范才能得到社会道德舆论的认同。③ 工业生产带

① 黄瑞荣:《现代企业管理学》,暨南大学出版社 2000 年版,第 13 页。

② "关于企业社会责任研讨",《中国企业管理年鉴(1990)》,企业管理出版社1990 年版,第 778 页。

③ Marianne Moody Jennings. Business and the Legal Environment [M]. Boston: PWS-kent Publishing Company, 1991. 203.

来诸多人类困境,如环境污染,能源枯竭,土壤沙化,海洋毒化,生态危机,等等,工业企业负有不可推卸的责任,对于治理环境、恢复生态平衡责无旁贷。因为企业既要作为经济组织,又要作为环保组织而存在。①

市场经济体制的正常运行要求企业承担社会责任。企业既要享受权利,又要履行责任,做到责权对等。市场经济的规则——伦理规范是社会经济运行所必需的内容。塞恩指出:一部伦理学的准则能够阻止孤立怪论,并且把一种“囚徒的困境”转变成为一种“自信的游戏”,它能使所有人的待遇得到改善。索尔曼指出,信任可以降低“交易成本”。布坎南认为,伦理学有助于解决“大的困难”。没有道德指导和调控的经济是不存在的,即使存在也是短命的,不可能健康有序地发展。企业作为社会经济组织的重要组成部分,必须遵守市场伦理游戏规则。企业承担社会责任,一方面是企业的义务;另一方面又会反过来促进企业经营的发展。义务要求不得不做,主动去做,暂时可能影响经济效益,但是从长远来看,它会给企业赢得美誉,取信于消费者,让员工满意,从而给企业带来更多的获利机会。所以,企业承担社会责任,既有利于社会,又有利于企业。②

圣加.L·霍姆斯(Sandral. Holmes)曾就履行企业社会责任后的可能结果询问了美国560家企业的高层管理者,结果见表3-1。③

从表中调查结果我们可以看出,管理者对企业承担社会责任的态度比较积极,多数人认为履行社会责任能产生许多正面的效果,而消极结果较少。可见,履行社会责任已得到了高层管理者的认同。

---

① [美]托夫勒:《第三次浪潮》,朱志焱译,三联书店1984年版,第324页。
② P.科斯洛夫斯基:《资本主义的伦理学》,王彤译,中国社会科学出版社1996年版,第42页。
③ 陈炳富、周祖城:《企业伦理》,天津人民出版社1996年版,第23页。

表 3－1

积极的结果	百分比
企业信誉改善	97.4
社会制度得到强化	89.0
经济制度得到强化	74.3
雇员的工作满足感增强	72.3
避免政府干预	63.7
高级管理者的工作满足感增强	62.8
企业生存的机会多	60.7
有利于吸引更好的管理人才	55.5
长期获利能力增强	52.9
留住和吸引顾客	38.2
投资者喜欢对社会负责的公司	36.6
短期获利能力增强	15.2
消极的结果	**百分比**
短期获利率下降	59.7
消费者承担的价格提高	41.4
管理绩效评价标准有冲突	27.2
对股东不利	24.1
生产率下降	18.8
长期获利能力降低	13.1
政府干预增加	11.0
经济制度削弱	7.9
社会制度削弱	3.7

社会责任观是伦理学理论与实践相结合的产物。伦理学中的基本概念,例如权利、义务、责任、正义、公平、价值等在当代企业决策中有了进一步的展现,传统的命题和时代新现象的相遇,使伦理学的发展有了新的转机。伦理评价越来越多地受制于宗教、哲学思维、文化价值观、法律条文和人类良知,从而促进了企业行为对其社会文化氛围的考虑。许多优秀的企业家自觉地将伦理观应用于决策之中,取得了卓越的业绩,体现了企业利益和社会利益兼顾、双赢的良好效果。例如日本享有"经营之神"称号的松下幸之助就提出企业不应该太短视、只重眼前利

益,忽视社会长远计划所应负的道德责任。他认为企业赚钱的目的应是丰富人们的生活,造福于社会。"企业与社会必须一起繁荣,共生共荣,否则必不能得到真正的发展。"①他还总结说:"企业的社会责任应成为其所有活动的核心。"②事实上,一些杰出的企业家已意识到了企业的广泛社会责任。美国惠普公司(HP)是世界公认的为数不多的优秀企业之一。公司创始人之一戴维·帕卡德(David Packard)在《惠普之道》一书中写道:"一个公司是离不开社会的,因此,现在美国工商界广泛承认并且履行对社会的责任,但在过去并不总是这样。"③他认为企业除了为股东谋取利润之外,还应对员工、顾客、供应商、整个社会的福利均负有重要的责任。惠普公司把对企业社会责任的理解并不停留在口头上,而是付诸行动,如倾听顾客意见,实施员工分享计划(即分享确定和实施目标的责任,通过购买股票计划分享对公司的所有权,分享利润,分享个人和职业发展的机会,乃至分享由于生意偶尔出现下降趋势而造成的负担)。他还指出:"今天,惠普公司在世界上许多不同的社会进行营业。我们对我们的职工强调说,所有这些社会都应当由于我们的存在而变得更好些。这意味着,我们应当使我们的利益同当地社会的利益保持一致。这意味着,我们在同个人和集体打交道时应当最忠诚老实。这意味着,我们应当改善和保护环境,建立可以使当地社会引为骄傲的、富有吸引力的工厂和办公楼。这意味着,我们要在才智、精力、时间和财力上给社区项目以支持。"④

2. 企业伦理责任的分层

企业是个开放的系统。企业与包括消费者、供应者、竞争者、政府、社区、所有者、员工等在内的利益相关者有着密切的相互依存关系,为

---

①　[日]松下幸之助:《经营人生的智慧》(上),任柏良、陆虹主编,延边大学出版社1996年版,第85页。

②　The Matsushita Perspective——A Business Philosophy Handbook[M]. Tokyo: PHP Institute, Inc., 1997. 27.

③　[美]戴维·帕卡德著:《惠普之道》,贾宗谊译,新华出版社1995年版,第142页。

④　同上书,第156页。

了维系和改善与利益相关者的关系,企业有必要在履行经济和法律责任基础上履行道德责任。企业的核心道德责任可以分为三个层次。首先,企业有义务承担最基本的道德责任,即为消费者提供安全而又性能良好的商品和服务,这是基础性和永久性的责任;其次,道德责任是应考虑对环境的影响,尽量减少资源的破坏。再次,道德责任是指企业作为一个道德共同体的质量,要创造人道化的工作条件,体现对劳动者的关怀。

1. 关心消费者,为消费者提供安全良好的商品和服务

作为市场主体的企业,从经济学的角度来说,在参与市场竞争中,企业不仅要生产一种物质产品或提供一定的劳务,以较低的成本求得较高的利润,还要对市场负一定的责任。企业应该意识到其生存与发展必须建立在诚信、守约、信誉、质量基础之上,认真处理好"利益相关者"的关系,即应处理好生产者与消费者、生产者与生产者之间的利益关系,并且企业还需通过消费者购买其产品来实现其利益。因此企业对产品和服务的选择和决策不仅取决于消费者自身的需要,而且还取决于消费者对所需商品的了解、偏好、信任的程度。从开明利己论的角度来看,每一位利益相关者都有追求利益的权利,其中包括自我利益。换言之,开明利己论将每人有权追求自己的利益,他人也应有权追求他们的利益看作是一种有效的动机,一方面企业有权追求并实现其利润最大化;另一方面企业提供的服务和产品必须体现对消费者的关心,如满足消费者的使用方便、安全的要求。这样,其产品或服务才可能被消费者所选择和购买,企业的私人劳动才可能被消费者所认可并转化为社会劳动,企业经济利益最终得以实现,企业的利益和声誉得以维护。由此,企业为了追求自己的经济利益而放弃自己的伦理责任、损害社会公共利益或消费者利益的行为都是错误的,它只能导致企业失去社会公众的信任和支持,最终是企业的利益蒙受损失。从这种意义上说,企业对消费者所应负的伦理责任及认真履行这种责任有着特殊的意义。保护消费者利益,维护企业良好的商业信誉是任何一个企业在商业竞争中必须贯彻的一个重要原则。

企业伦理是企业生存和发展的重要条件。企业在产品设计、制造过程中应表达的各种社会的关切和道德要求，不仅要考虑到产品的可用性、耐用性和安全性，而且还要考虑到顾客的经济承受能力，考虑到产品的售前和售后服务的及时性。一家成熟的、具有崇高道德境界的企业还应不断地提高服务技术和质量，自觉接受消费者的监督，时时处处事事为消费者着想，保护消费者越来越多的健康和安全的需要，让消费者满意，以提高企业在消费者心目中的信誉，使消费者为下一次购买活动准备好心理前提。依据社会成本论的观点，企业的伦理责任应表现为企业关切的中心是要给予事故的受害者以保护，特别是当事故原因复杂、责任无法归结或难以确定具体的行为主体时。社会成本论的强烈倾向是要把所有的伤害追究给具体的肇事者——制造商，即便他们对产品和服务给予了当然的道德关切，即便他们已将产品的适当信息告诉了消费者，而消费者在使用产品时是否漫不经心，是否知道可能存在的危机，都是无关紧要的。通过生产新产品，企业即道德责任主体愿意为更大的道德共同体如消费者承担道德义务。他们相信他们所提供的产品不会伤害消费者和其他任何一方，然而一旦出现伤害，他们心甘情愿地承担责任。

2. 关心环境，减少资源破坏，加强环境保护

作为市场主体的企业，既是一种经济组织，又是独立的道德责任主体。面对严峻的生态环境形势，加强企业的环保意识，已成为企业行为文化建设的新课题。首先，从消费者的角度来说，消费者的要求已经超越了传统的享乐主义的要求，使用的方便不再是基本要求，这种变化刺激了商业产品的绿色化。很多消费者越来越愿意花钱购买具有环保价值的产品，即"清洁产品"。他们期望生产不对环境产生破坏，愿意消费天然物品和原材料不会枯竭的产品，抵制任何可能对人类共同未来产生威胁的产品。这些新要求将使对环境的关切和对社会的关切相融合。不能满足这些要求的产品就会招致强烈的反对和消费者的抵制。其次，企业可以通过参照"降低成本，增加利润"的商业信条来实施环保项目，进行"清洁生产"。例如一造纸厂为处理大量的污水污物而耗资巨大,表面上是增加了企业的投入,然而通过实施整合性环保项目,改变生产过程,可以大幅度地削减成本。这样将环保项目纳入企业的全面质量管理之中,既节约成本、提高企业的经济效益,又增强企业的竞争力。因此,企业须将环保要求纳入其生产经营行为当中并规范企业行为,进行一场"绿色革命"。具体来说,从输出导向的环境保护来看,要限制有害垃圾,规范废物处理环节,贯彻"污染者必须受罚"的原则。企业要不断提高工业设备的技术水平,特别要加强高新技术的规划,淘汰技术落后、资金消耗高、污染严重、产品质量低劣的落后生产设备,优化工业生产诸环节,交叉利用可再生资源和能源,减少单位经济产出的废物和污染物排放量,以提高能源和资源使用效率。从输入导向的环境保护来看,要减少废物数量,提高自然资源的可利用率。企业通过采用高新技术、改善生产条件,进行清洁生产,开发绿色产品,以尽可能地节约能源、减少资源的消耗、减少废物和污染物的生成和排放,综合利用和回收自然资源。

如英格兰 Body shop 就是依靠出售社会意识和社会公德而成为一个拥有2.5亿美元资产的大型国际商业企业。

化妆品工业极其出色地征服了消费者,他们心甘情愿地花65美元的价钱去买只值5美元的香味扑鼻的、包装精美的化妆品。很显然,商家那60美元的额外利润并不是由化妆品本身创造的,而是通过出售梦想,希望罗曼蒂克而获得的。Body Shop 的创始人安妮塔·迪克的天才之处并不是把眼睛盯在这销售价值与成本的巨大差额上,而是在化妆品里融进了全新的东西——社会意识、社会公德。正像其他的化妆品商店一样,消费者在 Body Shop 里所买到的不仅仅是洗发香波和溶液。然而,Body Shop 的天才创新之处是商店在卖给顾客化妆品的同时也使顾客受到了感动,而这种感动恰好能帮助我们把我们生活的这个世界建设得更加美好。社会和环境责任正是 Body Shop 价值体系的核心,也正是 Body Shop 的最终产品。Body Shop 的化妆品生产执行严格的标准:绝对不进行动物试验,最小限度的包装和标识,化妆品包装瓶可重复使用,产品所用原料有助于自然资源的持续性开发。消费者为企业的社会责任感而感动,企业也因此得到丰厚的回报。

罗迪克所热爱的两个事业是保护环境和帮助落后地区的人民摆脱贫困。在巴西,她成功地把二者结合起来,并取得了很大的成绩。罗迪克认为,亚马逊河流域热带雨林的破坏,其根源在于当地人民生活极端贫困,他们不得不以破坏自然资源为代价以换取燃料等生活必需品。因此她决定给他们的工作,给他们的经济来源,让他们给 Body Shop 提供对亚马逊雨林并无破坏性的产品的天然原料。于是她考察了像亚马逊河流域热带雨林这样的地区,结果,Body Shop 开发了一系列独特产品,这些产品都是由巴西、尼泊尔以及撒哈拉沙漠等贫困地区的居民提供的原料。

作为一个企业,Body Shop 还慷慨资助像环境保护以及其他社会问题的非盈利性组织。另外,罗迪克还鼓励 Body Shop 的各地分店抽出一些时间和钱去关心、资助当地社会公益事业,如托儿所、学校以及艾滋病重患医院。公司一贯注重社会责任,Body Shop 给顾客提供大量的产品背景信息,它并没有刻意对产品进行大规模的商业宣传。公司的市场营销系统令人难以置信的成功,而公司并没有直接花钱做广告,在安妮塔·罗迪克的心中,她不断追求的是她自己认为重要的事业。她广泛关注社会问题、环境、艾滋病、人权、亚马逊热带雨林,罗马尼亚孤儿,不容置疑,她的关心是真诚的。

仅仅说罗迪克的经营是成功的还远远不够。Body Shop 如闪电般的速度发展。从 1976 年到 1984 年间,公司从英格兰布莱顿的一家前店后厂式的小企业发展成一家拥有 2.5 亿美元资产,在世界 41 个国家设有 850 家分店的大型国际商业企业。[①]

3. 关心员工,创造人道化的工作条件

企业作为社会化大生产的组织形式,要求有秩序、有组织地从事生

---

① [加]马休·丁·齐尔南:《21 世纪企业战略抉择》,薄景山、杜艳春、杨晖译,吉林人民出版社 1999 年版,第 23—25 页。

产经营活动,必须协调好企业与劳动者之间的关系,所以企业应当遵循尊重人的价值、人人平等的原则,为劳动者提供人道化的场所——健康、安全、舒适的工作环境和生活环境,尊重劳动者的需要和促进其价值的实现,并且通过激励机制提高劳动者的工作激情和生产的积极性、主动性和创造性,并服从企业的统一指挥,忠诚于企业的整体利益。也就是说,企业可以通过与劳动者进行道德交谈,对劳动者予以道德关怀,使劳动者按照生产过程的规律和程序来规范自己的行为,视企业之生命为己之生命。具体来说,企业对劳动者须承担以下几个层次的伦理责任。

在最低层次上,企业不能存在严厉的剥削和折磨,没有奴隶制且不雇佣童工,并且为劳动者提供最低安全和卫生标准的工作场所,制定公正的工资制度和赏罚严明的奖励制度。企业如果保证了这种最低水平的道德状况,则最终也保护了企业的名声和利益。反之,将会影响企业的声誉和利益。

在中等层次上,企业应尊重劳动者的独立人格,公平、公正地对待每一位劳动者,不搞任何种族、性别及工种歧视。企业应该尊重劳动者的劳动权利和利益,不得随意解雇员工,不得随意降低劳动者的福利和工资待遇。在此基础上,企业应尽可能地满足劳动者的需要和自我价值的实现,允许劳动者发挥主人翁的责任感,积极参与企业的决策与管理。在劳动者为企业从事生产经营活动创造利润的同时,允许每一位劳动者获得必要的、合理的个人利益,为每一位劳动者提供各种社会福利保障,如医疗保险、养老保险等,定期对劳动者进行职业培训。

在高层次上,企业应该对每一位劳动者提供一个广阔的生存和发展空间和良好的前景,为劳动者提供和创造良好的工作、学习和生活条件,帮助劳动者找寻并展现自身独特的人格魅力,挖掘自身的潜力与技能,提高自身的科学文化素质和思想道德素质,使劳动者能树立崇高的人生观、价值观、世界观,以健全和完善自己的人格。

因此,企业作为市场的重要主体,从事生产经营活动,是一个具有独立的经济人格的经济组织。同时,企业决策又涉及一些相关的伦理问题,需承担相关的伦理责任,又具有道德人格。因此,企业在追求自身经济目标的同时,必须将外在的道德义务内化为一种内在的道德约束,只有这样企业的伦理责任才能切实得以履行。①

4. 企业决策伦理责任的履行

要使企业在做决策时切实履行其伦理责任,必须对企业决策的伦理进行一个整体性的提升。鉴于决策者的人生哲学是影响决策道德性的决定因素,首先必须提高企业决策者的道德修养;其次制度和法律的保障也是必不可少的,所以要加强决策伦理的法律保障;最后对伦理责任履行情况作出客观、公正的分析,就必须建立考核和评价的伦理指标体系。

(1)提高企业决策者的道德修养

我们通常所讲的"企业精神",实际上就是企业决策者人格精神的延伸,而企业凝聚力的强弱在很大程度上取决于决策者的道德修养。企业的存在与发展都离不开优秀的高素质决策者,其素质与魅力的直接表现就是道德修养。个人道德哲学是指用来指导个人行为的根本原则。决策者个人哲学是影响决策道德性的决定性因素,决策者个人道德修养的高低直接影响决策伦理责任的履行。因为,企业决策者是企业的法人代表,是企业决策的最终决定者;企业决策者是企业的人格化,是企业的智囊和中心,个人道德修养对决策的影响,是通过最高决策者的经营理念影响决策的制定和实施。通过最高决策者的权威和感召力向广大员工传播其决策理念,进而影响决策的制定与实施;企业决策者的道德哲学及个人素质决定着企业的发展方向,当决策者的决策理念是正确的,而且为广大员工所认同和接受时,它对决策会产生积极的作用。反之,会产生消极的副作用,使决策违背道德原则,阻碍企业伦理责任的履行。

① 李建华、刘元冠:"企业行为的伦理责任",《理论与改革》,2000 年第 5 期,第28—30 页。

所以,提高决策者的道德修养是积极履行企业伦理责任的有力保障。从一定程度上来看,建设企业伦理和企业文化的关键在于企业精神的培养,而决策者的人格素质是企业伦理的轴心,决策者的人格塑造是企业道德机制建设的重点。企业决策者是企业界的精英分子,是全社会各界注目的焦点。道德修养具有很强的示范性,因而也具有强烈的社会效应。

提高决策者道德修养的基本途径就是通过社会教育和自律。社会教育是外在的、被动的,自律则是内在的、主动的。决策者道德修养的提升既有外在的他律约束,更需要靠内在的自律自觉。

社会的教育就是通过不断的、坚持不懈的宣传教育,在全社会创造一种浓烈的氛围和强大的舆论力量,让决策者认识到承担伦理责任不但对消费者、对社会是有利的,从长远的角度来看,最大的受益者还是企业自身,从而使企业决策者具有持久的内在动力。这个内动力是一股强大的精神力量,正如1984年《日本经济白皮书》中说的:"在当前政府为建立日本企业所做的努力中,应该把哪些条件列为首要的呢?可能既不是资本、法律和规章,因这两者都是死的东西,是完全无效的。使资本和法规运转起来的是精神,因此,就有效性来确定这三个因素的分量,则精神应占十分之五,法制应占十分之四,而资本只占十分之一。"①这就很清楚地表明了道德教育的极端重要性。

"自律"就是道德主体自觉地为自己的意志设定道德法则,而这种自主的设定排除了任何外在因素的影响。要求决策者德育修身,发挥主体自省功能,提倡"慎独"。高尚的道德修养的形成并非易事,它是一个自我否定、自我改造、自我教育的痛苦过程,需要革除自身的弊端,消除自身的痼疾,向自我宣战;需要为自己提出更高的要求,实现道德的自我超越。另外,还要提倡修身养性。要磨砺坚强的道德情感和意志上的自制力,思想认识只有借助于情感和意志的推动,才能落实在行

---

① 宋德宣:"日本现代思维与实践方式的变革和儒学",《辽宁社会科学辑刊》,1991年第2期,第76页。

动上。最后决策者要有正确的自我定位。要加强自我文化修养,向书本学习,向成功和先进的企业家与决策者学习,取人之长,补己之短,并向社会大众学习,在群众中汲取营养,塑造自我的良好形象。运用自我教育、自我调控的方法加强个人的道德修养,从整体上提高自我的道德素质。

(2)加强企业决策伦理的法律保障

要想切实履行企业决策的伦理责任,除了提高决策者的道德修养以外,对其进行必要的法律约束也是必不可少的。因为道德驱动的自律有着很大的局限性。道德自律对人的行为的约束靠的是心性伦理或称德性伦理,强调的是通过个人道德品性的提高来实现对行为的调控。道德驱动的自律是以事业感、使命感、社会责任感、人生理想和价值观为基石的自律。道德自觉是其唯一的动力;"道德人"的存在是它的前提。自律是美好的,但对于游弋于法律与道德底线之间的许多企业决策者来说,道德的力量和约束力是苍白的。因此,就应该通过各种强制手段的约束,通过法制来对企业决策者进行约束,使其受到强大的法律威慑。

作为普通的人,企业决策者在作出决策时,可能会从各方面追求个人或小集团利益的最大化,可能会滥用手中的决策权,从而产生失当行为。如以权谋私,挥霍、侵占国有资产和集体资产,损害所有者和员工利益,甚至以身试法,走上经济犯罪的道路。企业决策的过程其实也就是一个资源配置的过程,当掌握着重要的资源配置权的决策者根据个人或小集团利益最大化而违背伦理责任时,整个经济效率的损失是巨大的。因此,为了防范决策失当行为的发生,除了加强企业伦理教育,促使决策主体的道德自省外,还要建立一套科学合理的企业决策者法律约束机制,方能进一步规范企业决策者行为,促进决策伦理责任的履行。

企业决策者法律约束机制是一种对企业决策者行为具有约束效能的法律机制。用法律手段来规范、约束企业决策行为,将企业决策纳入法制化的轨道。首先,要依法确定决策权力的合理结构,以法律的形式规定各种决策主体的决策权力,实行合理分权,建立起多方位、多层次的合理决策权力体系。既要让决策者有充分的决策自主权,不轻易受到外界的干扰,又不能使这种自主权任意化、扩大化,变成不受任何监督和约束的权利;其次,要依法确定科学合理的企业决策程序,并以法律的形式将其固定下来。因为在很多情况下,企业决策者的决策往往是随意行为,没有经过严格的、审慎的决策程序,仅凭着决策者的一句话就作出决策。这样的决策其科学性和合理性显然是值得怀疑的。所以只有严格遵守企业决策的程序,规定决策参与者的资格、权利和义务,保障广大员工参与企业决策的民主权利,方能制定出符合伦理责任的决策;最后,要建立健全的决策者的责任追究制,要明确决策者的法律义务和责任,并对其决策行为负责。如果不遵守决策规则或法律而导致的失误,要承担经济的、行政的责任甚至刑事责任。

062

使法律成为监督企业决策明镜,使企业决策在法律的威慑下担负起伦理责任,才能进一步规范企业决策行为,防范不恰当的决策发生。

(3)建立考核和评价的伦理责任指标体系

要切实履行企业决策的伦理责任,建立一套具有可操作性的伦理责任指标体系是很重要的。鉴于伦理道德的层次性,一般的只是区分道德与不道德的道德评价有失偏颇。有些企业决策所追求的道德层次是比较高的,不但追求决策的合伦理性,而且对应负的社会责任也是责无旁贷。有些企业只满足于不受法律制裁和舆论谴责就行了。在实际操作中,如果决策者能运用可操作性的考核和评价的伦理指标来指导决策,就会大大减少决策的失误,提升决策的合伦理性。公众也可以此为标准评价一个企业。

犹如对于经济决策方案可以用淘汰解、满意解和最优解来评述那样,企业决策的伦理评价中的道德标准也可以有三种不同层次:①低于道德底线,为社会所不容的层次。这样的决策在经济指标上可能不属于淘汰解,但是却丝毫没有考虑考虑消费者的利益和安全及企业自身应负的伦理责任,这是对社会和消费者的欺骗,以假乱真,以次充好,坑蒙拐骗,欺骗公众;②达到基本道德要求,不会或没有给社会和消费者带来不良后果,也能被利益相关者所接受;③充分体现了企业对社会的伦理关怀,体现了企业的责任,则为最满意的决策。这样的决策不仅会相反会给企业带来良好的口碑,树立起深受欢迎的品牌,最终创造巨大的经济效益。这种最满意的决策的产生应该具有以下这些条件:必须充分体现公平、公正、民主等伦理原则,必须符合社会的整体利益,必须是符合诚信原则;必须能与所有利益相关者双赢,以及符合可持续发展的长远目标。

为了促进企业决策伦理责任的积极、主动性,应该制造相应的奖惩措施。对决策没有达到最低限度的企业,应该动用监督机制,对其不当决策予以公开,并处罚其决策者。对于那些达到了最优层次的企业,应该通过各种途径进行奖赏。如可以通过优惠或减免其税收,给予相应的荣誉或称号,对相关的企业领导或决策者进行精神或物质的奖励,并在各大媒体上加以宣传报道,提高其知名度,从而使企伦理责任得以切实履行。

四、企业决策伦理的实施

F.B·伯德和丁·甘兹指出:"如果管理者能更多地意识到他们的价值观、社会准则和伦理规范,并把它们用于决策,就可以改善决策;如果决策时能考虑到社会分析和伦理选择,对管理者本身、企业和社会都是有益的;各种伦理分析工具能帮助管理者作出更好的决策,更清晰地向利益相关者解释其行为的理由。"[①]

因此,企业决策伦理的实施对于制定符合伦理的决策有着重大的意义,这一点我们从下面的符合伦理的决策的过程模型(图4-1)[②]就可以看出:

① Frederick B. Bing and Jeffrey Gandz, Good Management: Business Ethics in Action (Scar borough, Ontario: Prentice Hall Canda Inc, 1991). Ⅵ.

② [美]戴维.J·弗里切:《商业伦理学》,杨斌等译,机械工业出版社1999年版,第87页。

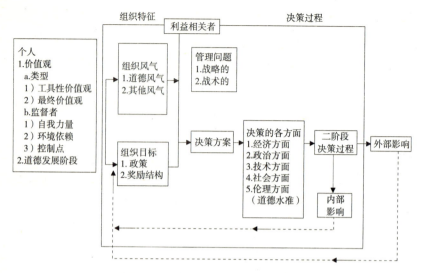

图 4-1　符合伦理的决策过程模型

　　弗里切认为,在制定符合伦理的决策时,受到许多伦理因素和相关知识的影响。一个组织在决策时考虑伦理方面的一个关键因素,是建立伦理的价值观,支持伦理考虑(伦理规范和伦理原则)的伦理价值观会影响决策行为的道德取向,所以企业决策的实施首先要建立伦理价值观;其次要确立利益相关者;最后要找出义利结合点以确保企业决策伦理的实施。

1. 建立伦理价值观

　　价值观或称价值观念属于观念范畴。"观念作为人们关于客观对象的总观点、总看法,是多方面的,总的来说可以归纳为两种:一是关于客观对象的本质和规律性的总观点、总看法。二是关于客观对象的意义的总观点、总看法。这后一种就是价值观念,前一种是非价值观念或者叫事实观念。"①价值观作为观念范畴的东西,自然也是客观事物在人们头脑中的反映,但由于反映的对象、内容或角度不同,它又与其他的观念有区别,价值观念是对主体与客体之间的意义关系的概括和总

---

① 　齐振海主编:《管理哲学》,中国社会科学出版社 1988 年版,第 449 页。

看法,它不回答客观对象的本来面目如何的问题,也不具体揭示其客观规律,而是回答客观对象对于人们的意义即是揭示客体与主体间的价值关系,它表达的是人们关于什么是有意义的或无意义的根本看法,是人类所特有的关于人应该期望什么即价值取向的根本性见解,价值观念作为主体的一种立场、态度,表示主体对客体采取行动的意向和行为倾向,意味着主体对客体的选择。因此,价值观的定义是"一种持续的观念,认为某种行为模式或某种目标比之对立的行为或目标要更好。"①

　　前面提到的企业决策的完整过程揭示了价值观对决策的重要作用。首先,企业决策中所面对的总是有应予以考虑的社会伦理内容。一般而言,那些可以定量分析的因素,在决策中往往能够较好考虑,并建立起许多基于数字基础上的决策模型,但同时也有许多社会系统中的关键因素是没有量化的变量,如企业的内部和外部环境,以及许多社会心理的、政治的、法律的,道德的因素是企业决策必须考虑的;其次,对这些复杂社会因素的处理完全以决策者的价值观为转移;再次,对决策可供选择方案的评估完全是在一定的价值观指导下进行的,选择是以比较为前提的,比较通常充满了价值判断;最后,由于决策者自身的价值观是多层次的,正如价值观的个人特征所表明的。因此决策所面对的问题不是决策所要解决的问题本身而是价值观问题上的处理与选择。② 由此可见,价值观对于企业决策是至关重要的。F. E. 卡斯特等在前人工作的基础上修订的价值与决策关系图③(见图4-2),深刻地揭示了价值观与决策之间关系的这一本质。

　　曾任美国 IBM 公司的总裁的汤姆·小沃森(TomWaltsonJr)在1962年的一次演说中指出:首先,我坚信,任何一个企业为了生存和获得成功,必须拥有一套牢固的信念,作为制定政策和采取行动的前提;

---

① 齐振海主编:《管理哲学》,中国社会科学出版社1988年版,第449页。
② 戴木才:《管理的伦理法则》,江西人民出版社2001年版,第192页。
③ 卡斯特、罗森茨韦克:《组织与管理》,中国社会科学出版社1985年版,第497页。

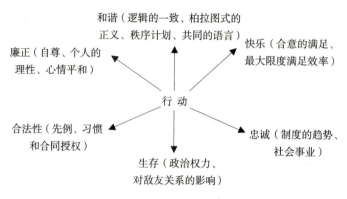

图 4-2　价值观与决策的关系

其次,我相信决定公司成功的一个最重要因素,是忠诚地遵守那些信念;最后,我相信一个企业如果想对付变化中的世界的挑战,它就必须准备改变它的一切。而他的这些信念在整个公司的生命中却是固定不变的。

理查德·帕斯卡尔和 A. G·阿索斯是出了著名的"7S"模式,即战略(Strategy)、结构(Structure)、制度(System)、人员(Staff)、作风(Style)、技能(Skill)、共同价值观(Shared Value 原为最高目标 Super ordinate)。他们认为,日本企业之所以取得成功,是因为他们不仅重视前三个因素(硬性因素),而且还特别注重后四个因素(软性因素),其中的共同价值观居于中心和支配地位。

企业决策的伦理应包括观念、规范、行为三个层次,规范是观念的文字表述,行为是受观念支配和规范约束的。由此可见,企业决策的伦理价值观是企业决策伦理的基础和核心。构建伦理价值观实质上是在给企业决策者起一个价值导向作用,它对企业决策者的价值取舍和价值行为直接起调控作用,价值导向直接体现着先进抑制落后、积极抑制消极的性质,代表着伦理价值观和社会发展的方向。

企业决策伦理价值观的建立必须遵循一定的道德标准,具体地讲应包括以下几个方面:

(1)企业决策必须符合社会主义的功利原则

企业作为以赢利为目标的经济组织,其首要职能就是为社会创造物质产品和增值资本,因此企业必须寻求利润最大化。然而,企业只追求利润最大化就是符合道德的吗? 这不能一概而论。如果企业在追求利润最大化的过程中,坚守生产经营过程中的伦理责任和道德标准,追求利润最大化就无可非议,因为这种效率本身就是公正原则的一种体现,并且社会还应保持一种可以促进企业有效地增加产品和增殖资本的社会机制。因此,企业所做的决策必须与所处社会的公共道德秩序相一致。

　　企业的决策自由的道德前提是促进生产力的发展而不损害广大人民群众的整体利益,即人民利益至上的原则。在对企业的决策进行道德评判时,就要看其是否符合最广大人民群众的根本利益,是否为最广大人民群众所拥护,即毛泽东同志所倡导的社会主义功利主义原则。利益是很实在的东西,我们必须认识到在具体历史条件下大多数人的利益到底是什么;这个利益系统有什么样的层次性;高层次的利益和低层次的利益之间的关系;怎样才能保护人民利益等等问题。只有将"人民利益"充分展开来并与企业的行为相对照,才具有可操作性或现实性。因此企业决策者必须处理好两个方面的关系:一方面企业要把赢利作为企业决策的首要目标,具有经济的战略眼光,善于经营和管理,把企业做大做强;另一方面企业在追求首要目标时必须把社会整体利益摆在合适的位置上,必须把国家富强、民族振兴、人民幸福作为其最高的道德标准,自觉地反对和抵制为了小集团利益而损害人民利益的不道德行为。同时让企业决策者们都认识到:反伦理的决策只能导致对企业的极大损害。

　　(2)企业决策必须符合承担社会责任的原则

　　企业的社会责任是指企业不能仅仅以最大限度地为股东们赚钱作为自己的唯一目的,还应最大限度地增进股东经济利益以外的其他所有的社会利益。企业社会责任是现代西方管理学界提出的与管理道德密切相关的概念,是针对现代企业在经营管理过程中产生大量的诸如损害社区公共利益、污染环境、侵害利益相关者的其他利益等社会问题而备受关注的。

在市场经济的发展中,要使企业成为真正的成熟的市场主题,必须解决的一个很大的问题就是企业社会责任制的缺失。它在企业内部表现为损害利益相关者的利益,在企业外部表现为假冒伪劣产品的大量出现,产生信用危机,道德风险加剧,生态环境和自然资源的严重破坏等等,造成经济运行的正常秩序被扰乱、人与自然的和谐关系被破坏等严重后果。其实,企业承担社会责任是要求企业对自己行为的结果负道德责任,同时也是要求企业履行对社会的义务。因此,企业行为的道德准则与道德判断力、道德行为的责任感在企业决策中得到体现和贯彻,才能提高企业在社会公众中的声望,维持自身的长远利益,承担起社会的道德义务,树立良好的企业形象,减少政府的调节监管成本,维护责任与权利的平衡,保证公共资源的合理共享,营造一个更好的自然和社会的生态环境。

(3)企业决策必须符合尊重人性的原则

人类最高的道德追求是人的全面发展,人类社会的发展不是以牺牲个人的自由、全面发展为代价的,而是以每个人自由而全面发展为条件的。马克思把人置于社会经济活动、创造性劳动中来讨论人所具有的社会特性和人性问题,认为只有在特定的生产方式中人才能自由而全面地发展。在这种生产方式中,个人之间的关系是平等地施展自己的能力,每个人的自由而全面发展是和人类社会的发展相一致的,这种生产方式能使每一个人在从事经济活动时的个人主体性和内在本质力量得到充分的发挥。但是,人的自由而全面发展的实现由于社会历史条件的制约要花相当长的时间。在目前的生产方式中要想实现自由而全面的发展还不可能,但作为人类社会的努力方向和目标,总会在现实生产方式中有某些体现和反映,诸如尊重人的基本权利,尊重人的价值,尊重人的主体地位等等。因为人所从事的经济活动是人的最基本的实践活动,在这一活动中,人将自己的力量展现出来使之凝结成为社会财富。同时人也在这一活动中感受到自身活动的意义,感受到自己的价值和尊严。因此企业活动是贬低人、淹没人还是尊重人、成就人,应该成为今天判断企业决策行为是否道德的重要标准。

国际上那些成功的现代企业,都倾向于尊重人、成就人,把以人为中心作为第一重要的道德原则来遵循,而不是单纯地为了盈利而把人当作工具来役使。作为社会主义的企业,在经营管理过程中更应该体现关心人、解放人、发展人、提升人的本质力量的道德原则,切实做到平等公正地对待所有员工,坚持在机会均等的前提下通过公平竞争而使利益分配产生合理差别。以人道主义的方式管理人,要听取员工的意见,尊重员工的建议,改善工作环境,维护员工的安全和身心健康,体现民主管理的原则,使广大员工主动地参与企业的管理和决策,真正落实主人翁思想。

(4)企业决策必须符合可持续发展的原则

联合国环境与发展委员会将"可持续发展"概括为"在不牺牲未来几代人需要的情况下,满足我们这一代人的需要",意即在当今和未来的发展中,必须保持代际利益关系的和谐,保持人与自然关系的和谐。企业可持续发展战略既包括在人与自然生态环境中的和谐和可持续发展,也包括在社会关系中的和谐可持续发展,还包括人(类)自身的和谐和可持续发展。

在人与自然生态环境中的可持续发展,反映的是一种生态伦理。由于企业是独立的自负盈亏的经济实体,对利益关系具有差异性和排他性。在面临分享和占有公共资源时,这种差异性和排他性就显露出来了。在自然资源的开发和使用上,有些企业为了自己的经济利益贪婪地掠夺自然资源,无视自然环境对经济发展的制约,无视自然的独立地位及其在再生产中的特殊作用,无视生产的基本前提和约束性条件——人与自然和谐的生态环境。事实上,人类在追求经济增长时导致了人对自然关系的异化,已经遭到了自然的无情报复。生态危机、环境危机实质上是由人类的精神危机造成的人的生命的生存危机。"关爱自然就是关爱我们自己"这一点已经成为当今世界的普遍伦理原则。因此,作为社会组织的企业,就应该关心自然、爱护自然,不让自己的行为给自然生态环境带来灾难性的影响,应该在与自然生态的和谐关系中发展壮大。

在社会关系中的和谐和可持续地发展的关键是企业要赢得利害关系人和公众的良好评价,有融洽的公共关系,有良好的道义形象和经营形象以及值得信赖的资信评价。因此,为了营造一个有利于企业可持续发展的社会环境,必须遵循诚实信用的道德原则。诚实信用既是市场经济的内在表现,也是市场运行的客观要求。要获得信任,对企业决策者来说,要对规则、对契约、对契约规定所应尽的资产责任的虔诚和高度的责任感,这也是保证企业可持续发展的关键。①

2. 确定利益相关者

从长远来看,如果企业要想获利,就得回应相关者,就是尊重相关者的要求、权利和期望,就得满足各个方面的期望和需求。正是基于这一理由,在企业决策的具体实施过程中确立利益相关者十分重要。利益相关者(Stakeholder)概念是了解企业与社会关系的核心,这个词是从"股东"一词套用而来。弗里德里克认为,所谓的利益相关者是指那些"对企业的政策和方法能够施加影响的所有的集团"。② 利益相关者就是宣称在某一企业里享有一种或多种利益关系的个体或群体。正像利益相关者会影响企业的决策一样,这些利益相关者也会受到企业决策的影响。因此确定企业决策的利益相关者必须首先弄清不同的关系类型。以往,人们往往认为企业决策的利益相关者就是企业内部的股东和与企业发生交易的主体,它们之间的关系是单向的。而实际上,这仅仅是企业与利益相关者关系的一部分。企业与利益相关者之间,不仅仅是单向的作用关系,更多的是,就利益相关者而言,存在一种双向的影响互动或影响交换的关系(见图4-3)③。

---

① 罗建文、廖加林:"论评价企业行为的道德原则",《湘潭师范学院学报》,2002年第2期,第13—17页。

② 万建华、戴志望、陈建:《利益相关者管理》,海天出版社1998年版,第28—37页。

③ Frederick, W. C. et. al, *Business and society, corporate Strategy, Public Policy, Ethics,* 6th ed, New York, McGraw-Hill Book Co, 1988, p. 82. 引者略有改动。

070

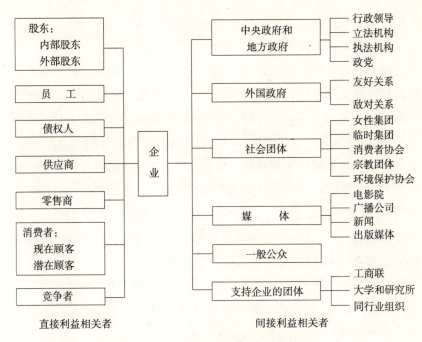

图4-3　企业与利益相关者关系图

　　任何一个企业的发展都离不开各种利益相关者的投入或参与,企业追求的是利益相关者的整体利益,而不仅仅是某个主体的利益。这些利益相关者包括企业的股东、债权人、雇员、消费者、供应商等交易伙伴,也包括政府部门、本地居民、当地社区、媒体、环境保护主义者等集团,甚至还包括自然环境、人类后代、非人物种等受到企业经营活动直接或间接影响的客体。这些利益相关者都对企业的生存和发展注入一定的专用性投资,或分担了一定的企业经营风险,或是为企业的经营活动付出了一定的代价。因此,企业的经营决策必须要考虑他们的利益,并给予相应的报酬和补偿。企业的发展前景有赖于决策管理层对公众不断变化的期望的满足程度,也就是说依赖于企业决策管理层对利益相关者的利益要求的回应质量。企业管理决策者必须从利益相关者的角度来看待企业,这样才能获得可持续健康地发展。事实上,确定一家企业的利益相关者是一个随时间的推移而不断展开的过程,如果不从利益相关者的角度来考虑问题,就无法预见其潜在的失败。许多企业在作决策时并没有认真细致地去确定其一般的利益相关者,对于其特定的相关者更是知之甚少。

瑞士的一个大型联合企业雀巢公司在20世纪70年代因为没有考虑到利益相关者的利益,致使公司一度声誉扫地。无数的中外管理的实践已经证明,企业的成功离不开利益相关者,利益相关者也同样离不开企业,伦理决策是企业履行与利益相关者长期隐形契约的内在要求。企业必须认真处理好与利益相关者的关系,实行利益相关者管理。那种只为股东谋最大利润的思想会把自己束缚在一个急功近利的小圈子中,在决策中就难免会把员工当作赚钱的工具,把顾客作为争夺市场份额的对象,把竞争对手看成是冤家对头,把公众媒体视为祸害,把政府法令当成儿戏,把自然资源作为任意掠夺的对象。这种不考虑利益相关者要求的企业是无法保证其可持续发展的。具体来说,企业要想真正做到伦理决策,就必须在决策过程中,确定利益相关者,充分考虑其要求,对利益相关者负起道德责任。

企业应该为股东、债权人、供应商在可能的情况下谋取最大的利润。其合法收入应及时地在他们之间进行合理分配,不拖不欠,形成良好的企业信誉。企业所做出的决策应该是为其获取最大的合理利润。作为利益相关者的企业雇员,他们的地位、待遇、权利及他们的满意度,企业决策者们也要予以高度重视。企业不应仅仅关注其"面包奶油"等基本生存条件问题,还要提供符合安全和卫生要求的工作场所,尊重雇员的工作权或不被无故解雇的权利,公平对待每一位雇员,尊重雇员的言论自由,为他们提供广阔的生存和发展空间,不搞任何形式的种族、性别和工种歧视。一项针对高级经理人员的调查表明:在众多的利益相关者中,消费者位列榜首。管理大师彼得·德鲁克强调了顾客的中心地位。他认为企业的有效定义即创造顾客。企业决策者要真正将顾客满意作为企业销售产品的最高目标,绝不欺骗消费者。市场研究也表明:蒙骗得罪一个消费者,其现身说法所引起的连锁反应会影响25—30名消费者的购买决心,最终受损的还是企业自己。对待生产地、销售地的社区居民,企业在做决策时应考虑并尊重他们的生活习惯和生活规律。企业应和媒体保持良好的合作关系。要在力所能及的情况下积极从事慈善事业,回报社会,树立良好的公众形象;要积极维护生态平衡,注重可持续发展。

确定利益相关者,可以帮助我们了解有关利益相关者的范围及内容。从利益相关者角度的分析,是企业决策伦理实施的一种手段和工具,它将分析的视野扩展了。将追求利润作为企业经营的目标本无可非议,但不能仅有这一目标,通过确定利益相关者,有助于企业通过追求一些相关的目标,最终达到实现长期利润最大化的目标。

3. 寻找义利结合点

确定了利益相关者之后,在对直接利益相关者和间接利益相关者的利益要求进行综合评价以期达到社会福利最大化之同时,还要寻求义利的结合点。

义和利的问题在中国古代思想史上讲的是道德原则与物质利益之间的关系问题。什么是义呢? 一般来说,义是指合于正义和公益的或公正合宜的道理及其举动。不同朝代、不同阶级、不同社会的道德原则和规范是不同的。因此义的内涵是不断发展变化的。所谓利,即物质利益。可见,义和利的问题,就是道德原则与物质利益的关系问题。在这个问题上,中国古代思想史上主要有三种主要观点:一是以孔孟儒家学派为代表的"重义轻利"说。按照传统的儒家管理伦理,其"义"指的就是一种道德追求,而当时的所谓"利",主要指个人利益。"君子喻于义,小人喻于利",就反映出儒家代表人物孔子的价值倾向。但他同时也主张"见利思义"。他所反对的是光讲利而不讲义,所谓"放于利而行",即只顾追求物质利益,而把伦理道德置于脑后;二是法家的韩非、三国的曹操、南宋的陈亮提倡的"重利轻义"说;三是"义利并重"说,墨家代表人物墨子提出"兼相爱,交相利",且明确提出"利"是根本的道德准则,强调义利并重。

在计划经济时代,广大人民群众怀着强烈的感情投身到社会主义建设中。"无私奉献"、"大公无私"等成为人们普遍追求的道德境界,但同时,这种做法也带来了负面影响。物质利益被当作资产阶级的东西遭到批判、否定,利益分配上搞平均主义,吃"大锅饭",个人的权利、创造力被活活抹杀,社会也因此缺乏了前进的原动力。到了商品经济、市场经济时期,一些人从一个极端走向了另一个极端,以为市场经济就是求利经济,不应当再讲"义","讲义"就会束缚人们自由的市场行为;或者以为搞市场经济就应该金钱至上,唯利是图,甚至可以损人利己,损公肥私。可见,义利观对人们的影响是巨大的,在企业决策的目标选择中起着价值导向的作用。

在现代企业决策伦理中我们不难看出"义"与"利"的关系主要表现为社会利益与企业利益的关系,即社会整体利益与企业经济利益的关系。义与利既对立又统一。一般来说,讲求社会利益要求企业减少或牺牲自己的某些特殊经济利益,讲求企业自身的经济利益常常会忽视社会整体利益,有时甚至还会损害社会利益,两者是相互排斥、相互矛盾的。但同时义利又是统一的,其基础在于局部(企业)寓于整体(社会)之中。

任何一个企业都具有社会性。企业都是社会中的企业,而社会也是由企业构成的社会;企业利益的存在首先以对社会利益的确认为前提的,而社会利益则以无数企业利益的总和为其现实的内容。当我们把商品经济作为人类文明的共同财富、文化遗产来接受的同时,也就接受了这样一个观点,即人与人、人与社会之间最基本的价值准则之一就是承认、肯定人对自身利益关注的合理性。这种价值观相对于封建主义的人身依附关系来讲,是一种历史的进步。随着人的主体意识,自我意识的觉醒,个体利益、局部(企业)利益就是不容排斥的。企业决策行为的有效性是这一内在动力机制的结果,企业利益是社会利益重要内容和基础,没有企业利益,社会利益也不可能很好,没有企业局部利益的增长和实现,社会整体利益也将受到损害;而社会利益是在企业需要和企业利益的基础上得到发展,没有社会整体利益的存在,企业局部利益很难实现。社会利益是企业利益的提升、整合与保障,努力使企业的决策行为既利于己,又利于国家和社会整体利益,也是企业实现利润最大化的条件。在市场经济条件下,企业利润最大化的实现并不只是取决于企业本身的效率,而且取决于社会对企业的认同程度。如果一个企业得不到社会的认同,企业就无法生存、发展。而一个企业要获得社会的承认,企业本身要有良好的社会信誉,即遵守职业道德、讲义诚信、注重互利是必不可少的。欺诈与贪婪可以获利于一时,但绝不可能长久。只有那些能够坚持互利原则、讲求信誉的企业才可能获得社会的充分承认,才会获得真正的最大利润。所以社会利益与企业利益关系是相辅相成、相互促进的。

经济效益对于人类的生存、发展具有基础性的意义。如果我们把"效益"概念的外延再扩大一些,放到更广阔的时空中,这种经济效益相对于整个社会以至人类的进步就有了道德上的意义了。同时,追求经济效益始终是手段,而目标或目的是实现"人的自由而全面发展"。这样,对经济效益的追求也就是对道德的追求,效益指标也就成了道德指标,这种经济效益与道德追求的统一,就其内容而言就是个体利益、局部利益和社会整体利益的统一。当效益指标不再是一个纯经济学意义上的指标,而是意味着包括人的发展在内的现实目标相符合时,也就具有了人文的内涵和伦理价值,并且达到了高度的辩证统一。因此,企业的决策及其实施所追求的是综合效益,即经济效益、社会效益、生态环境效益与人的发展效益之整合。

我们既要坚持企业利益与社会利益的统一,又不能将二者视为同等重要甚至于平分秋色。在整个的价值指向上要强调重点论,即坚持把社会利益和人的发展效益放在首位,自觉地使企业利益服从或服务于社会利益,在促进社会利益增长和保证社会利益优先的前提下使企业利益获得相应的增长和有效的实现。企业的合法利益诚然也是合乎道义的,但企业合法利益的这种"义",同整个社会利益的这种"大义"、"公义"比较起来,无论是在性质的纯粹性和品位性上,还是在范围的广延性和包容性上都处于从属的地位。对企业的合法利益,我们主张给予充分的尊重和尽量的保证,但并不意味着将其强调到与社会利益等量齐观的地步,也不意味着将其置于社会利益之上进而取代社会利益。一个理想的、也是我们追求和提倡的目标就是寻找到企业利益这个"利"与社会利益这个"义"的结合点，就是希望企业能在不断地提高自身经济效益的同时，自觉地增强社会效益意识，促使社会效益与经济效益的同步提高，达到一种完美的均衡。

下面的这个案例即强生公司决策者就寻找到了一个恰当的义利结合点，圆满地解决了公司的难题。

1982 年，23 岁的 Diane Elsroth 在服用渗有氰化物的泰勒诺胶囊后死亡。此后 5 天，在芝加哥又有 7 个人服用这种胶囊后死亡。

泰勒诺系列镇痛药是强生公司的子公司 McNeil 消费用品公司生产的，年销售额达 5.25 亿美元，其中泰勒诺胶囊占 30%。

通过调查研究，发现元凶与胶囊的设计有关。因为胶囊拆开并加以污染后可以不留痕迹地恢复原状。尽管改进了胶囊的封接过程，但谁也无法保证胶囊不被污染。于是，强生公司的首席执行官 Jim Burke 决定改产和销售一种新型的胶囊型片剂，并向消费者发布召回公告：只要消费者交回泰勒诺胶囊，就能无偿得到一瓶新型的泰勒诺胶囊片剂。在公告后的 5 天内，强生公司就发放了 20 万瓶新型的泰勒诺胶囊型片剂。

强生公司的这种举动，得到了社会的普遍好评。当时的美国食品和药品管理委员会（FDA）主管 Frank Young 认为："这是强生公司自己的决策，表现了严酷环境下一种对社会负责的行动。"波士顿大学人际关系沟通学院的 OttoLerbinger 教授将强生公司的行为称为"公司处理社会利益的典范"。当时的美国总统里根也说："强生公司的 Jim Burke，你赢得了我们深深的尊敬，近日来你顶住压力，达到了公司责任和仁慈的最高境界。"事件发生一年之后，泰勒诺产品在市场上的占有份额重新回到 40%。①

对于强生公司的决策者们来说，这是一个严峻的问题。如果不生产，就会耽误大好商业时光和机会，造成企业利益蒙受巨大损失；如果

① 《河北商报》,2002 年 1 月 21 日。

生产,则冒着道德风险,造成企业信誉的丧失,其结果也是破产倒闭。所以,对强生公司的决策者在考虑本企业的效益和发展的同时,也认真对待社会的利益和给社会带来的危害。强生公司最终的伦理决策不但维护社会利益,自身的经济效益也得到了保障,从而达到了企业利益与社会利益的均衡。

明晰了企业利益与社会利益的关系,也就是寻找到了义利的结合点。于是,就有助于企业决策伦理的贯彻、实施,开创一种企业自身经济利益与社会公众利益协调发展的"双赢"局面。

第三章
企业人力资源管理中的道德机制

　　企业的生存与发展离不开人,离不开一批具有真才实学、忠心耿耿、奋发进取的员工。如何提高员工对企业的忠诚度与信任度,激发员工的积极性和创造性,是当前企业人力资源管理所要关注的重点。在金钱等物质手段难以有效地提高员工的忠诚度与信任度,激发员工积极性与创造性的情况下,道德作为一种特殊的作用机制,为企业人力资源管理的开发与创新注入了新的活力,为企业提高员工的忠诚度与信任度,激发他们的积极性与创造性开辟了一片新天地。

一、企业人力资源管理模式的道德反思

1. 人力资源的现实危机

　　21 世纪是充满着机遇与挑战的世纪。当人们从新世纪洪亮的钟声中平静下来时,当人们在对新世纪寄予良好的祝愿与美好的憧憬之后,人们所面临的依然是"和平与发展"的问题。而发展,特别是经济的发展已成了当今世界各国关注的重点,也是各国参与世界竞争的焦点。在世界经济全球化与一体化不断加剧的今天,资本和技术的跨国界、跨地区的自由流动使土地、厂房和机器等已不再成为国家、地区和企业发展和提高自身竞争力的关键,而人才,只有人力资源才是国家、地区和企业生存与发展的根本。在当今,作为生产力诸因素中最积极、最活跃的人力资源因素已成为推动经济增长和社会发展的第一资源。

谁拥有大量的高质量的人力资源,谁能有效地开发和管理人力资源,谁就能在当今日益激烈的国际竞争中立于不败之地,这已成为人们的共识。

何谓人力资源?人力资源是指一个组织所拥有用以制造产品或提供服务的人力;换言之,一个组织的人力资源就是组织内具有各种不同知识、技能以及能力的个人,他们从事各项工作以达成组织的目标。①知识、技能、能力和道德品质是人力资源的基本组成部分,知识、技能和能力决定着员工能够为其所在的组织做些什么以及做得怎么样,然而,人的道德品质因素却决定着员工愿意或乐意为其所服务的组织做些什么和做得怎么样。因此,道德品质因素在人力资源各因素中具有更根本性和核心性的作用。虽然人力资源已为人们所重视,但是,现实社会生活中各种样的因素仍困扰人力资源的发展,使其陷入不可忽视的危机中。

员工忠诚度的滑坡。"天时不如地利,地利不如人和。"②"人和"是指一个组织或企业内各成员团结一致,为达成组织的目标而共同奋斗,这是组织或企业成功的关键所在。"人和"的关键在于培养员工对组织或企业的忠诚度,员工只有忠于其所服务的组织或企业,才能在其日常的工作中表现出高度的责任感和主人翁精神,才能以企兴为荣,以企衰为辱。因此,员工对企业的忠诚度是企业兴衰成败的一件大事。

然而,目前企业员工中那种"端起碗吃肉,放下碗骂娘,踢开碗走人"的现象却屡见不鲜,企业员工忠诚度的滑坡已成了一个不争的事实。这主要表现在:一、跳槽频繁、人员流动加剧。企业员工合理的流动是企业和员工本人发展的必需,然而,企业员工的过频跳槽,换工作如走马灯一样,这不仅加剧了企业与员工之间的矛盾,给企业造成重大的损失,而且引起了企业与员工之间的信任危机。如在 2000 年 11 月

---

① MBA 核心课程编译组编译:《人力资源管理》,九州出版社 2002 年版,第 6 页(前言)。

② 《孟子·公孙丑章句下》。

所发生的创维中国销售总经理陆强华带领100多名营销人员集体跳槽事件，就给企业界带来不小的震动。创维董事长黄宏生曾向记者透露：在创维集团管理层中，有100多人都是老板出身。这些人舍去老板不做，原因之一就在于他们手下一些骨干一不高兴就跳槽，这使他们经受不起这种"地震"。我们姑且不去讨论创维"跳槽风波"中的是是非非，但这起码反映了企业员工忠诚度正在滑坡这个事实。二、工作缺乏主动性和积极性，责任心不强。作为企业的一员，员工理应做到爱厂如家，为企业的生存与发展出谋划策，甚至不惜加班加点而不向企业索取额外的报酬。然而，事实上现在很多员工却把自己的利益与企业的利益分得一清二楚，每天工作只是例行公事，"做一天和尚，撞一天钟"，"事不关己，高高挂起"，很难做到想企业之所想，急企业之所急，甚至为了企业而达到忘我的境界。三、损公肥私，泄露公司秘密。企业员工尤其是白领阶层，利用自己出差的机会多开交通、住宿费，利用自己接待客人机会多开接待费等等，甚至为了个人的利益而不惜出卖公司技术、商业秘密。所有这些，都严重危及企业的生存与发展。

080

企业的发展与壮大，靠的是全体员工的聪明、智能和勤勤恳恳的工作来保证，靠的是企业内部的安定团结和积极向上的团体来维持，而这些必须以员工的忠诚度作为前提条件。因此，如何在新形势下重建员工的忠诚，保持员工对企业的高忠诚度，成了许多有识之士所关心的焦点，这也是我们要着手解决的问题。

职业经理人的信任危机。就人力资源问题的轻重而言，企业高层团队的建设和部门骨干的培养无疑是具有举足轻重的地位。企业的高层团队和部门骨干是企业的主要决策者和管理者，要求有精湛的业务技能、高超的管理水平和良好的道德品质。他们也就是我们所要着重关注的角色——职业经理人。

所谓职业经理人是指那些以企业的经营管理为职业，深谙企业经营管理之道，能熟练运用企业内外各种资源，为实现企业经营目标，而担任一定管理职务的受薪人员。这一概念包括两层含义：其一，经理人的职业化。随着社会生产力的飞速发展和社会分工进一步加强，企业经营管理已经成为一门科学性、专业性极强的社会职业,因而也就有了从事此社会职业的人即职业经理人;其二,作为职业经理人,其应将管理工作视为职业生命,接受与此相应的社会角色标准和相关的约束规范,在社会选择机制作用下追求的不仅仅是个人物质利益的满足,更重要的是在其工作中体现出一种职业文化与职业精神。

在传统企业中,企业的投资者就是该企业的所有者和管理者,企业的所有权与经营者是统一的。然而,随着企业规模的日益扩大,经营管理工作日趋复杂,为解决这种企业规模不断扩大、社会生产力不断智能化情况下而带来的资本占有与经营才能的不对称矛盾,一些无法适应社会经济迅猛发展、无法适应市场需求竞争激烈的资本家便把自己投资兴办的企业交给具有相当才能、符合企业发展要求的职业经理人去管理。这样便产生了以利益关系为主体的资本家与职业经理人之间的各种关系,资本家与职业经理人之间的各种矛盾也就因之而产生。作为企业的所有者——资本家,一方面由于自身的知识、能力和精力有限,为了企业的生存与发展,不得不借助职业经理人的力量来为其服务;另一方面,又担心自己的资产会从职业经理人的手中流失,于是便产生了所谓的职业经理人的信任问题。这种对职业经理人的信任危机意识并非空穴来风、无中生有。创维董事长黄宏生曾说过:"我不怕跳槽,怕的是不讲信义,没有章法。经常有人对我说,黄董事长,有家公司昨天来人跟我谈,出多少万元让我去。你放心,我是不会去的。一些要害人物一跟我说这话,当晚我肯定睡不好觉,那些绵里藏针的话,就像悬在头上的一把利剑。我怕,怕他走了,他管理的那摊儿事怎么办? 企业的许多渠道、资源都掌握在他手里,有些企业的秘密他也了如指掌,他要是加入到同行的竞争对手那里,我怎么办? 于是,只好采取激励措施。"这真是一语中的,道出了企业所有者的心声——对职业经理人信任的危机感和无奈。前不久发生的郑州百文事件便是一个典型的事例。郑州百文杭州分公司总经理凭借自己的职务之便,利用郑州百文的销售渠道销售自己的产品,把所有的收入所得纳入自己的账户,却把所有的成本归入郑州百文的账户,致使郑州百文蒙受巨大的经济损失。① 在中国,职业经理人的信任问题已引起企业界人士和经济界人士的关注。据调查,大量的美国和欧洲企业来中国发展,它们派来的总经理可以使在中国创办的企业在三五年内做得非常大。但是,中国的企业如果派一个人去美国,让他负责办一个公司,那么在三五年之后,这家分公司也许已变成他自己的而不再是母公司的了。北京大学光华管理学院副院长张维迎教授对职业经理人与企业关系的问题曾作了一个形象的比喻:职业经理人和企业之间的问题就如一个家庭中的夫妻关系问题,当两者有矛盾不满意时,自然就要分开,而其中的一些恩恩怨怨在离婚后要么是置之不理,重新追求新的生活,要么就是把家底、隐私抖个稀巴烂。② 当然,职业经理人的问题不光是中国的问题,就是在全世界也存在这种情况。据对 500 家大企业所进行的资料统计表明,它们 71% 的技术或者一些重要的资源都来自于其原来的雇主。所以,在西方有一句警言,"不要让你的员工干你曾经对你的老板曾经干过的事"。比如大名鼎鼎的英特尔的技术就是从菲彻公司偷来的。诺伊斯(英特尔公司创始人之一)当时是这家公司的总经理,摩尔(英特尔公司创始人之一)是这个公司研究部的主任,这个研究部的技术人员发明了一种芯片,诺伊斯和摩尔拿着这个芯片就跳出来,创办现在的英特尔,现在英特尔变成一个很大的公司了,而后来菲彻只是一个注脚了。③

　　职业经理人的信誉缺失并由此产生的职业经理人的信任危机正危及整个现代企业的健康发展。为此,许多有识之士建议加强立法和建立完善的制度,以制止这种不良现象的蔓延。然而,法律和制度也有失效的时候。如北京大学魏杰教授就讲过一件发生在他身边的故事:有一次,一位到北京开会的董事长请他吃饭,因临时有事这位刚坐下来的

---

　　① 《张维迎教授在湖南卫视新青年论坛的演讲》,http://www. beidabiz. com/bbdd/sypl/2001_015/content/003fmwz. html。

　　② 陈婷:《跳槽引发尴尬,谁阻碍了职业经理人进步》,http://www. beidabiz. com/bbdd/sypl/2000_009/content/0200jlr03. html。

　　③ 同上。

董事长只好让副老总陪他吃饭,饭后买单,这位副老总竟叫服务员把原本是2300元的账单写成9700元。事后当他把此事告知那位董事长时,董事长却平静地对他说,换了其他人亦然。请人吃饭买单,制度使之然也,但是其中的具体操作就非制度所能制止的了。又譬如"不准随地吐痰",有人在执法的时候不吐,没人执法时吐了怎么办? 随地吐痰一次罚款5元,有人掏出10元钱再吐一次并美其名曰不用找零钱,那又如何处理? 这些都是非制度就能解决得了的。因此,人力资源的现实危机,不管是企业员工忠诚度的滑坡,还是企业职业经理人的信任危机,我们不应把它完全归咎于法律的缺失和制度的不完善,我们应关注的是其中更为本质的东西——人的道德品质即企业员工和职业经理人的道德品质的问题。法律与制度是一种外在的强制力量,其所起的作用是允许或禁止某人做某事或不做某事,而道德所依靠的是人们的内心信念、传统习惯以及社会的舆论去要求人们应该做什么和不应该做什么。因此,企业员工和职业经理人的道德品质问题应是更根本更实质的问题。解决人力资源现实危机问题,我们应从企业员工和职业经理人的道德品质入手。

2. 道德供给不足:人力资源管理模式的缺陷

企业人力资源所出现的现实危机,一方面是由于现行的法律制度不够完善所致;另一方面,也是更为根本的一面就是人力资源管理模式本身存在着缺陷。所谓人力资源管理,是将组织内的所有人力资源作适当获取、维护、激励以及活用与发展的全部管理过程的活动。换言之,即以科学方法使企业的人与事作适当的配合,发挥最有效的人力运用,促进企业的发展;简单地说,即为"人与事配合,事得其人,人尽其才"[①]。人力资源管理的理想状态应是充分发挥企业内人的主动性和积极性,使企业内成员团结一致、爱企如家,为企业的发展壮大尽心尽力、添砖加瓦。然而,人力资源管理的理想与现实(人力资源的现实危

---

① MBA核心课程编译组编译:《人力资源管理》,九州出版社2002年版,第6页(前言)。

机)之间巨大的差距使我们深深地认识到现行人力资源管理模式存在着较大的缺陷——道德供给的不足。

道德从词源的含义上理解,可分为"道"与"德"两字。"道"之本义为道路。《说文》曰:"道,所行道也。"引申为道理、规律或规则。《管子·君臣篇》曰:"顺理而不失之谓道。"《韩非子·解老》曰:"道者,万物之所以成也。""德"的本义为得。《管子·心术上》曰:"德者,得也。"《说文》曰:"外得于人,内得于己也。"《庄子·大宗师》曰:"天地人物各有得于道,即谓之德。""道"与"德"两者的关系如何。朱熹说:"德者,得也,行道而有得于心者也。"[①]"道"即为事实之规律,"德"则是按照事实规律应该如何行事;"道"为外在的社会规范,而"德"则是转化成为存在于个体之内心的社会规范。因此,从词源的含义上看,"道"与"德"所合成的"道德"主要是指"人生行为之当然法则也"[②],即是人际行为应该如何的规范。

道德从概念上应作如何理解,也就是何为道德? 美国学者蒂洛认为:"道德基本上是讨论人的问题的,讨论人同其他存在物(包括人与非人)的关系如何。道德讨论人如何对待其他存在物,以促进共同的福利、发展和创造性,努力争取善良战胜丑恶、正确战胜错误。"[③]"所谓道德就是人类现实生活中,由经济关系所决定,用善恶标准去评价,依靠社会舆论、内心信念和传统习惯来维持的一类社会现象。"[④]北京大学魏英敏教授则认为:"道德是人们在社会生活实践中形成的关于善恶、是非的观念、情感和行为习惯,并依靠社会舆论和良心指导的人格完善与调节人与人、人与自然关系的规范体系。"[⑤]道德作为社会范畴,属于社会上层建筑和社会意识形态,来源于人们的社会生活实践,并由

① 朱熹:《四书集注·学而篇》。
② 黄建中:《比较伦理学》,国立编译馆出版 1962 年版,第 108 页。
③ [美]J.P·蒂洛:《伦理学——理论与实践》,(影印版),北京大学出版社 1985 年版,第 9 页。
④ 罗国杰、马博宣、余进:《伦理学教程》,中国人民大学出版社 1985 年版,第 8 页。
⑤ 魏英敏:《当代中国伦理与道德》,昆仑出版社 2001 年版,第 32—33 页。

特定的社会经济关系所决定。道德作为一种特殊的社会规范，是随着社会历史的发展而不断地发展和变化的，它所依靠的是社会舆论、人们的内心信念和良心来规范人们的行为，维护社会秩序和保护社会成员的共同利益，是他律和自律的统一，也是人们自我确证、自我肯定、自我发展和自我完善的重要手段。

　　道德是人类社会关系的产物，是人们在与他人交往的过程中，用以规范自己和他人行为的迫切需要才产生的。恩格斯指出："人们自觉或不自觉地，归根到底是从阶级地位所依据的实际关系中——从他们进行生产和交换的经济关系中吸取自己的道德观念"①。"一切已往的道德论归根到底都是当时的社会经济状况的产物"②。作为人类社会关系产物的道德，它一方面是随着社会经济关系的发展变化以及人们的需求而常新；另一方面，其作为一种社会意识形态，一旦形成就具有相对的稳定性，并以一定的道德规范、原则和风俗习惯等形式反作用于社会。这样，当一个社会的道德供给不足时或者说当人们对道德的需求得不到满足时，此社会便会出现道德缺失或道德滑坡的现象，也就会产生道德需求与道德供给之间的矛盾。所谓"供给"是指准备着东西给需要的人应用。而道德供给是指一个社会的成员为维护社会正义，不断按照业已形成的道德规范、道德原则和风俗习惯等去履行自己对社会和他人而应尽的必要道德义务和付出一定的道德代价而产生或提供的"道德产品"以满足该社会成员的需要。道德供给所提供的"道德产品"不同于其他用物质资料所生产出来的并向社会供给的产品。首先，"道德产品"是一种公共产品，它一经产生便可供全社会成员无偿共享，而无须通过货币的形式进行交换方可拥有。其次，"道德产品"的生产者可以是全体社会成员甚至在一个理想的社会条件下理应是全体社会成员。一个健康、良好、向上和有序的社会环境需要全体社会成员个个都是守德者和行德者，人人都应该是品行高尚者和德行先进者。

① 《马克思恩格斯选集》，第 3 卷，人民出版社 1995 年版，第 133 页。
② 同上书，第 134 页。

第三章　企业人力资源管理中的道德机制

因此,如果一个社会的道德供给者越多,那么其对社会所提供的"道德产品"也就越多,此社会便会向着良性的方向发展,此社会将是一个公正良序的社会;反之,如果一个社会的道德供给者越少,而败德者越多,或者是道德"搭便车"者的人数不断增加,那么此社会将会出现严重的道德缺失和信任危机,从而阻碍社会的发展。这里所谓的"搭便车"者,从经济学的角度上看,是指那些没有参加产品的生产,或者虽参加产品的生产而不承担相应成本,却又能从中获益的人;从伦理学角度上看,是指那些没有为社会提供道德产品,却享受其他为维护社会正义和良好秩序而提供的道德产品的人。社会如此,企业亦然。当一个企业出现道德供给不足或道德"搭便车"的人越来越多时,那么该企业就会出现严重的道德缺失和信任危机,从而导致企业员工忠诚度的滑坡和职业经理人的信任危机。

企业人力资源的管理过程本身是一个如何认识人、管理人的过程。而人在管理领域中的定位如何,也就是说何为人,人的本性是什么却决定着企业人力资源应采取何种管理模式。人类管理模式的变迁发展史,也是一部对人性不断的认识深化的发展史。

何为人性? 在中国,就有孟子的"性善说"、荀子的"性恶说"、告子的"性无善恶说"和世硕的"性有善有恶说"四种。孟子认为人皆有四心:"恻隐之心,人皆有之;羞恶之心,人皆有之;恭敬之心,人皆有之;是非之心,人皆有之。恻隐之心,仁也;羞恶之心,义也;恭敬之心,礼也;是非之心,智也。仁义礼智,非由外铄我也,我固有之也,弗思耳矣。"①故此,孟子认为人性天生是善的。由此也就产生了"德治"的管理思想。而荀子则认为仁义礼智并非天生就有的善端,它们是通过后天的学习和实践得来的。为此,荀子提出了性恶说。"人之性恶,其善者伪也。今人之性,生而有好利焉,顺是故争夺生而辞让亡焉;生而有疾恶也,顺是故残贼生而忠信亡焉;生而有耳目之欲,有好声色焉,是故淫乱生而礼文理亡焉。然则从人之性,顺人之情,必出于争夺,合于犯

———
① 《孟子·告子》。

分乱理而归于暴。故必将有师法之化,礼义之道,然后出辞让合于文理而归于治。"①既然人性为恶,那么就必须对其实行礼仪之道以规范和约束其行为,这也就为"法治"的管理思想的产生提供了依据。至于世硕的"性有善有恶说"和告子"性犹湍水也,决诸东方则东流,决诸西方则西流。人性之无分于善不善也,犹水之无分东西也。"②之"性无善恶说",则成了"无为而治"管理思想的理论来源。

在西方,则存在着"经济人"、"社会人"、"自我实现人"和"复杂人"的人性假设。自二百多年前英国学者亚当·斯密提出"人是经济的动物"以来,便开启了人类管理史上的"经济人"时代。所谓的"经济人"是基于这样的人性假设:第一,人是自私的;第二,人的自私性主要表现为对个人物质利益无止境的最大追求。这种"经济人"的假设在被人称为"科学管理之父"的美国古典管理学家弗雷德里克·泰罗所著的《科学管理原理》一书中得到了淋漓尽致的体现。在该书中,作者提出了:管理的主要目的应该是使雇主实现最大限度的富裕,同时也使每个雇员实现最大限度的富裕。③ 管理工作的重点是提高效率。为此,泰罗提出实行刺激性的计件工资报酬制度,以此克服工人消极怠工的现象,调动工人的积极性,从而提高劳动生产率。并推行"职能工长制",即通过工长直接向工人发出命令,要求工人严格按照业已规定的标准化操作方法去履行其工作义务。正是基于"人是自私的,人对物质利益的最大追求是无止境的"这样一种"经济人"的人性假设,泰罗认为:对雇主来说,关心的是成本的降低;对工人来说,关心的则是工资的提高。④ 由于劳资双方都是为了追求最大的物质利益,认识到提高效率对双方都有利,因而劳资双方都能来一次"精神革命",从而能提高效率和改善劳资之间的协调与合作关系。这种出于"经济人"的人性假设,把人看作是纯粹追求物质利益的动物,无视人的情感和其他方

---

① 《荀子·性恶》。

② 《孟子·告子》。

③ 孙耀君:《西方管理学名著提要》,江西人民出版社 1995 年版,第 63 页。

④ 杨文士、张雁:《管理学原理》,中国人民大学出版社 1994 年版,第 35 页。

面的需求,人仅仅是机器的一部分的管理模式,其弊端是显而易见的。无怪乎日本著名的企业家盛田昭夫直言:"机械中心主义的理论体系,恰好蕴藏着一个最大的危险,那就是失落了人①"。显然,泰罗所提倡的科学管理模式是适应历史发展的需要而产生的,但其把人看作是纯粹的"经济人",认为人的活动仅仅出于个人的经济动机,忽视工人的情感、态度等社会因素对生产效率的影响,无疑是具有历史的局限性,最终被另一种人性的假设——"社会人"的管理模式所取代。所谓"社会人"是指:人不是孤立的存在物,而是属于某一集体并受该集体的影响;人所追求的不仅仅是金钱收入,还要追求人与人之间的友情、安全感、归属感等社会的和心理的欲望满足。人"只有把自己完全投入到集体之中才能实现彻底的'自由'②"。"社会人"的假说以及"社会人"管理模式是由人际关系学派梅奥等通过著名的霍桑试验得出的结果。通过霍桑试验,他们提出了弥补和完善科学管理模式的新管理原理:③(一)工人是"社会人",是复杂的社会系统的成员。(二)企业中除了正式组织之外,还存在着"非正式组织"。(三)新型的领导能力就是要在"正式组织"的经济需求和工人的"非正式组织"的社会需求之间保持平衡。基于这样的认识,"社会人"管理模式较"经济人"管理模式更具有合理性和科学性。"社会人"管理模式指出:一方面,要提高生产效率,只靠单纯的正确的工作方法、改善工作条件和强制命令的方式是不够理想的;要提高工作效率,关键是要满足工人的社会欲望,提高工人的士气即工人工作的积极性、主动性和协作精神。而士气的高低取决于工人安全感、归属感等社会、心理方面的欲望的满足程度,取决于家庭、社会生活的影响以及企业中人与人之间的关系。另一方面,要转变领导方式。要改变以往那种家长式、命令式的领导方式,取而代之的是交互式的领导方式,即领导要关心下级,允许下级向上级提意见,尊

---

① [日]盛田昭夫:《经营之神》,陈建译,经济管理出版社 1998 年版,第 219 页。
② 周三多、陈传明、鲁明泓等编著:《管理学——原理与方法》,复旦大学出版社 1999 年版,第 62 页。
③ 孙耀君:《西方管理学名著提要》,江西人民出版社 1995 年版,第 96 页。

重下级的意见和建议；建立面谈制，给员工以表达情感和发泄不满的机会，藉以改善领导与员工之间的关系，从而达到提高效率的目的。无可否认，从"经济人"的人性到"社会人"的人性假设，是人们对人性认识和理解的升华。但是，把人性仅仅理解为"经济人"或"社会人"还不够。人性不单纯是经济属性或者社会属性，人性是复杂的。于是便有了"自我实现人"和"复杂人"的人性假设。"自我实现人"的人性观认为：人都有发挥自己潜力、表现自己才能的欲望，人的满足感来自于人的潜力和才能的充分展现。因此，管理者在管理的过程中要把管理的重点放在改善工作环境上，创造一个适宜的工作环境，让员工在一种紧张和谐的氛围中充分地发挥自己的潜力和展现自己的才能，让员工感到工作的乐趣和从工作中找到生活的意义，从而调动员工的积极性和主动性，实现组织的管理目标和人的自我发展。"复杂人"是针对"经济人""社会人"和"自我实现人"的人性假设而提出的一种人性假设。它认为人是复杂的，不仅人的需要与潜在的欲望是多种多样的，而且这些需要的模式也是随着年龄和发展阶段的变迁，随着所扮演的角色的变化，随着所处境遇及人际关系的演变而不断变化的。故此，与"复杂人"人性相关的管理模式也应该是权变的。针对不同的人不同需要而采取不同的管理模式，做到"因人施管"。

无论是东方的"性善说"、"性恶说"、"性无善恶说"和"性有善有恶说"及由此而产生的儒家的"德治"、法家的"法治"和道家的"无为而治"的管理模式，还是西方的"经济人"、"社会人"、"自我实现人"和"复杂人"的人性假设及由此而产生的"经济人"、"社会人"、"自我实现人"和"复杂人"的管理模式，其都是基于一定的人性假设的基础之上的。尽管这些都是抽象的人性论，但其中都蕴含着某些合理和科学的成分，并共同作用和影响着管理模式的发展与变迁，从而也推动着人力资源管理模式的发展与变化。

人力资源管理模式是一个新生的事物，它是在20世纪80年代才开始取代原来的人事管理模式而成为人们关注的重点。人力资源的管理模式总的来说，可以归结为"软性人力资源管理模式"和"硬性人力资源管理模式"两种。软性人力资源管理模式主张通过改善领导模式可以提高雇员的效忠和绩效水平;而硬性人力资源管理模式强调用理性的方式对劳动者进行管理,强调管理中的战略性和定量特征。① 这种硬性人力资源管理模式在美国式的人力资源管理中表现得比较明显,而软性人力资源管理模式在日本式的人力资源管理中表现得比较明显,其他国家的人力资源管理模式主要是介乎于这两者之间。因此,我们可以从美国和日本的人力资源管理模式中去了解人力资源管理模式的基本情况。

美国人力资源管理模式的特点是人力资源流动的市场调节作用、对抗性的劳资关系和制度化的管理。美国企业的员工主要是通过其发达的劳动力市场去获取。当企业需要某种员工时,便通过劳动力市场去招聘或从其他企业中"挖取";如不需要时便毫不留情地予以解雇,特别是在市场不景气或经济危机时,企业便通过大量解雇员工来降低劳动成本和消除剩余的生产能力。雇主与雇员之间主要是金钱的关系。为了能更大地增加企业的利润和更好地减少雇员对企业的威胁,美国企业一般采用刚性工资制和精细严密的分工制。在美国企业中,工人收入的95%甚至99%以上都是按小时计算的固定工资。② 这样工人的工资只能按照经济状况的好坏而上下波动了。另外,通过精细严密的分工把复杂的工作简单化和规范化,使每个工人的工作内容变得简单和易于操作,使得任何人都很容易胜任。这样便可减少工人罢工对企业所造成的威胁。如麦道飞机制造公司的军用飞机部门的机械工在1996年7月罢工时,总裁兰尼斯(Herbert J. Lanese)作出强硬的反应,用经过短期培训的新工人将罢工的"熟练工"全部替代掉了。③ 在企业内实行明确的分工和严格的责任制,使得美国人力资源管理的制度化程度很高,上下级之间的关系也十分明确,上级对重大问题进行决

① 谢晋宇、吴国存、李新建编著:《企业人力资源开发与管理创新》,经济管理出版社2000年版,第189页。
② 王一江、孔繁敏:《现代企业中的人力资源管理》,上海人民出版社1998年版,第37页。
③ 转引同上书,第46页。

策,下级必须严格执行。这种专业化和制度化的管理模式使得美国企业在用人方式上采取"快车道"的形式,即员工只要有能力就能很快得到提拔,而无须像日本企业那样论资排队地"熬年头"。显然,美国这种硬性的人力资源管理模式是建立在"性恶论"或"经济人"的人性假设基础之上并以"经济人"的管理理念作指导的。在这种管理模式下,雇主与雇员之间处于一种金钱和对抗的关系中,雇主对员工所采取的是"胡萝卜加大棒"的策略,员工没有任何的安全感,因而也谈不上对企业的忠诚,员工的流失率也相当高。

与美国人力资源管理模式相反的是,日本的人力资源管理模式注重的是雇主与雇员之间的合作关系,而不太注重市场调节,管理的规范化和制度化程度也比较低。日本人力资源管理模式的特点是:终身雇佣制、年功序列制和独特的以企业为单位的工会制度,这也被称为日本人力资源管理模式的"三大法宝"。终身雇佣制使企业员工的职业生涯与企业的命运紧密地联系在一起,消除了员工因解雇而失业的后顾之忧,从而引起员工对企业盛衰的关注,激发其为企业出谋献策的热情。年功序列制使员工的薪资与其所服务的企业的年限成正比,与此同时,企业员工的提薪、晋升除了与资历密切相关外,还与该员工的工作成绩、工作态度、工作能力和适应性有关。这样既可以避免员工在待遇上的平均主义和论资排辈的现象,又可以加强员工对企业的效忠程度,并且在很大程度上减少员工的流失率。另外,日本的人力资源管理模式十分重视员工的素质和对员工的培训。与美国的人力资源管理模式不同,美国企业注重的是员工的技能,希望所应聘人员能为企业直接使用,而日本企业在招聘员工时注重的是员工的素质,所招聘的员工须经过培训方为企业所用。在人员的提拔、晋升使用上,日本企业实行"限制入口"和"按部就班,内部提拔"制,即员工要从基层做起,按部就班地提拔使用,这与美国的"快车道"用人方式有所不同。以企业为单位的工会制度使得日本企业内部劳资的对抗性很小,毕竟企业内很多经理很多都在工会任过职,而很多任务会领导也曾在企业担任过管理职务,这样使日本企业内管理者与员工之间容易沟通与协调,有利于解决企业内劳资之间的矛盾与冲突。因此，与美国的硬性人力资源管理模式相比，日本的人力资源管理模式更具有"柔性"的特色和浓厚的东方气息，其所呈现的是"人性本善"的人性论，所倾向的是人是"社会人"，强调人是整体的统一，认为人是能互相信任、具有亲和性并能为他人和集体做出牺牲。因而日本的人力资源管理模式使得其员工的忠诚度较高而流失率却比较低，其与美国的人力资源管理模式几乎就是人力资源管理模式的两个极端。

不管是美国的人力资源管理模式，还是日本的人力资源管理模式，或者是介乎于两者之间，它们都有明显的不足。一方面，它们大都把人当作一种手段，而不是目的。尽管"经济人"模式凭借的是比较赤裸裸的金钱刺激，"社会人"的管理模式除了注重金钱、福利之外，还关注人与人之间的友情、安全感、归属感等社会的和心理的需求的满足，但是，它们不外乎是企图通过各种手段来提高员工工作的积极性和工作效率，其最终目的是为了获取更高的利润，员工仅仅是达到此目的的手段而已。这些只见物不见人或者见物少见人的管理模式，如果说在人们为了生存而生存的情况下即是在人们物质生活还得不到满足的情况下奏效的话，那么，在物质生活日益丰富的今天，这些管理模式将逐渐失去其往日的效用。随着人们对"经济人"、"社会人"、"自我实现人"和"复杂人"的人性假设的认识与深入，人力资源管理模式也因之而不断地发展与深化，人在管理中的地位也逐渐得到提高。但是，这些管理模式的提出及其转变，实质上是停留在人仅仅是一种"资源"和"如何加以合理地利用和操纵"的层面上，也就是说人是"手段"而不是"目的"。人力资源管理的目的是如何更有效地集中一个组织内的一切人力去实现组织的目标即完成特定的数量与质量的任务。然而，人力资源管理不应以物为目的，而应是以人为目的。人力资源管理只有从以物为目的转变为以人为目的，才能真正体现人力资源管理的价值与魅力，才能做到以人为本，使员工真正成为企业的主人，不仅做自己该做的事，而且做自己愿意做的事。另一方面，这些管理模式不太注重道德在企业人力资源管理中的重要性，致使企业内的道德供给不足。要做到这一点,没有相当数量具有较强道德自律能力的企业员工是不可能的,即需要有相当数量的道德品质高尚的员工。无论是美国式的人力资源管理还是日本式的人力资源管理或者是其他模式的人力资源管理,它们主要从心理学和经济学的角度来看待人力资源和人力资源管理,很少从道德的角度去审视人力资源管理,没有认识到道德在人力资源管理中的重要地位,不注重培养员工的道德品质,忽视培育员工的道德理想与道德追求,致使企业处于一种道德缺失的状态。一个企业如果仅仅试图通过经济的手段来谋求员工的忠诚和奉献,那么其所取得的效果是微乎其微的,甚至往往会适得其反,最终只能是使员工一味地追求物质享受和一己私利,从而导致员工忠诚度的滑坡和信任危机。

人力资源管理模式是随着社会经济的发展而不断演进的。近50年来,人力资源管理的发展可分为三个阶段:事务性管理阶段、分析服务管理阶段和战略管理阶段。① 1960年以前为事务性管理阶段,人事部门主要从事传统的人事档案管理和人事流的处理,这一时期的人事部门属于企业的事务处理中心;1960年以后,人事部门开始为其他部门提供人力资源上的服务,比如为一线经理提供员工信息,开展就业调查,帮助其他部门进行招聘与上岗的培训,设计并提供报酬与激励、绩效评估的工具等;1980年以后,随着人们认识到人力资源成为一种特殊资源,员工工作模式由传统模式向高度负责模式转变,越来越多的企业将人事部门改为人力资源部,人力资源管理的理念和职能也都发生了较大的变化,人力资源管理的对象开始扩展到企业组织外部,设法利用一切能够帮助企业创造附加值的人和事已经成为人力资源管理的重要职责,这一时期的人力资源管理部门成为企业的绩效中心。② 随着信息时代的到来,知识经济已初露端倪,人力资源管理也正发生着变化。首先,人力资源管理将关注知识型的员工,进行知识管理。企业未

---

① 赵曙明:"新经济时代的人力资源管理",《南京大学学报》(哲学·人文科学·社会科学),2002年第3期,第37页。

② 同上。

来的竞争实质上是人才的竞争,而知识型的人才无疑是人才中的重中之重。吸收、开发知识型的人才,调动知识型人才的积极性和提高他们的创新能力也就成了人力资源管理的主要内容。其次,构造新型的员工关系,满足员工的需求。与传统企业强调组织界限清楚、职责明确和等级分明不同,未来的组织将会是一个学习型的和富有弹性组织,组织中的上下级关系将由合作、互补和相互尊重的关系所取代。对于员工需求的满足也不仅仅是经济上的,而且还包括非经济的多方面的复杂的报酬体系。最后,"人高于一切"的价值观将成为未来企业人力资源管理的价值导向。人力资源管理的目的并不仅仅是为了企业,而是为了人自身,为了人的全面发展。而伦理道德作为人力资源管理中的精神动力将会在未来的人力资源管理中发挥着越来越重要的作用。

3. 道德在企业人力资源管理中的特殊价值

人力资源管理,是将组织内的所有人力资源作适当获取、维护、激励以及活用与发展的全部管理过程的活动。企业内的人力是企业人力资源管理的对象,人力资源管理的重点就是如何合理、有效地使用企业内的人力,以达到企业的目的和体现人的价值与尊严。而人力就包含了人的体力、知识、技能和道德品质等。正如我们前面所说的那样,人的体力、知识、技能只能决定一个人能够做什么和做得怎么样,而道德品质却决定一个人愿意或者乐意做什么和做得怎么样。现代企业的竞争实质是人才的竞争。一个体魄强健、知识丰富、技术熟练的人并不见得就是一个创新能力强、为企业贡献大的人。一个人具备强健的体魄、丰富的知识和熟练的技术只能说明他具有从事某项工作的条件,但这些"死"的条件需与人的精神因素结合起来方能变成"活"的条件,方能发挥其应有的作用。而道德便是使这些"死"条件变活的重要的精神因素,道德正是以其特有的价值魅力,使其在人力资源管理中发挥着核心作用。

新制度经济学代表人之一威廉姆斯认为,现代企业是追求"许许多多具有节约交易费用的目的和效应的组织创新的结果",明确了企业形成和组织创新的动力都是为了节约交易费用。① 因而,企业人力资源管理理所当然要做到既能提高员工的积极性和工作效率,又能节约交易费用即是要降低人力资源管理的成本。从经济的角度上看,企业所从事的活动的是为了追求利润的最大化,即力图用最小的成本去获取最大的收益。同样,企业人力资源管理也要考虑成本与收益的问题,也就是在人力资源管理中要做到用最小的成本去获取最大的收益。

要降低企业人力资源管理的成本,关键是要充分发挥企业员工的积极性和创造性,使他们为企业所创造的价值远远大于企业为他们所投入的"成本"。发挥员工的积极性和创造性,高薪当然是一种较为常用的方法。但是通过高薪来提高员工的积极性和创造性,其弊端是显而易见的。其一,人对物质的追求是永无止境的,高薪也许能带来员工一时的积极性和创造性的提高,但事实表明,其不能使员工长期保持这种状态;其二,高薪不能保持员工忠诚度的提高,无论是制造业、商业还是咨询业,都面临着员工背叛的问题,即使是有高薪作支撑,高科技企业的人员流动性还是高得惊人。事实上,很多成功的企业并不是靠高薪来留住人才,如惠普(HP)的员工的薪水尽管处于同行业的领先水平,而不是最高水平,但其人员的流失率却低于人才市场的一般流失率;其三,高薪往往会造成人力资源管理成本的增加,如某集团以年薪百万去聘请一人出任人总经理一职,结果在任职期间发现所请的人不符合公司的意图,最后只落得人财两空,造成人力资源管理成本的增加。传统的人力资源管理主要是通过严格的管理制度来规范企业员工的行为,并试图将这种对员工严格的管理和控制约束员工的行为,从而达到降低人力资源管理成本的目的。显然,这种传统的人力资源管理方式是行不通的。首先,任何严格的管理和控制、都是有限的,毕竟,依靠少数的管理者来控制多数人的越轨行为并不是一件易事,特别是对那些具有"投机性"的员工来说,更是难上加难,有时甚至还会适得其

---

① 谢晋宇、吴国存、李新建编著:《企业人力资源开发与创新管理》,经济管理出版社 2000 年版,第 153 页。

反,造成员工的逆反心理和对抗情绪,从而不利于工作的开展。其次,要加强对员工的管理和控制,必然要增加人力资源管理的成本。因此,这种"既花钱又不讨好的事"显然是不适用于现代的企业人力资源管理。既然高薪和严格的管理与控制都不能有效地实现现代人力资源管理的目标,那么,我们可以通过伦理道德的方式,唤起企业员工的良知、责任感和使命感,激起他们的工作热情、积极性和创造性,从而实现以最小的人力资源管理成本获取最大的收益这一目标。也就是说,我们应该从道德的角度去审视人力资源管理的成本。对于道德在降低企业成本提高效益方面的作用,早在一个半世纪之前约翰·穆勒就有过精辟的论述。他说"如果劳动者诚实地完成他们所从事的工作,雇主精神振作,感到心里有底,信心十足地安排各项工作,确信工人会很好地干活,那就大幅度提高产量,节省时间和开支,由此而带来的利益不知要比单纯的节省大多少倍。"①

马克思和恩格斯在《德意志意识形态》一文中指出:"一切人类生存的第一个前提也就是一切历史的第一个前提,这个前提就是:人们为了能够'创造历史',必须能够生活。但是为了生活,首先就需要衣、食、住以及其他东西。"②因此,满足需要成了人类自身存在的必然。在现实生活中,人们除了存在着物质利益的需要外,还存在着精神价值上的需要,这就决定了作为一种精神因素的道德力量必然会对人们的行为发生作用。与其他的方式不同的是,道德是依靠社会舆论、人们内心的信念、风俗习惯和传统的力量来维持的,道德是人们内在价值的一种表达,其真正价值在于它能使人们自觉、自愿地执行某个行为。因而,道德在人力资源管理中具有特殊的价值。首先,道德是调动企业员工积极性和创造性的关键因素。要充分调动企业员工的积极性和创造性,为企业做出贡献,主要取决于由员工的智能、知识、身体素质等因素

---

① 罗卫东:"论现代经济增长与'精神资本'",《浙江大学学报》(人文社会科学版),2001 年第 11 期,第 44 页。

② 《马克思恩格斯选集》,第 1 卷,人民出版社 1995 年版,第 32 页。

所规定的能力,以及使这些能力发挥出来的精神因素,其中道德因素将起着重要的作用。在特定时期内,企业员工的能力是一个客观存在的确定量,但这种相对确定的量,其能力发挥程度可能大不相同。这两个之间的差异,往往取决于员工的道德意识。企业员工的勤奋意识、责任意识和奉献意识等实质上就是道德意识,员工积极性和创造性正是在这些道德意识的支配下发挥出来的。何怀宏教授在其著作《良心论》的绪论中曾列举了一个他在"文化大革命"中所亲见的例子:当武斗流行,人们几乎都不上班的时候,有一个老职工还是坚持每天工作,当有人问到他为什么这样做时,他回答说:"我是凭我的良心。拿了钱就要做事,这是天经地义。"①这里所涉及的良心实质上就是一种道德责任和道德义务,是把外在的道德责任和道德义务内化为人自己应有的品质——道德义务的自律化也就是我们所说的良心。企业员工是积极进取、开拓创新,还是"做一天和尚撞一天钟"、"事不关己,高高挂起",完全取决于该员工的责任意识、奉献意识,即道德责任感和奉献精神也就是企业员工的良心。其次,道德是提高企业员工忠诚度和增加职业经理人信任度的重要保证。企业员工忠诚度的滑坡以及职业经理人的信任危机必然会造成企业人力资源管理的成本的增加,影响企业经营目标的实现,甚至影响到企业的生存与发展。薪资和管理体制作为一种外在的机制,其对员工的作用是有限的。道德却不同,道德作为一种精神因素或"精神资本",其是以一种内在机制作用于员工。道德将善恶的观念赋予企业员工,使员工在一定的道德标准的支配下,在其所从事的工作岗位上尽到其应尽的道德责任与义务,做好其本职工作。一个有道德的员工绝不是随心所欲的员工,而是一个自我约束的员工,是一个诚实、谦虚、自尊与尊人的员工。因而他在自己工作岗位上的所作所为将经得起"良心"的拷问,他不会做那种损人利己的事,也不会因为一己的私利而损害企业的利益,不管他是身处企业的领导层还是普通的员工阶层,他都能平等地看待和尊重对方的人格,做到"己所不欲,

---

① 何怀宏:《良心论》,上海三联书店1994年版,第49页。

勿施于人","己欲达而达人",在个人利益与集体利益发生冲突时,往往能从大局出发,维护大局的利益。所以,如果一个企业中道德的员工越多,或者说败德者和道德"搭便车"者越少,其对企业的道德供给也越多,那么,企业中的人与人之间的信任度和对企业的忠诚度也就越高,企业员工的自觉性和自我管理、自我约束能力也就越强,企业员工间的摩擦就越小,合作度会越高,从而大大地促进员工的工作效率与效果,提高劳动生产率。这样,企业人力资源管理的成本自然会降低,企业的经营目标也就越易实现。因此,道德是降低人力资源管理成本必不可少的关键因素。

人作为万物的主宰,其更应是目的,而不是手段。因此,企业人力资源管理的目标不能仅仅是为了降低管理成本和提高效率,其应更关注的是在管理中体现出人的价值与尊严,也就是说,人力资源管理不应是以物为目的,而应是以人为目的。道德是人们以善恶的观念把握世界的一种方式,其是作为实践精神对世界进行价值性的把握。道德是他律和自律的统一。但是,道德的存在与发展,更主要的是道德的自律,因为"道德的基础是人类精神的自律①",道德也只有从他律转化成自律,才真正算得上是道德,也就是说,道德主体所做出的行为只有是出于自觉、自愿、自主和自决,方算得上是道德的行为。

道德自律是指道德主体在履行道德准则和道德规范的过程中应是一个自觉、自愿、自主和自决的过程。自觉是指道德主体在对一定的道德准则和道德规范认同的基础上,积极主动地通过自己的实践活动来实现已定的道德目标。自愿是指道德主体在履行道德准则和道德规范时,甘愿做出某种牺牲,并由此而产生一种满足感、愉悦感和自豪感。自主是指道德主体在道德实践中为完善自身、他人和社会,主动地将社会道德准则、道德规范转化为自我的道德准则和道德规范,并严格地按照道德准则和道德规范来指导和约束自己的行为。自决主要是指道德主体在道德实践活动中所做出的道德抉择,并对自己的道德行为所产

① 《马克思恩格斯全集》,第1卷,人民出版社1995年版,第15页。

生的后果做出道德评价。道德的自觉、自愿、自主和自决过程是密不可分的,其实质上也是道德准则、道德规范经由道德主体的内化、融合、调整、外化和反馈的过程。道德自律是道德主体完善自我、完美人格的重要手段和方式,也是道德主体奉献社会、实现自身价值和尊严的主要体现。

因此,道德与人力资源管理目标是密切相关的。企业的生存与发展,人是关键。人的能力取决于人的综合素质。企业人力资源管理的目标就是要充分地开发、利用和提高企业员工的综合能力和素质,给每一个员工一个自由的发展空间,使他们为企业的发展目标贡献出自己的聪明才智,从而也体现出员工自身的价值与尊严。而道德尤其是道德自律,其本身就是让人们不断完善自身、提升自身素质的一种精神力量。人的道德水平越高,表明人自律能力也越强。人的自律能力越强,也就意味着人认识自身、改造自身和完善自身的能力也就越大,从而改造自然和改造社会的能力就越强,其推动社会进步也就越快。因而,在人力资源的管理过程中,应注重对企业员工道德品质的培养与开发,把道德因素作为人力资源管理与开发的重点对象,从而使道德成为实现人力资源管理目标的必不可少的手段。

道德的特殊价值在于它的自律性。道德只有真正地从他律转为自律,才能实现其在企业人力资源管理中的价值。如何实现道德从他律到自律,也就是说道德从他律到自律的作用机制是什么? 这也是下面两章我们要着手解决的问题,即从企业人力资源管理中的道德约束机制和道德激励机制两个方面进行阐述。

二、企业人力资源管理中的道德约束机制

1. 道德约束的含义

道德从其产生的根源来看,主要是在于满足人们的需要。人类正是出于自身的需要才形成人们之间的利益关系和社会关系以及用以规范人们利益关系和社会关系的法律制度和伦理道德。人作为社会的存

在物,总是要在社会中谋求生存与发展。而"道德的普遍目的在于改善或不恶化人类的困境"①,道德存在的目的就是在于维持人们之间关系的和谐和保障社会的良序发展。"故人生不能无群,群而无分则争,争则乱,乱则离,离则弱,弱则不能胜物。故宫室不可得而居也,不可少顷舍礼义之谓也。"②故此,道德的根源和目的是他律的。这与道德的基础是自律并不矛盾。道德首先是作为一种外在的约束机制即道德他律而存在,但是道德只有从外在的约束机制变成内在的约束机制即道德自律,才能对道德主体起真正的约束作用,否则其对道德主体的约束将是微乎其微的。而要了解道德约束在企业人力资源管理中作用机制,我们先探讨一下何为道德约束以及道德约束的特性是什么这两个问题。

100

据《辞海》上的解释,所谓约束也就是控制、管束。③ 为此,我们可以这样认为,所谓的道德约束实质上是指人们在社会生活实践中形成的关于善恶、是非的观念、情感和行为习惯,并依靠社会舆论和良心指导的人格完善与调节人与人、人与自然关系的规范体系对人们思想行为的控制与管束,即道德对人们思想行为的控制与管束。

道德约束作为道德的一种作用机制,它有别于其他诸如法律、法规和宗教等对人们思想行为的约束。首先,道德约束与法律约束相比,它们所借助的力量或手段不同。法律是通过强制机关与强制手段来进行的,没有这种强制力量,法律对社会生活的干预是有限的。道德约束主要是靠社会舆论起作用,而这种社会舆论所起的作用最终还得靠人们的良心才能真正实现。另外,道德约束与法律约束的社会生活范围大小不同。法律约束的范围是有限的,它仅是对危及统治阶级的利益的行为进行干预。道德约束的范围则要大得多,它不仅干预法律范围的行为,而且还广泛干预法律范围之外的行为甚至是个人与他人和社会

---

① 穆勒:《功用主义》,唐钺译,商务印书馆1957年版,第2页。
② 《荀子·富国》。
③ 《辞海》,上海辞书出版社1984年版,第3010页。

有关行为,从它们的作用效果来看,法律所能做的主要是亡羊补牢式的事后惩罚作用,而道德约束则是事前的防患于未然的作用。其次,道德约束与宗教约束相比,它们所依靠的力量和约束的性质都不同。道德主要是依靠社会舆论起作用,而宗教是靠神秘的力量和人们的盲从与无知来起作用,宗教对人们主要是对人们起麻醉作用,道德约束在很大程度上则是起规范一定社会的秩序和引导人们过上幸福生活,这一点在现代社会更为明显。因此,道德约束正是以其特殊的约束特性不仅使它与法律约束和宗教约束等区别开来,而且正是由于它所具有的这种特性使它在现代企业人力资源管理中发挥着重要的作用。

2. 企业人力资源管理中道德约束的作用机制

道德约束在企业人力资源管理中的作用主要是通过道德规范等对企业员工的行为进行规范与约束实现的。企业员工忠诚度的滑坡以及职业经理人的信任危机表明,企业人力资源管理中缺少道德的作用机制是不行的,道德对企业员工的约束是可能的和必要的。同时,道德要对企业员工进行有效的约束,就必须建立特定的道德约束机制,使道德由外在的约束机制变成企业员工内在的约束机制,即由他律变成自律。

企业作为社会团体之一,其总是在特定的法律、法规和企业内部规章制度下方能正常运转。也就是说要生存与发展,企业极其员工必须遵守外部的法律法规和执行企业内部的规章制度。外部的法律法规和企业内部的规章制度虽然能保证企业正常运转,但它们并不是万能的。企业内部的规章制度是企业这一共同体的共同意志,但它不可能囊括共同体内所有成员的欲求,这样,企业员工不可能天生就遵守这些规章制度,特别是在法律和企业内部纪律都无法对企业员工起作用的情况下,如员工的诚实、忠诚、尊敬以及和谐等,这些显然非法律和企业规章制度所能解决得了的。对于诚实、守信、忠诚、尊敬以及和谐等这些在现代社会条件下对企业的发展起着十分重要作用的因素,它们的形成主要是靠企业员工的道德来起作用,尤其是企业利益与员工个体利益相矛盾时,道德的作用就更为明显。因此,道德约束对企业人力资源管理是十分有必要的。对此,我们可以通过如下两个案例进行分析来窥其一斑。

案例1①

肯尼斯·布兰查是美国一家大型高科技公司的区域业务经理。这一年,他遇到许多头痛的问题:他所辖的区域行销下降的情形已经持续将近 6 个月,上司因此而不断向他施加压力,要他提升其所辖区域的数字。

为此,布兰查急需找到一位高层、有经验的业务代表加盟他的部门,协助他将区域的业务搞好。花了一个月的时间,很幸运,他终于面试到一个非常理想的候选人。

此人年富力强,过往的业务不但杰出,而且对高科技工业又有透彻的了解;更有意思的是,他才从布兰查的主要竞争对手那儿胜任工作 6 年之后,辞去了一个顶尖的职位。在整个面试过程中,布兰查明白这位应征者比其他面试过的所有候选人在每个方面都强上一大截。正当布兰查决定雇佣他时,这位应征者从公文包里拿出一个小小的四方形信封,从中抽出一张盘片;他拿着这张盘片的样子就像拿着一颗无价的宝石一样。他得意地向布兰查解释,这张光盘满载着布兰查的竞争对手,也就是应征者的上一个雇主的机密资料——包括他们所有客户的细节资料,以及一个国防合约的成本资料,而布兰查的公司也正在竞争投标这项工程。面试将结束时,他向布兰查保证,如果雇佣他,就可以得到这张光盘,而且还有其他更多的光盘……

布兰查明白,如果雇佣此人,就多半能抢下这项巨大的国防部合约,还加上好几个其他大工程合约——过去三年来他一直努力追寻的一切。而现在,这一切都到了他触手可及的地步;他知道这是他一辈子只有的一次机会,何况他现在正是急需这种机会呢!

布兰查有三个女儿,一个已经上了大学,还有两个不久以后也要轮到;他和妻子都感觉到财务的压力。他知道如果现在没有某

---

① 千高原编著:《企业伦理学》,中国纺织出版社 2000 年版,第 33—43 页。

种形式的升迁,日子会很难过。而且升迁的时机事实上也不可能比现在更好:负责全部业务的副总裁要退休,他的上司正好顶上去;谁能继任上司的职位还是个谜……现在,他有最完美的时机提出一份巨大的成绩表。

经过一段时间的激烈的思想斗争,在道德与"金矿"之间,布兰查最后选择了道德。

案例2①

1995年,巴林银行,这家全球最古老的银行之一破产了,曾经是英国贵族最为信赖的金融机构,两百多年优异的经营历史,没能逃过破产的结局,事件可谓震惊世界。为了揭开事件之谜,中央电视台《经济半小时》特别节目《资本市场》几经周折,终于采访到当年显赫气派的巴林银行投资银行首席执行官彼得·诺里斯。据彼得·诺里斯说:"巴林集团拥有很多家不同的银行,当巴林集团倒闭时,我正好担任投资银行的首席执行官。正是由于他的罪行,导致了巴林银行的崩溃。他长期以来进行欺诈,对计算机会计系统做了手脚,许多员工都被卷了进去,最终导致了巴林银行的倒闭。"

令人震惊的是,这样一个让巴林银行残局的结局,出自于一个普通的证券交易员尼克·李森之手。尼克·李森1989年加盟巴林银行,1992年被派往新加坡,成为巴林银行新加坡期货公司总经理。而尼克·李森搞垮巴林银行的事发地也正是在新加坡。

期货交易员难免在交易中出现一些错误的情况。因此,他们一般都会开设一个特殊账户,用以暂时存放那些错误的交易,等待适合的行情出现时,再挽回损失。但是,错误账户在尼克·李森的手中改变了用途,他把自己失败的交易记入其中,用以掩盖损失。结果,为了赚回赔掉的钱,尼克·李森的赌局越来越大,以至于到

---

① 《巴林银行为何没能逃过破产的厄运》, http://news.sohu.com/44/01/news145000144.shtml(有节略)。

了无法收拾的境地。

尼克·李森利用欺骗的手段使巴林银行蒙受了8.6亿英镑的巨额亏损,从而把巴林银行推上了死亡之路。尼克·李森事件并非偶然。在资本市场发展的历史中,大投资者侵犯小投资者利益,中介机构损害客户的利益,上市公司欺骗股东的事情时有发生。因此,市场需要一系列严明的法律约束,同时需要一个强大的监管体系。

诚实是一个证券从业人员的基本素质。如果没有诚实,巴林银行就是一个教训。彼得·诺里斯说:"我认为可以从中吸取很多教训,最基本的一条就是不要想当然认为所有员工都是正直、诚实的,这就是人类本性的可悲之处。多年来,巴林银行一直认为雇佣的员工都是值得信赖的,都信奉巴林银行的企业文化,都将公司的利益时刻放在心中。而在李森的事件中,我们发现他在巴林银行服务期间一直是不诚实的。所有金融机构的管理层都应该从李森事件中吸取教训,意识到用人的风险所在。巴林银行存在内部管理机制的诸多不足,一直没有及时发现李森的犯罪行为,而当发现时却为时已晚。所以,我认为教训是,应该随时保持极高的警惕性。"

尽管,新加坡和英国法院的联合调查表明,巴林事件完全是尼克·李森个人所为,巴林银行的管理层没有法律责任。但是,彼得·诺里斯依然认为,巴林银行的破产与其内部管理的混乱有着密切的关系。

以上两个案例从正反两个方面证实了道德约束对企业员工不但是可能的,而且也是十分必要的。案例1中的布兰查如果雇佣此人,确实是得到了一座金矿,他的事业从此就会蒸蒸日上,再也不用为眼前的难题所困扰。但是他之所以不这样做,是在他的良心与利益经过激烈的斗争之后,良心(道德)战胜利益(功利)的结果,也就是道德约束对他起了作用。因为,他认为这位理想的应聘者首先是不道德的。既然他能叛变他原来的公司来投靠布兰查,那么他也可以背叛布兰查而去投靠别家公司。这一点布兰查不得不考虑。另一方面,布兰查自己这样做也是不道德的。作为竞争对手,通过挖取对方的人才(不管采取什么样的手段)从而获取对方的商业秘密,进而损害对方的根本利益,这显然是不道德的。早在两千多年前儒家就说过:"己所不欲,勿施于人"。在这样一个法律监控难以触及的灰色地带,道德的约束是多么的重要! 因为就算是从企业本身的利益角度出发,这种道德的约束显然也是十分必要的。毕竟,从一个企业长远的发展考虑,这种靠挖取竞争对手的人才从而获取对方商业秘密的急功近利的不道德的做法,一旦暴露出来,其负面效应将是难以估量的,它会使企业的名誉受损,从而损害企业长远的利益,甚至使企业遭受毁灭的命运。而道德约束的必要性在案例 2 中就表现得特别明显。尼克·李森——一个普通的证券交易员,正是因为自身的道德的问题,缺少必要的道德约束,利用欺骗的手段使巴林银行蒙受了 8.6 亿英镑的巨额亏损,从而导致巴林银行,这家全球最古老的银行之一,曾经是英国贵族最为信赖的金融机构,具有两百多年优异的经营历史的银行遭受破产的命运。巴林银行的悲剧,正如其当年显赫气派的巴林银行投资银行首席执行官彼得·诺里斯所说的那样:"不要想当然认为所有员工都是正直、诚实的,这就是人类本性的可悲之处。多年来,巴林银行一直认为雇佣的员工都是值得信赖的,都信奉巴林银行的企业文化,都将公司的利益时刻放在心中……"在这里,虽然彼得·诺里斯所强调的是,巴林银行的破产是因为其存在内部管理机制的诸多不足而造成的,但是,我们不妨反思一下,靠企业内部严密的管理机制所能使企业的员工做到正直、诚实和忠诚吗? 道高一尺,魔高一丈。严密的法律体系和完善的管理体制当然能有效地防止企业员工越轨行为的发生,但再完善的体系总有其不足的一面,它不可能从根本上根除企业员工越轨行为的发生。治人的关键在于治其心,而治心的关键在于道德,在于一个人的良心。一个正是因为自身雇员的道德问题而使其破产的银行,我们能把这归咎于其管理机制不完善吗? 正如案例中所示的那样:"新加坡和英国法院的联合调查表明,巴林事件完全是尼克·李森个人所为,巴林银行的管理层没有法律责任。"既然管理层不负法律责任,那么,这也说明了"巴林银行事件"并不是出于管理不善的问题,至少不完全是这样,而真正在于企业员工的伦理道德的问题。可以说,巴林银行能有两百多年优异的经营史,正是因为它有一批正直、诚实、忠诚的员工和优秀的企业文化,而它的失败却是由于这些具有优良道德品质的员工中出现了一个尼克·李森这样的败类。

我们再看一个发生在国内的案例①。

高强是中关村里一家规模不大的软件公司的小老板,在艰苦创业的几年工夫里,他经常不得不分心去"后院扑火"。因为,曾经有过几次痛心疾首的变故——他信任而又钟爱的部下带着全部资料走了,要么是另起炉灶,要么是去对手处"投诚"。对此,他自嘲曰:"社会是最好的课堂,员工是最好的老师。"所以,以后招收新员工,逢有人表示愿意将手中资源带过来作为加盟的筹码时,他一律拒绝,理由只有一条:这类人不道德!今天会为了讨好我而对不起旧雇主,明天也会为了讨好新雇主而伤害我……

中关村一直想成为中国的"硅谷",但十多年来,在中关村长大的企业凤毛麟角,究其原因,有一点是不容置疑的就是:企业成员间缺少道德的约束力,致使不规则的竞争屡屡发生,企业略有些规模开始裂变。而高强的遭遇便是其中的一个缩影。

由此可见,道德对企业员工的约束是多么的必要和重要。而道德约束要对企业员工起真正的作用,就得建立一种良好的道德约束机制,使道德从他律变成自律,从而使道德真正做到对企业员工的约束。

道德是靠社会舆论和良心指导来完善人格与调节人自身、人与人以及人与自然关系的规范体系。道德要真正对企业员工起约束作用,就必须建立一整套良好的企业道德约束机制,也就是说,要使企业员工成为有良好道德品质的人,就得建立一个良序的道德调控系统。道德

---

① 子安:《拷问道德长不大的中关村》,http://www.hnet.cn/publication/z45/45ql3.htm。

作为一种意识形态,其根源于人们的需要,即根源于人们的利益需求。人们正是在一定的利益关系基础上才形成特定的政治关系以及相应的法律、道德等关系的,因而现实社会中的道德原则和规范不能不是为了维护人们的利益服务。因此,要在企业中建立特定的道德约束机制,就必须使这种道德机制与员工的利益直接联系起来,也就是说要注重道德约束的功利性原则。道德不管是从直接意义上还是从间接意义上讲,其理应是有益于特定社会特定时期的人们的生存与发展。这一点我们可以从人类古老的道德或者是道德的萌芽中就能体会到,原始人之所以对某些禁忌不违背是因为他们认为,一旦违背这些禁忌,就会给他们带来不幸或者使整个部落遭受灾难。另一方面,道德作为一种特殊的社会意识形态,它又具有超功利性的原则。与其他规范相比,道德规范或多或少是以道德主体做出某种牺牲为前提,其调节利益的矛盾根本要求是:自觉地自我约束克制,乃至自我牺牲。老子云:“圣人不积,既以为人已愈有,既以与人已愈多。”①圣人不吝啬自己的精力而尽量帮助别人和给予别人,他这样做反而使自己更充足、更富有。人的可贵之处,在于人有自主、自觉的利他精神和自我牺牲的道德品质。道德的特殊性正是在于它所特有的超功利性。

　　据著名的心理学家皮亚杰通过对儿童道德判断发展的研究揭示,儿童起初的遵守规则是出于对“制定”道德律令的成人权威的敬畏,成人的权威的树立来自成人对儿童的赏罚,儿童之所以愿意信守道德,是因为,只有这样才能给他带来满意的效果,而一旦违反了道德则会遭到成人种种不快的责罚。② 著名的心理学家科尔格等人的研究表明,儿童的道德发展经历了三个不同的水平阶段:前习俗水平、习俗水平和后习俗水平。在第一阶段,儿童是出于直接的利害考虑而遵守道德,这主要表现为惧怕惩罚。到了习俗水平阶段,儿童遵循道德出于社会的期望和要求,为了博得一个好孩子的美名。而发展到了后习俗水平阶段,

---

① 《老子·八十一章》。
② 黄明理:“道德赏罚:道德生活的急切呼唤”,《道德与文明》,1997 年第 4 期。

儿童已逐渐养成习惯,完全出于内心愿望而追求道德。① 显然,儿童道德观念的形成,即从他律到自律的转变,利益因素是主要的驱动力。儿童正是由于惧怕惩罚、追求美名才去遵守道德规范,这体现了道德的功利性的特征,也符合道德形成、产生的规律,即人们正是居于特定的利益关系才形成和产生特定的对大家都有约束力并自觉遵守的道德规范体系。而儿童这种由于惧怕惩罚、追求美名才去遵守道德规范的行为一旦形成了习惯,习惯成自然,也就是说当儿童已经不再感觉到遵守道德规范是出于某种外在的压力而是出于自身内心的需要时,道德便是成了自律的了。在这一点上,成年人要接受某些对其本人来说是新的道德规范时,与儿童相比,其复杂性和难度要大得多,毕竟成年人早已形成的世界观以及某种道德观念可能会起阻碍作用。但是,有一点我们不能否认的是,个体道德生长并非是随着年龄的增长而到某一特定阶段便会结束,成年人的道德生长过程还是一个从他律到自律的过程。因而,儿童的道德形成模式仍可适用于成年人。因此,要构建一个对企业员工(不管是职业经理人还是普通员工)都具有普遍约束力而又行之有效的道德机制,必须以企业员工的利益为基础,从道德的功利性和超功利性两方面着手,让企业员工亲身体会到道德约束对他们来说是十分重要和必要的,从而自觉自愿地接受道德约束,即使道德约束由他律变成自律。

企业要使道德对员工的约束由他律变成自律,需要企业全体同仁艰苦的努力和较长的一段时间方能见效。因此,企业必须建立一个可供操作和评价的体系,使企业员工有一个可遵循的依据,也就是企业必须让员工知道做什么是符合企业利益和员工自身利益的,是道德的,以及什么是损害企业和员工切身利益和不道德的。尽管不同的企业其具体的情况有所不同而具有特殊性,但是,同为企业,它们也有共性,即一般性。从道德的功利层面上看,道德主体的行为结果需给行为者及其相关的人带来好处。功利主义大师边沁说:"功利原则指的就是:当我们对任何一种行为予以赞成或不赞成的时候,我们是看该行为是增多

---

① 《老子·八十一章》。

还是减少当事者的幸福。"①当代美国道德哲学家弗兰克纳说："功利原则十分严格地指出，我们做一件事情所寻求的，总的说来，就是善（或利）超过恶（或害）的可能最大余额（或者恶超过善的最小差额）。"②我们不否认功利主义具有庸俗的一面和利己主义的嫌疑，但是，离开一定的利益去谈道德约束和建立道德约束机制，无疑是缘木求鱼，最终只能是让道德"出丑"。马克思、恩格斯曾非常客观地指出："个人总是并且也不可能不是从自己本身出发。"③"任何人如果不同时为了自己的某种利益需要和为了这种需要的器官做事，他就什么也不能做。"④"人们奋斗所争取的一切都同他们的利益有关。"⑤利益动机是主体行为背后的根本动因。因此，要使企业员工接受道德约束，从而具备良好的道德品质。首先，必须使道德与利益挂钩，使企业员工因其不道德行为或恶劣的道德品质而受到利益上的处罚，通过利益利害关系形成一股强大外部压力，迫使企业员工在做出损害企业和社会利益的不道德行为时不得不慎重考虑其行为后果，并基于利益的基础上权衡得失，从而改邪归正、去恶从善，把自己的行为纳入到道德的轨道上来。与此同时，给那些道德素质较差的企业员工造成一定的威慑作用。其次，企业因根据外在的社会道德要求和道德准则并结合企业本身的实际情况来制定出相应规则和处罚措施并使其制度化。罗素曾指出："在不具备刑法的情况下，我将去偷，但对监狱的恐惧使我保持了诚实，如果我乐意被赞扬，不喜欢被谴责，我邻人的道德情感就有着同刑法一样的效果。在理性盘算的基础上，相信来世永恒的报答和惩罚将构成甚至是更为有效的德性保护机制。"⑥当然，企业在制定罚恶的规范时必须应适合如

---

①　周辅成编：《西方伦理学名著选读》下卷，商务印书馆 1987 年版，第 211 页。

②　[美]弗兰克纳：《善的求索》，黄伟合等译，辽宁人民出版社 1987 年版，第 73—74 页。

③　《马克思恩格斯全集》，第 3 卷，人民出版社 1975 年版，第 274 页。

④　同上书，第 286 页。

⑤　《马克思恩格斯全集》，第 1 卷，人民出版社 1995 年版，第 86 页。

⑥　转引自黄明理："道德赏罚：道德生活的急切呼唤"，《道德与文明》，1997 年第 4 期。

下原则:一、企业员工所做出的败德行为应该是有损企业自身的利益和社会的利益,或者企业员工所作的行为暂时对企业自身有利而由此却损害其他企业或社会的利益。只有在这种情况下才能对企业员工的行为做出相应的处罚。二、企业所制定的罚恶规范不应与社会主义道德体系相背离,也就是说其应以社会主义道德原则、道德规范为指导。如果企业所制定的罚恶规范本身就是恶的、不道德的,并以此作为考核其道德水平的标准和要求员工去遵守,显然这种做法只能是南辕北辙,达不到提高企业员工道德水平的目的。三、企业所制定的罚恶规范必须是简单明了,易于理解、执行和考核并具有层次性。企业所制定的这些规范须符合企业自身的实际情况和适合企业员工的道德水平状况,道德规范要求过高或过低都不利于提高企业员工的道德水平。不同企业的员工道德水平不一样,就是在同一企业内,员工的道德水平也是参差不齐。因而我们不能搞一刀切,而是使制定的规范具有层次性,不同的层次要求不一样,其所涉及的利益程度和处罚力度的大小也不同。这样可以使不同层次的员工都能理解并在外部利益的强制下接受或者能够接受所制定的规范的约束。四、企业所制定的规范须具有相对的稳定性和一致性。那种朝令夕改、前后矛盾的规范只能是让企业员工无所适从,造成混乱从而达不到预期的目的。总之,道德约束要对企业员工起作用,须经过道德的他律阶段,通过外在的物质利益手段对败德行为进行相应的制裁,使员工的道德水平与利害产生恒常的联系,并由此渐次形成道德心理的沉淀和道德经验的积累,从而从心理上感受、理解和把握道德约束的必然性,进而转化成员工的内驱力,使其积极主动地进行道德的"自我立法",达到从道德他律向道德自律的质变。从道德的超功利层面上看,道德或多或少是以行为主体的自我牺牲作为一种美德来加以弘扬的。因而企业不应只注重道德的功利性的一面,还应注意加强道德的超功利性宣传,倡导企业员工的无私奉献精神。毕竟单纯的处罚只能导致"民免而无耻",而道德所要真正做到的是使民"有耻且格"。因此,要建立对企业员工行之有效的道德约束机制,须把道德的功利性和超功利性有效地结合起来,实现道德的功利性和超功利性的有机统一。

　　然而,要建立有效的道德约束机制,提高企业员工的道德素质,仅仅要求企业员工或职业经理人如何做还不够,企业和企业主自己也须自觉接受道德合约。首先,企业自身必须是一个讲道德的企业。也就是说企业必须是一个诚实、守信的企业,自觉接受道德的约束。如果企业在自己绝大部分业务的范围内表现出不道德的行为。如银行金融领域的洗钱、经纪账户回扣、存贷丑闻等;化工业、林业及其他重工业领域的常常蓄意破坏生态环境行为;食品领域的出售掺假食品、操纵招标、组成价格联盟;医药领域的贴着市场极限定价毫不顾及最易受伤害的消费者等。甚至有的企业还通过行贿获得内部消息、做假账抬高成本、产品检验不足、生产实践拙劣等等。这些都是企业不道德行为的表现。如果一个企业自身不讲道德,不自觉地接受道德的约束,而是以一个缺德企业的形象出现于社会公众面前,其怎么能让自己的员工接受道德的约束,让他们讲道德? 其次,企业主或者企业的法人代表个人要讲道德,至少是一个有德之人。据中国社会科学院经济研究所的一个课题组对我国国有企业的 3000 名职工做过调查,他们把这 3000 名职工分成 3 个组:A 组是工龄在 13 年以上的职工;B 组为 7 年至 12 年工龄的职工;C 组为 6 年以下工龄的职工。调查结果表明各组职工都认为,选择工作的第一位考虑的因素是领导办事要公道。其中,第一组有91.3% 的人持这种看法(认为重要的占 22%,认为很重要的占69.3%);第二组的持这种看法的职工占 90.3%(认为重要的占22.4%,认为很重要的 67.9%);第三组持这种看法的职工占 89.9%(认为重要的占 28.7%,认为很重要的占 61.2%)①。由此可见,企业法人代表或企业主自身的伦理道德水平是何等的重要。如果企业主或企业家本人都不愿意接受道德的约束,是一个败德者,他又如何能说服他的企业员工去接受道德的约束,成为一个有德之人? 如 2002 年 7 月

————————

　　① 转引自刘光明:《经济活动伦理研究》,中国人民大学出版社 1995 年版,第 241 页。

因偷税漏税而被捕入狱的刘晓庆以及于 2002 年 10 月被捕的杨斌便是其中的典型。尤其是杨斌,这位被《福布斯》评为 2001 年"福布斯中国大陆富豪排行榜"第二,他的身家被估计为 9 亿美元的大富豪,并于2002 年 9 月被朝鲜政府任命为朝鲜第一个"资本主义"特区新义州行政长官。然而,正是这样一位显赫的人,却涉嫌各种各样的非法活动。香港媒体报道说,这些违法活动至少包括上千万元的欠税,违法建地,拖欠工程款,还可能有上市公司做假账,欺骗股民等。① 显然,这些诸如刘晓庆、杨斌之流的企业主,他们不仅视国家的法律法规如儿戏,而且也缺少一个企业家应有的道德品质。所谓"上梁不正下梁歪",这些企业主在外面到处招摇撞骗,又如何叫自己的员工做到对企业的忠诚?另外,有的企业主不仅对外进行欺诈,而且对内也有欺诈的嫌疑。这主要表现在他们对外招聘员工时往往报喜不报忧。他们在向应聘者介绍公司情况时尽拣公司的优点大吹特吹,而对公司所存在的问题却只字不提或者是轻描淡写地一笔带过。这样使应聘者对公司留下了很好的印象,对公司的期望值也很高,但是一旦他们进入公司后,才发现这其中有较大的差距,先前的很多承诺也不能兑现,因而会产生较大的心理落差,甚至会有被欺骗的感觉。这样,这些受聘的员工要么拂袖而去,要么就留下来以怨报怨,谈不上对企业的忠诚。还有就是企业主只允许下属对自己"讲道德"而不允许下属凭良心对社会讲道德。这一点从职业经理人"王惟尊事件"中可得到体现。职业经理人王惟尊因坚持揭露喷施宝做假账而被以涉嫌伪证罪拘押,而造假账的王祥林却逍遥法外。对此,307 名 MBA 联名做出如下呼吁:作为职业经理人,诚信是我们的职责,诚信也是市场经济得以维持的基础,如果职业经理人因诚信而受到惩罚,将是我们整个社会的悲哀。在我们目睹践踏法制的行为屡屡发生时,我们呼吁社会重视营造市场经济得以维持的环境与商业伦理道德,特别是目前西部大开发、内地大力建设投资与人才环

---

① 忆城:"杨斌:突然富豪突然囚徒",《21 世纪人才报》,2002 年 12 月 30 日,第 7版。

境下,我们呼吁内地政府首先要营造良好的法制环境,并把它作为推进经济建设的基础,我们也希望其他职业经理人加入我们的呼吁,希望看到王惟尊事件能在公正的法制环境中得到解决。① 这里,王惟尊揭露喷施宝做假账是尽了一个职业经理人应尽的职责,是出于正义感和自己的良心,但是,这意味着是对王祥林的不忠与背叛,其遭到王祥林的报复是难免的。这里所遇到的职业经理人讲道德和企业主"不讲道德"的矛盾,使得作为雇员的职业经理人失去了道德约束的环境,在这种情况下,职业经理人要么像王惟尊那样奋起反抗,要么就悄然退出,要么就昧着良心与企业主同流合污。

企业人力资源管理中的道德约束机制的建立,是一个系统的工程。它不仅需要在企业内建立一种使企业主和企业员工都能接受的道德约束机制,而且更需要企业外部即社会为这种道德约束机制提供生存的土壤。单靠企业内部所建立的道德约束机制还不能完全有效地对企业员工尤其是职业经理人进行约束,毕竟企业员工或职业经理人一旦离开所在的企业,再好的道德约束机制对于他们来说都是枉然。因此,有必要在全社会的范围内建立一种类似于个人信用状况记录制度,将每个员工特别是职业经理人在企业中的道德品质、工作情况等各方面的表现由其所在的人事部或专门的机构记录并录入全国联网的人才信息库中,供其他企业或用人单位在聘用相关员工时有权通过网上查询了解,并以德、才取人。这样,对于那些道德品质低劣的员工或职业经理人来说便失去了生存的环境,使他们为自己的败德行为付出代价。只有这样,企业人力资源管理中的道德约束机制才能更为有效地起作用。

3. 企业员工对道德约束的可接受程度及其变化

良好的道德约束机制的建立应该是基于企业及其员工的实际情况之上,也就是说企业所建立的道德约束机制须有利于企业的发展,为企业员工所接受。因此,在建立企业道德约束机制时应考虑企业员工原

---

① 崔明磊:《经理人披露假账被拘押半年 307 名 MBA 呼吁公正解决》,http://finance.sina.com.cn/o/63899.htm(有节略)。

有的道德水平状况及企业员工对道德约束的可接受度。

自改革开放以来,中国经济体制开始由计划经济体制向市场经济体制转变。在这样的经济转轨时期,原有的道德体系受到了冲击,而新的道德体系也尚未完全建立,人们道德上所出现的某些困惑或者是道德水平在下降的现象也是在所难免的。关于这点,我们可从段跃所撰写的《困扰中国青年人的十个伦理问题》一文中窥其一斑。在该文中,作者把困扰中国青年人的十个伦理问题归结为:一、谁是君子?谁是小人?二、当善良不能引出好结果时,为什么不作恶?作恶也许会带来善。三、金钱万能?金钱万恶?四、不扫自家门前雪,怎管他人瓦上霜?五、为什么非要以死来捍卫正义?六、理想,只能是革命的吗?七、干活,该不该讨价还价?八、面对"利"和"义"我该拒绝谁?九、竞争,仅仅是为了赢吗?十、人与人的距离拉大了,福兮?祸兮?① 这十大伦理问题困扰着当代青年,也反映了当前人们在价值取向上的困惑,同时也在一定程度上反映了企业员工的道德水平状况。君子与小人、善与恶、理想与现实、义与利等的选择上却反映着一个人或社会道德状况的好与坏,也是我们判断一个人或社会道德状况好与坏的标准。关于企业员工的道德水平状况,我们可以从企业员工的组成部分进行分析。改革开放以来,随着大量外资的涌入,外资企业、私营企业的不断增加,相应地也吸纳了大量的人员就业。这些人员中有相当的一部分是从农村来的,他们的文化程度一般为中学水平。他们具有农民的朴实、勤劳的特性。但是由于企业工作条件的限制及其自身的局限性,他们一般都没受过专业训练,进入企业培训后才上岗。由于自身的知识结构、工作能力等的限制,他们跳槽的频度相对较低。但是,由于户籍、企业不能帮助他们解决后顾之忧等原因,他们不可能在企业或在城市里待很长时间,最终还得回到农村中去,因而他们更关注的是自身的当前利益实现,对于企业的整体利益、长远利益很少关注或者置之不理,很难做到

---

① 段跃:"困扰中国青年人的十个伦理问题",刘智峰主编:《道德中国——当代中国道德伦理的深重忧思》,中国社会科学出版社 1999 年版,第 146—156 页。

对企业的忠诚。在工作上,他们缺乏主动性和积极性,但一般都能接受并完成企业所下达的(合理)任务。另一部分是从国企中分流出来的员工,他们一般都有一技之长,有丰富的工作经验,文化水平从总体上也较前一部分员工高,他们更需要得到上级或企业主的尊重,在待遇方面的要求也相对高一些,他们关注企业的发展,但在义与利的选择上,他们更偏重于利,有时甚至是为了利而不断跳槽。而最后一部分就是从大专院校毕业的大学生,他们的待遇一般要比前两部分员工高,不仅在人格上需要得到应有的尊重,而且更需要企业为他们的发展提供一个良好的平台。他们踌躇满志,关注企业的发展,也关注自身的发展,希望能在企业中有一番作为,以此来实现和体现个人的价值。这一部分员工的知识层次较高,工作能力相对来说也比较强,他们是"知识型"的员工(这其中也包括职业经理人在内),他们的就业门路较为广阔,因而他们的跳槽也最为频繁。他们的去与留对企业的影响与发展是至关重要的,他们的道德水平状况也是我们关注的重点。然而,正如前面所提到的那样,目前这类"知识型"员工的道德水平状况却令人担忧。他们当中时有为了个人的利益而做出不惜损害公司的利益的事,而且有愈演愈烈的趋势。

从以上的分析我们可以看出,目前我国企业(主要是指非公有制企业)员工的道德水平状况并不乐观。这与我们目前经济转型时期的社会环境有关,也与社会的道德建设和企业的道德教育密切相关。

企业道德约束机制的建立是一个双向的过程。一方面,企业要根据本企业的实际情况和员工的道德水平状况,制定行之有效的道德约束机制;另一方面,企业所制定的道德约束规范须为企业员工认可和接受。企业员工对道德约束的认可和接受是一个循序渐进的过程。由于企业员工的道德水平状况不同,他们的价值取向也不一样,他们对道德约束的认可程度也有所不同。因此,企业应针对不同员工,通过各种途径和方式教育和影响他们的行为,使他们认识到遵守这些道德约束规范既有利于其自身的发展,符合他们的利益要求,也有利于企业的发展。让他们认识到"大河有水,小河才能满"的道理,并使他们在遵守

第三章 企业人力资源管理中的道德机制

道德约束规范的过程中真正得到实惠。这样，员工们对道德约束规范便能逐渐接受和认可，形成一种习惯，最终由外在的道德他律转化为道德自律，自觉地对员工的行为起约束作用，实现道德约束机制在企业人力资源管理中应有的作用。

三、企业人力资源管理中的道德激励机制

1. 道德的激励功能

企业人力资源管理中道德机制的建立，需从两方面着手，一是道德的约束机制，二是道德的激励机制。如果说道德的约束是一种负激励的话，那么道德激励则是一种正激励，它从积极的方面肯定某一道德行为或道德人格的社会价值，并激励这种行为或人格不断再现。道德激励机制在企业人力资源管理中具有重要的作用，它可以形成一股强大的精神动力，极大地激发企业员工的主动性和积极性，使企业员工的工作热情是发自自己的内心深处，因而具有持久性和稳定性，这是其他诸如物质激励等难以比拟的。因此，如何认识和发挥道德激励在企业人力资源管理中的应有价值，具有十分重要的意义。

激励与人类管理活动一样古老，有管理的地方便有激励，激励是人类管理活动中的重要职能，它随着人类管理活动的发展而不断发展。现代企业人力资源管理的实质上就是对人的激励管理，它通过设计一系列适当的工作环境和奖酬制度，用以规范企业员工的行为，激发、引导和协调企业员工步调一致地实现企业的管理目标。何为激励？据《辞海》上的解释：激励就是激动鼓励使振作。① 与"激励"相对应的英文为"motivate"（动词），其名词为"motivation"，有三个含义：一是指被激励(motivated)的过程；二是指一种驱动力、诱因或外部的奖酬(incentive)；三是指受激励的状态，比如说受到激励的程度比较高，某个人

① 《辞海》，上海辞书出版社 1984 年版，第 2590 页。

是自我激励的人等。① 从激励的中英文含义可以看出,激励是通过某些刺激使人奋发起来,激发人的动机,使其产生一股内在的动力,朝着既定的目标努力奋斗的过程。激励对实现企业管理目标具有重要的作用。美国哈佛大学心理学家威廉·詹姆士在《行为管理学》一书中对职工的激励研究中发现,按时计酬的职工仅能发挥其能力的 20%—30%。而如果受到充分激励的职工其能力可发挥至 80%—90%。这也就是说,同一个人在通过充分的激励后所发挥的作用相当于激励前的 3 倍至 4 倍。② 此外,激励不仅可以吸引更多的人才为企业服务,而且还可以进一步激发企业员工的创造性和革新精神,从而极大地提高工作的绩效。如日本丰田汽车公司,采取合理化建议奖(包括物质奖和荣誉奖)的办法鼓励职工提建议。不管这些建议是否被采纳,均会受到奖励和尊重。如果建议被采纳,并取得经济效益,那么得的奖更多更重。结果该公司的职工仅一年内就提出 165 万条建设性建议,平均每人 31 条,它所带来的利润为 900 亿日元,相当该公司全年利润的 18%。③ 既然激励是通过某些刺激来激发动机,调动人积极性的过程,那么这些能刺激人动机的激励无非就是物质激励和精神激励。所谓物质激励是指企业通过向员工支付高酬金,创造良好的工作条件等来吸引和激励员工为企业服务。毫无疑问,物质激励是十分重要也是最为基本的激励。人首先是要生存才能谈得上发展,没有一定的物质基础作支撑,其他的便无从谈起。但是人不能单纯是为了追求物质,否则人只能产生异化,最终变为物质的奴隶。人作为一种理性的动物,在一定物质需求得到满足后,其更关心的是诸如友谊、尊重、心灵上的宁静和人格上的完善等精神上的需求。这些不是物质激励而是精神激励方能做得到。就这一点来说,精神激励较物质激励显得更为重要。道德作

---

① Webster's Third New International Dictionary of the English Language (Unabridged), G. & C. MERRIAM CO., p. 1457, 转引自刘正周:《管理激励》,上海财经大学出版社 1998 年版,第 15 页。

② 苏东水:《管理心理学》,复旦大学出版社 2002 年版,第 223 页。

③ 同上。

为一种特殊的精神因素,其在精神激励方面也占有特殊的地位并发挥着重要的作用,也就是说道德激励在精神激励中具有十分重要的作用。而所谓的道德激励,其不同于物质激励,也不同与其他的精神激励,它实质上是指人们在社会生活实践中形成的关于善恶、是非的观念、情感和行为习惯,并依靠社会舆论和良心指导的人格完善与调节人与人、人与自然关系的规范体系对人们思想行为的激发与鼓励,即道德对人们思想行为的激发与鼓励,使人们以一种积极、自觉、自愿的态度去对待工作和生活。高尚的道德品质宛如一股永不枯竭的甘泉,源源不断地滋润着人们的心田;宛如永不衰竭的力量,为人们不懈奋斗提供精神上的动力。《周易》云:"天行健,君子以自强不息;地势坤,君子以厚德载物。"无论是在社会还是在企业,道德的激励作用都是无穷的。

美国管理学教授潘威廉(W. Brown)博士指出:"中国众多的人口既是一种最大的负担,又是一种最大的财富——这一切取决于如何看待和管理这个财富。中国应当着手研究这个人口总体,了解激励他们的因素,把握他们的愿望和需求,懂得如何组织经济活动,提高生产力,使之达到满足人民需要的水平。"①的确,如何激发和鼓励人们生产的积极性和主动性,是我们的当务之急。尤其是在企业内如何有效地调动员工的积极性,激发他们的主动性和创造性,是关系到企业的生死存亡的大事。要做到这一点,正如我们前面所说的那样,物质激励是必不可少的,但它的局限性也很明显。正如弗朗西斯(C. Francis)所说的那样:"你可以买到一个人的时间,你可以雇到一个人到指定的工作岗位,你可以买到按时或按日计算的技术操作,但你买不到热情,你买不到创造性,你买不到全身心的投入,你不得不设法争取这些。"②如何设法争取这些? 我们可以通过道德的作用,通过发挥道德的激励功能来实现。

---

① [美]潘威廉著:《组织行为学》,林擎国、王瑞媛译,江西人民出版社 1993 年版,第 3 页。

② 转引自刘正周:《管理激励》,上海财经大学出版社 1998 年版,第 29 页。

道德以实践精神的方式来把握世界,它体现着道德主体对"应有"的追求,体现着主体将对象转化为符合主体要求的应有状态,从而具有直接启动实践的力量。因此,道德具有激发、鼓励人们行动,促使人们自我发展、自我完善的功能。道德激励的功能①可分为外部功能和内部功能,其中道德激励的外部功能是指由社会或道德主体以外的力量所掌握和运用的道德理想、道德榜样和道德批评,对被激励的对象(道德主体)所产生的道德激励作用。道德理想是指体现一定社会道德规范体系的要求,鼓励人们去追求、向往和力图实现的高尚的道德品德,它为全体社会成员提供所应追求的道德价值目标,向人们展示出完美道德人格应表现出来的精神面貌;而道德榜样则是道德理想的具体化和在现实社会生活中的具体体现,它为人们树立了道德效仿的典型;道德批评则通过社会舆论、大众传媒等工具以各种形式揭露、谴责社会道德生活中的恶行,以克服社会道德生活发展中的困难和阻碍,进而达到激发善行的目的。道德激励的内部功能是指由被激励对象自身掌握和运用的具有内在道德心理特性的成就感、认同感、尊严感和荣誉感,对道德主体自身所进行的道德上的自我激励的功用。道德上的成就感是指道德主体实现自己完美人格或理想道德目标之后于自己内心深处所产生的稳定而持久的愉悦感和崇高感;认同感是指道德主体在对自己道德目标的深刻理解的基础上,所产生的对自己所追求的道德目标的自我肯定、自我认同的情感和态度;尊严感是人们对自己的社会价值和道德价值的一种自我意识,是人们追求肯定自己成就的一种心理意向;而荣誉感则是指人们对自己的社会价值和道德价值的社会评价的主观感受。道德激励的外部功能与其内部功能是相互联系相互作用的。道德激励的外部功能所起的是一种导向或引导的功用,它为道德主体树立了一个追求和奋斗的目标,它只有转化成内部功能,为道德主体认可和自觉接受,才能对道德主体起到真正的激励作用;而道德激励的内部

① 本书中道德激励的功能主要借鉴魏英敏主编的《新伦理学教程》中道德的激励功能中的成果。

功能也需外化,与道德激励的外部功能的要求相一致或得到道德激励外部功能的肯定,才能为道德激励的内部功能提供源源不断的动力。

2. 人力资源管理中道德激励的方式与途径

企业人力资源管理中道德激励功能的有效实施,必须根据企业的实际情况采取有效的实施途径或方式,也就是说我们应采取何种道德激励方式来实现企业人力资源管理的目标的问题。对此,我们可从两方面进行:一是确立一个明确的道德激励的目标,二是建立一个完善的道德激励机制。

在企业人力资源管理中,道德激励的功能主要体现在企业、企业主及其员工的关系上。要在企业中形成良好的道德激励机制,发挥道德激励的功能,企业或企业主必须根据本企业的实际情况并结合企业所面临社会道德体系的要求,建立起本企业的奋斗目标、理想或者价值观。而道德激励的目标就是将企业的宗旨或奋斗目标内化为企业员工的个人的奋斗目标,使员工追求的价值目标与企业所追求的价值目标朝同一方向发展,使员工的潜能得到最大的发挥,从而更好地实现员工个人的自我价值和社会价值。

道德激励的目标须针对企业奋斗目标的或价值目标来进行,离开企业的实际状况和需求,离开企业所要追求的价值目标,而去谈企业人力资源管理中道德激励,这对于企业来说,显然是没有多大的意义。既然道德激励有赖于企业所追求的价值目标,那么企业价值目标的定位就显得尤为重要。不同的企业有不同的价值定位,其价值取向也不同。企业究竟应该采取何种价值观,即正确的企业价值观应当遵循哪些原则?据兰德公司花20多年时间对世界500家大公司的跟踪调查发现,其中百年不衰的企业的一个共同特点是:它们不再以追求利润为唯一的目标,有超越利润的社会目标。具体地说,它们遵循以下三条原则:一是人的价值高于物的价值。卓越的公司总是把人的价值放在首位,物是第二位。二是共同价值高于个人价值。共同协作高于独立单干,集体高于个人。卓越的企业所倡导的团体精神、团队文化,其本意就是倡导一种共同价值高于个人价值的企业价值观。三是社会价值高于利润价值、用户价值高于生产价值。① 可以看出,成功企业的价值观的定位,都坚持较高的道德标准。在物与人的关系上,它们更注重的是人,是人的价值及其意义;在个人与社会的关系上,它们更注重的是社会的整体利益和整体价值,强调个人的利益和价值服从于社会的整体利益和价值。如日本著名的京都制陶公司的价值目标就是:"为全体员工谋幸福,为社会发展贡献力量。"这是该公司的价值目标,也是该公司进行道德激励时所要针对的目标。企业确立正确的价值目标并不等于企业就取得能成功,一个企业想要在激烈的商战中立于不败之地,必须有正确的奋斗目标或价值目标,并能把它贯彻到每个员工的身上,内化成为企业员工的道德理想和价值,转化成为员工的道德责任感和使命感,使企业的目标变成员工的目标,企业的需要变成员工的需要,企业的利益与员工的有机地结合起来,从而极大地调动企业员工的积极性,使他们积极、主动、自觉、自愿地努力工作。要做到这点,我们须建立具体的道德激励机制。

在企业中对员工所实施的道德激励,实质上是一种内在的激励,它是从员工的心灵深处从精神上给员工以行动的力量,激励和引导企业员工为企业的目标努力奋斗,并从中使自身的人格得到完善。但是,企业员工所要达到的这种境界并不是天赋的,须通过外在的力量或手段使之内化为企业员工自身的一种需求。如何进行道德激励? 要对企业员工进行有效的道德激励,我们须根据某些原则来建立一个道德激励机制并使其制度化。首先,须遵循需要的原则。需要是行动的先导,道德激励应先从员工的需要着手。人总是有需要的,不同的员工有不同的需要,就是同一员工在不同的阶段也有不同的需要。需要是有层次性的,满足不同层次的需要所产生的对员工的效果也就不同。据美国心理学家赫茨伯格(F. Herzberg)研究表明:一方面,人们对诸如本组织的政策和管理、监督、工作条件、人际关系、薪金、地位、职业安定以及个人生活所需等等,如果得到满足后就没有不满,得不到满足则产生不

---

① 刘光明:《企业文化》,经济管理出版社 2001 年版,第 13—14 页。

满。赫茨伯格把这类因素统称为"保健"（Hygiene）因素。另一方面，人们对诸如成就、赏识（认可）、艰巨的工作、晋升和工作中的成长、责任感等，如果得到满足则感到满意，得不到满足则没有满意感（但不是不满）。他把这一类统称为"激励"（Motivator）因素。① 这便是赫茨伯格的双因素论。赫茨伯格认为要调动员工的积极性和提高生产率，只能靠激励因素。由此可见，单靠满足"保健"因素的需要只是能达到企业员工没有不满的状态（但没有满意感），能在一定程度上保持企业员工的士气。但是，要对企业员工进行有效的激励，必须满足"激励"因素的需要（满意感）方起作用。因此，要对企业员工进行有效的道德激励，就是要培养他们在工作中所产生的成就感、认同感、尊严感和荣誉感，使他们在这方面的需要得到满足。其次，要遵循物质利益的原则。

列宁曾说过："现实生活说明我们错了"。建设社会主义经济"不能直接凭热情，而要借助于伟大革命所产生的热情，靠个人的利益，靠同个人利益的结合，靠经济核算……否则你们就不能达到共产主义，否则你们就不能把千百万人引导到共产主义。"②物质利益原则是企业生存的原则，也是员工生存的原则。不讲物质利益原则，特别是在当前我国大多数企业员工还处于为生存与发展特别是为了生存而奋斗的阶段，显然是唯心论。我们强调道德对企业员工的激励作用，并不是否认物质利益，而是应该让道德与物质利益相联系，即是做到"德者，得也"，达到德福一致。让"雷锋"不吃亏，让那些为企业的利益而讲道德的人在物质上和精神上都得到相应的回报。为此，企业须加强道德规范的制度建设和制度安排。邓小平曾指出："制度好可以使坏人无法任意横行，制度不好可以使好人无法做好事，甚至走向反面。"③企业要加强自身的道德建设，提高员工的道德水平和他们对企业的忠诚度和信任度，就须在企业内部营造一个公平、公正、有序的道德环境，对员工进行善

---

① 杨文士、张雁主编：《管理学原理》，中国人民大学出版社 1994 年版，第 340 页。

② 《列宁全集》中文第 2 版，第 42 卷，第 176 页，转引杨文士、张雁主编：《管理学原理》，中国人民大学出版社 1994 年版，第 350—351 页。

③ 《邓小平文选》，第 2 卷，人民出版社 1994 年版，第 333 页。

的价值引导和精神塑造,从道德制度安排上确保企业员工通过诚实、勤恳和努力工作来获取自身的福利和获得个体的发展与完善。只有这样才能使企业中讲道德的人渐渐多起来。而企业内道德供给的充足必将给企业的发展带来勃勃的生机。为此,企业须制定出具体可考核的规范或条例并使其制度化,对能按规范办事的员工给予相应的奖励,如福利、晋升、嘉奖、认可、进一步深造等。第三,正如前所述,企业除了确立正确的奋斗目标外,还须将自己的奋斗目标具体化为近期、中期和长期目标。企业各个部门、各个单位和个人都要根据总目标制定出合理可行的分目标,而这样的分目标又须尽量与员工的个人需要相一致或者经过协调使之相一致。有了明确的目标,员工在生产中就会时刻把自己的工作与目标联系起来,工作的积极性也会得到提高。最后,企业须加强自身的企业文化建设,通过各种途径和方式,建立具有本企业特色的企业文化,教育和培养企业员工对企业归属感和企业价值观的认同感,使企业和员工达到较高程度上的共识。只有建立在较高程度共识的基础上,员工才能认同企业价值观和行为准则,才能自觉地将企业的价值取向内化为自己的价值取向,以企业的行为准则为自己的行为准则。这样,通过以上的各种激励措施,将企业的奋斗目标、价值观念、行为准则等内化为企业员工内心的一种价值信念和道德需求,把企业外在的他律的规范转化成企业员工自律,激发他们的工作热情和积极性,从而达到道德激励的目的——人的潜能的发挥。

3. 道德激励与道德约束的互补

道德在企业人力资源管理中的作用机制实质上就是通过道德激励与道德约束机制来实现。不管是道德激励还道德约束机制,它们最终的目的都是增强企业员工的道德责任感与使命感,提高他们的道德水平,使他们具有较强的道德自律能力,通过道德良心的约束与激励作用,提高他们对企业的忠诚度和信任度,并在其中实现人员工的全面发展和自身人格的完善。但是,作为道德的作用机制,道德激励与道德约束也有它们的不同之处,即它们具有差异性。道德激励与道德约束的差异主要表现在如下几方面:首先,道德激励与道德约束的心理作用机制不同。道德激励是通过道德上的成就感、认同感、尊严感和荣誉感等对道德主体行为的肯定、鼓励和赞扬。它是从积极的方面激励和肯定道德主体，使道德主体在履行某个行为的过程中或在某个行为之后，从心理上产生的一种愉悦感、满足感和崇高感，它是一种心灵上的享受和人性的提升。而道德约束则是道德主体在履行某些行为的过程中或在某些行为之后，心理上所产生的羞愧、内疚、自责和良心上的谴责等，它是对道德主体的行为的否定。而在道德主体心理上则表现为不愉快、不安和痛苦等，它是心灵上的折磨。其次，道德激励和道德约束所凭借的手段不同。道德激励主要是借助物质上的奖励和精神上赞许或表扬来实现。而道德约束则相反，其所借助的是物质上的惩罚和良心上的责罚来达到目的。最后，道德激励和道德约束对道德主体行为的效果的作用不同。道德激励的结果往往是使道德主体的某些行为能够重复出现或者使这些行为向着更高层次上的良序发展。而道德约束的结果则是使道德主体的某些行为不再出现或者禁止出现。

道德激励与道德约束的差异性表明它们有很强的互补性。在企业人力资源管理中，道德激励可以使企业员工以一种强烈的使命感、尊严感和成就感投身到自己的工作岗位上，从而更加积极、主动地去开拓、进取，为企业的发展和自身的完善而奋斗。道德激励所倡导的是一种进取精神，它能使企业员工焕发出青春的活力，使企业形成团结向上的工作氛围和文化气息，而这些必将为企业的发展提供无穷的动力。如果说道德激励在企业人力资源管理中所充当的是"领路人"的角色的话，那么道德约束所充当的则是"守夜人"的角色。道德约束像一位忠于职守的"守夜人"，忠实地履行着自己的职责，守望着员工的良知，使他们遵循着应有的道德原则和职业操守，从而达到对自己的企业和事业的忠诚。由此可见，道德激励——"领路人"和道德约束——"守夜人"是紧密联系和相互补充的，没有"守夜人"，"领路人"也就无从谈起，而没有"领路人"，"守夜人"也很难达到它应有的效果。只有两者相结合，才能形成完整的企业人力资源管理中的道德机制，从而达到企业人力资源管理的目的。

第四章

企业营销的道德维度

　　社会化大生产是商品、流通、消费三大领域的统一,流通是社会化大生产的一个重要环节,企业营销是促进商品流通的重要途径。企业营销蕴含着诸多伦理道德因素,当前,在商品流通过程中出现了很多不道德的现象,严重影响了商品的正常流通,损害了广大消费者的利益,对我国经济的发展也造成了很大损害。因此,研究营销伦理,研究如何发挥营销伦理在商品“通道”中的“护栏”作用意义十分重大。

一、企业营销和营销伦理

　　研究营销伦理要明确企业营销和营销伦理的概念以及两者之间的关系,还要考察国内外对营销伦理的研究概况,这是研究营销伦理的基础工作。

1. 企业营销和营销伦理的概念

　　美国企业市场营销学权威菲利浦·科特勒教授认为:“企业市场营销是一种企业功能,它辨认现时还没有得到满足的需要和欲望,规定和衡量它们的范围大小,确定一个能够最好地为其服务的目标市场,以及决定服务于这些市场的适当的产品、服务和计划方案。”[①]1985 年,

---

　　① 菲利浦·科特勒、加里·阿姆斯特朗:《营销学原理》,陈正男译,上海译文出版社 1999 年版。

美国企业市场营销协会提出了企业市场营销的新定义:"企业市场营销是关于构思、货物和劳务的观念、定价、促销和分销的策划与实施过程,即为了实现个人和组织目标而进行的交换过程。"①企业市场营销主要有以下几方面的内容:产品策略,产品是满足消费者需求的重要载体,企业市场营销学研究产品,是从充分满足消费者的需要出发,研究企业的产品营销策略如何适应市场形势的要求;研究产品寿命周期各阶段的特征以及采取的企业市场营销策略;研究新产品开发程序和策略。此外,还要研究产品的商标、装潢和包装策略以及产品的品名、造型、色泽等因素;价格策略,产品生产出来以后,定价是否恰当,直接关系着企业营销的成败。企业市场营销学的重要任务之一,就是要研究企业产品定价的原则、方法和策略,以发挥合理适当的价格在开拓市场中的积极作用;分销渠道策略,在商品经济条件下,企业的产品生产出来以后,需要经过一定的分销渠道,才能顺利到达目标市场,及时满足消费者的需要,获得理想的营销成果。企业市场营销学对分销渠道的研究,是要了解产品分销渠道的结构,分析影响产品分销的因素,选择分销渠道策略,目的是为了保障产品从生产领域到消费领域时路程短、环节少、费用省、时间节约;促销策略,企业市场营销学从消费者的购买程序出发,研究如何采取各种促销方法和策略,唤起消费者的欲望,不断提高对产品的认识,确信购买后能得到满足,从而决定购买。

市场营销伦理是用来判定市场营销活动正确与否的道德标准,即判断企业营销活动是否符合消费者及社会的利益,能否给广大消费者及社会带来最大幸福。伦理应包括理想、态度、责任、纪律、良心、荣誉等,因此营销伦理的内容应包括:②营销理想,这是企业从事营销活动最高层次的目标。不同的企业或同一企业处在不同的发展阶段,往往有着不同的理想定位。或是赢得利润,或是赢得美誉,或是带给消费者

① 甘碧群主编:《市场营销学》,武汉大学出版社1997年版。
② 本段主要参考王秉安:《当代营销新观念与战略营销管理》,航空工业出版社1997年版,第221—223页。

满意的产品,或是为人类的安全和社会的文明与进步作出贡献等;营销态度,这是企业从事营销活动整体——包括营销观念和环境设置的表现。良好的营销态度是企业优良服务意识的具体体现。它不仅表现在营销工作人员个体热情、宽和、真诚的工作态度上,还表现在能反映企业服务精神的组织机构、环境设施等方面。企业以顾客为核心,营销服务至上必定带来良好的营销态度;营销责任,即营销社会责任,这是企业营销工作对社会、对消费者所承担的义务。企业作为社会的重要成员,除了必须满足顾客和社会整体的需求外,还须在营销理想的驱使下,自觉履行道德义务,即在企业利益与社会利益发生冲突时,应无条件地牺牲企业利益以保证社会利益;营销纪律,这是企业营销工作的行为规范。一是将对营销工作人员遵守秩序、执行命令和履行职责等要求制度化,甚至法规化;二是企业以一定的方式保证实现维护消费者利益的承诺;营销良心,这是企业对营销责任的自觉意识,即企业在履行对社会和消费者的义务的过程中所形成的道德责任感和自我评价能力。由此,企业会对营销行为的动机进行自我审视,对营销行为的过程进行自我监督,对营销行为的结果作出正确评价;营销荣誉,除了社会对企业营销行为的社会价值所作出的公认和客观的评价外,企业对营销行为在社会进步中的作用的自我意识,主观认识也是营销荣誉的内容。

伦理乃是社会道德范畴,是一系列完备的社会道德规范体系,它赋予人们在动机或行为上的是非善恶的判断基准,它是人类社会长期发展中自发形成的一种约束机制。营销伦理就是营销主体在从事营销活动中所应具有的基本的道德准则。企业与消费者和社会的关系,最主要的是经济关系,直接表现为某种利益关系,这种关系的正确处理,除依靠法律外,还需要正确的伦理观念指导。因此,营销伦理的本质乃是营销道德问题,也是企业管理伦理的一部分。营销伦理有其独特性,主要表现在:

外显性,企业要想实现自己的目的,获得收益,必须通过营销活动向外输出产品(或提供劳务)。但能否得到社会承认,不仅是营销技巧问题,而且还是营销伦理的水平问题;广泛性,任何企业的产品者具有一定范围的消费者(或中间商)。企业规模越大,产品越多,市场占有率越高,其营销伦理的影响面也就越广;直接性,消费者一旦购买某种商品(或接受劳务服务),或中间商经销某种商品,便与该商品的生产者构成了一种权利与责任的关系,即形成了直接的利益共同体,企业的营销伦理就直接维护着这一利益共同体;互动性,因为消费者(或中间商)与企业间有着直接的利益关系,因此,营销伦理的作用不是单向的,而是双向的,表现出一种典型的互动性;持久性,一般情况下,企业都会按照一定的营销伦理水平来培养一定层面的消费者(或中间商),并极力维护这一既有的利益共同体,保持或扩大市场占有率,实现利润的稳定增长。

128　　　　营销伦理的功能:约束功能,这是营销伦理的最主要功能之一,营销伦理对企业具有一定的约束规范作用。法律的约束是企业皆知的,但营销伦理的约束作用不一定为企业所认识到,因为在一个企业的营销系统中,营销人员(包括营销战略制定者、营销策略实施者)常会自觉或不自觉地产生一种以"我"为中心的利己主义倾向,受其支配着的营销活动,虽不违反法律规定,但却无意中损害了其他企业或消费者(或中间商)的利益。营销伦理使营销人员能够在没有规章的约束或专人监督、检查的情况下,仍能够为企业,为顾客尽心尽力。而忠诚可信、认真负责、顾全大局、顾客至上的营销伦理,不仅能增加企业的营销力、竞争力,而且还能培养一批具有自我约束能力高素质的营销人员;拓市功能,营销人员是以企业代表的身份与消费者(或中间商)打交道的,透过营销人员的外显行为可以看到企业整体水平。营销人员的伦理水平越高,其产品越能为消费者所认可和接受,很显然,这对企业积极地开拓市场是极为有利的;维系功能,企业绝非是孤立的经济实体,它的存在与发展离不开其他企业和广大的消费者(或中间商)。营销伦理有助于维持企业与企业间,企业与消费者(或中间商)之间已经形成的利益共同体,有助于维护正常的交易秩序,减少摩擦,降低交易成本;补充功能,消费市场是在不断变化的,事前所订立的契约内容是否涵盖事后的事态发展是不能完全确定的,所以契约的执行还须有非契约的精神来支持,营销伦理能弥补契约的不足。许多企业在没有有形的契约的情况下,进行着正常的、友好的业务往来,这是因为大家都在遵守着共有的"行规",其本质就是营销伦理;塑造功能,营销伦理有利于塑造企业形象。优质产品、华丽包装、合理价格至多是企业形象的外在表现形式,而企业精神、营销伦理则是企业形象的真正内涵所在。营销伦理贯穿于整个营销活动中,营销人员不仅仅是销售产品,服务顾客,而且还在通过自己的言行,传播企业精神,实现营销伦理的升华,从而塑造出良好的企业形象,让顾客确实体验到企业存在和发展的价值。

2. 企业营销和伦理道德的关系

首先,企业市场营销呼唤伦理道德。企业市场营销是以顾客为中心,满足顾客和社会需要,实现企业目标的商务活动。营销活动不是简单商品经济的生意经,也不是单纯推销商品的代名词。马克思在《资本论》中指出:商品交换表面上是物与物的交换,商品与货币的交换,本质上却体现了人与人之间的关系,是一种掩盖物质外壳下的关系,是人与人之间的物质关系和物与物之间的社会关系。我们知道,企业市场营销行为的直接目标和动机是利益和对利益的追求,而对利益的追求需要在人际关系,尤其在利益关系的协调过程中才能实现。这种协调离不开伦理道德规范的制约。而人又是企业市场营销活动的主体,人的能力、道德素质会直接影响经济利益的实现。任何一项营销活动应当包括道德性和技术性两方面内容,而营销活动正确与否的标准也应该是经济指标和伦理道德评价的有机结合。因此,企业市场营销活动是内在地包含着伦理意义的活动。在营销活动中,如何做到既考虑社会利益,企业利益,又兼顾个人利益,以利于充分调动每一个人的积极性,确保营销活动正常运行,这不仅有营销水平,营销艺术上的体现、更有营销道德的考验。另外,在营销具体行动中,也同样存在遵循什么伦理准则的问题,如,收取回扣是否符合道德?单纯使用物质刺激的方法能否真正充分调动人们积极性?广告宣传如何既实事求是,又有吸引力?凡此种种,都涉及许多伦理问题。可见,在复杂的营销活动中,只有清醒地意识到自己的道德责任,遵循正确的伦理准则,才能保证企业市场营销活动的健康发展。

企业市场营销活动具有趋利性特点。它促使营销活动者采取各种手段实现自身利益的最大化。伦理道德离不开经济利益,任何"道德人"都要食人间烟火。但伦理道德又具有相对独立性。伦理道德的本性是主持公道,伸张正义、与人为善。为此,应不畏艰险,不怕吃苦,不求索取,不图回报。而营销人员经常与商品、金钱打交道,俗语说:"常在河边站,哪有不湿鞋"。金钱既可以使人变富,也容易诱人变腐,这就要求人们的营销行为合乎良好的伦理道德规范。在社会主义市场经济条件下,要真正达到利益的最大化,就必须以良好的伦理道德素质去推销优质对路产品。要求营销者树立正确的利益观,在追求经济利益时,既讲功利性,又讲道德性、公益性,实现经济效益与社会效益的统一。

企业市场营销活动规范的特点,要求伦理道德成为约束营销活动的重要力量。随着社会主义市场经济的完善发展,越来越多的道德准则将进一步通过法律程序,成为国家宏观调控的手段,使营销主体与客体既相互承认、相互尊重,同时,又对自己的决策后果承担相应的伦理道德责任。事实上,营销人员工作流动性大,经常独来独往,自由度较高,对贿赂回扣的监督有一定的困难。而且还接触众多的种种不同层次不同觉悟的人,待人接物带有更多的人情味。这就更加要求确立良好的伦理道德观念,遵守一定的伦理道德准则和规范,使营销活动得以健康进行。

可见,企业市场营销活动特点孕育着营销新伦理的曙光,呼唤着营销伦理的蓬勃发展。可以相信,随着企业市场营销的不断完善,一个崭新的营销伦理道德体系将展示在世人面前。

其次,伦理道德促进企业市场营销。任何营销活动都是人们在经济领域中求生存发展的活动,同时也是体现人的思想素质的活动。营销活动绝不仅仅是经济效益问题,从根本上说,它体现人的价值追求和价值实现的问题。完整意义上的营销活动应该是理性的活动。例如,有人把推销名牌产品单纯看成是产品质量过硬,这是不够的。其实,一个名牌产品的创立,除了体现企业的技术水平和营销水平以外,还包含着企业与营销人员的社会道德责任。如,享誉海内外的中国"海尔"集团的营销理论是"国际星级服务"。海尔人说:"世界上没有十全十美的产品,但可以有100%的满意服务"。这便是海尔以"用户为中心"的"星级服务"。1995年春天,青岛市有一位老人买了台海尔空调,搭乘出租车回家,在上楼找人搬动时,不幸被黑心的司机乘机把空调拉走。这件事与厂家毫无责任,但海尔空调有限总公司又免费赠送给老人一台空调。海尔人从此事发现了服务上的弱点,即许多顾客购置空调时,存在着自己运输、搬动不便的问题,因此,他们在全国率先推行"无搬动"国际星级服务,把购物变成真正的享受。而海尔集团因其良好的营销道德赢得了市场,取得了快速发展。①

　　企业市场营销是一种实践性很强的社会活动。它始终离不开对人对物质资源的支配活动。其基本目标是实现资源的合理配置,达到最佳的经济效益。资源包括人与物两大方面,合理配置就是使之两方面得到最合理、最优化营销的发展。所谓人力资源的合理配置,就是营销者素质的全面发展和提高。就这一点而言,人力资源的合理配置往往直接取决于人的伦理道德素质。一个人如果缺乏崇高的价值追求、生活理想和生存准则,素质的全面发展和提高将是一句空话。在现实生活中,有些营销人员缺乏理想,不讲道德,不讲正气,甚至沉醉于吃喝玩乐,生活糜烂。这种人尽管一时腰缠万贯,但作为人力资源来看,并没有实现最佳的存在形式。社会主义企业市场营销的一个重要特点是:人的生存和发展不应被金钱和私利所支配,而应受到理性的约束。营销人员并不是纯经济活动的"经济人",而是内在结合的"全面人"。就物质资源的合理配置而言,尽管它是通过市场经济运行过程的价值规律实现的,但它丝毫离不开人的参与。人的伦理道德素质高低,以及由此导致人际关系的协调状态,将直接影响物质资源合理配置的方式和

---

　　①　彭诗金、刘丰先:"营销,在道德天平上倾斜",《销售与市场》,1996年第9期。

程度。诸如,在拜金主义、极端个人主义道德原则引导下出现的假冒商标、非法合同、行贿受贿,偷税漏税等,就直接扰乱了企业市场营销秩序,也破坏了物质资源合理配置的进程和效益。由此可见,良好的伦理道德精神是实现企业市场营销资源合理配置的基本保证。

在实际生活中,人们动用各种手段对企业市场营销活动进行调节,如行政、法律、经济、伦理道德等。而伦理则是超越行政、法律、经济调节的一种特殊方式,有其不可替代的独特优点。从其作用方式和效果看,行政、法律是一种强制性方式,尽管可以收到明显效果,但对从事营销活动的主体来说,毕竟是一种外在的力量,它往往未能使人心悦诚服地接受。这在效果上可能形成一种"暂时性效应",一旦营销活动出现"障碍",原有的秩序会有被冲破的危险,如:推销伪劣产品,不正当竞争,行贿受贿,欺骗性广告等,在许多国家的法律、行政中有明令禁止,但总是有人明知故犯,说到底,这是因为在金钱、名利的诱惑下,丧失了应有的道德良知。而伦理道德是以内心信念、社会舆论、传统习惯等方式,规范人们的营销行为,维护社会稳定,促进社会发展它主要通过教育方式,逐步使人从思想上认识在营销活动中什么是善与恶、美与丑、崇高与卑鄙,从而把伦理道德原则变成内心信念,自觉抵制各种非法营销活动,从而达到营销行为合理化、规范化,收到"持久性效应"。另外,从调节范围上看,伦理道德的功能比法律,行政广泛得多,在营销活动中还有许多法律、行政手段囊括不到的领域,需要伦理道德来调节规范,如:买卖双方要诚实信用,服务态度热情周到等,这都要依靠伦理道德的调节和约束。由此可见,要真正保证企业市场营销活动健康有序的进行,除了法律、行政手段以外,还必须靠竞争者良好的道德自律。

综上所述,营销是交融着伦理的营销,伦理道德行为贯穿于一切营销活动之中;而伦理作为营销活动的特殊调节方式,是促进营销活动健康发展的重要保证。营销与伦理的发展有着共同的基础——社会实践活动。营销的每一步发展,也呼唤伦理的发展,而伦理的进步,也促进营销观念上的进步。两者具有内在联系,是共变互动的辩证关系。

3. 企业营销伦理(营销道德)研究及其理论发展

营销道德问题研究的起源是消费者主义运动,它最早可以追溯到20世纪初的美国。1906年尼普顿·辛克莱在《丛林》揭发肉类加工业的恶端,引起了消费者的极大义愤。1911年全美广告俱乐部联盟召开第七次大会,发表了广告十诚,对广告业进行道德整肃。第二个消费者运动发生于30年代中期,由于经济大萧条、物价大战及其他药品行业的丑闻而更加激烈。最近的一次消费者利益保护浪潮形成于20世纪60年代并一直延续至今。这一运动由拉尔夫·纳德倡导,提出了企业应当承担社会责任的口号,强调企业之间的竞争以道德为本。1962年,美国总统肯尼迪提出消费者在企业市场营销活动中具有四项基本权力,即"安全权、认为权、选择权、呼吁权"。1969年,美国总统尼克松对消费者的权力进行扩展,认为应加上"索赔权"。这标志着企业营销中的社会责任及营销道德问题,已引起了包括政府在内的全社会的重视。

在我国,在儒家为主的传统观念指导下,也在历史上形成了具有中华民族特色的营销道德观念。例如,"先义后利"、"以义求利"、"仁中取利"、"义内求财"、"货真价实,童叟无欺"、"以德为本,本固枝荣"等都是营销道德观念的最精当概括。

各国企业进行营销经营时,都面临着一系列道德问题的挑战,如在商业活动中贿赂、逃税、金融欺诈、企业造成环境污染以及在营销过程中违背道德行为等等,从而引起了西方国家学术界及企业界逐步重视对道德问题的研究。美国对企业营销道德的真正研究始于20世纪60年代,第二次世界大战后,美国在恢复战后经济的基础上,实现经济的飞速发展,同时出现了一系列违背道德的营销行为。例如,社会腐败、社会生态失衡、环境污染等引起了保护消费者利益活动。当时美国宗教界人士率先呼吁人们重视对企业道德的研究。他们著书立说,分析了企业道德的案例,提出了企业应当承担的社会责任,强调了企业之间竞争要以道德为本,还初步设计了企业伦理决策模型。20世纪70年代,随着市场经济的发展,非道德行为从经济领域扩展到政治领域,从企业经营活动发展到非法的政治捐款。尤其 70 年代末出现了严重贿赂、欺骗性广告、价格共谋、产品安全等问题。参与研究企业道德的学者从宗教学者扩展到哲学学者、经济学者及企业管理者。他们主要研究了企业的社会责任、道德在经济决策中的作用以及影响企业营销道德性决策因素的问题。20 世纪 80 年代，对企业道德进行研究的全面发展时期。主要表现在：研究企业营销道德的国家和地区扩大了。从美国扩展到西欧、日本、澳大利亚等经济发达国家，企业道德已成为一门必修课。在哲学社会科学系、神学院及商学院中开设。企业伦理研究机构及有关刊物在美国、加拿大及西欧等国家普遍创立或出版，对企业伦理的研究更加深入，许多大公司如 General Electric Co. , The Chase Marhattan Corporation, General 等公司都建立了道德委员会以及社会政策委员会，制订了企业应当遵循的道德标准；20 世纪 90 年代，对企业道德的研究有了新的发展，主要表现在：对企业道德的研究，从发达国家延伸到发展中国家，如东欧、南美及亚洲等国家，企业道德研究内容扩大，从原来对某地区、某国家企业伦理的研究，扩展到对不同地区、不同国家伦理的比较研究，在研究企业伦理的方法上，采用了跨学科的研究方法，即综合应用社会学、经济学、法学、管理学、心理学、信息沟通学等学科中的新方法，使企业道德伦理学成为综合的边缘学科。

在我国，武汉大学的甘碧群教授长期致力于企业营销问题的研究。1994 年，她出版了《宏观市场营销》一书，书中指出从总体或社会的角度来考究的市场营销活动属"宏观市场营销"，"宏观市场营销是指一个社会经济活动的过程"。通过宏观市场营销活动，引导商品或劳务从生产者手中流转到消费者手中，可以有效地调节商品社会供需的基本平衡，实现社会的发展目标，提高社会及广大消费者的福利。这表明仅仅有微观的企业市场营销通常意义上的市场营销，已不能达到从全面的视角分析问题的目的，而必须将企业营销活动，放在社会整体系统中来分析，并制订相应策略，这就要求企业要考虑企业营销策略对社会的冲击性。该著作中，作者从企业市场营销角度分别分析了产品策略、价格策略、分销策略、广告策略等在社会中的总体作用，在各因素中，分别分析了符合法律及道德标准的相关策略的特点,违背法律及道德标准的相关策略的表现形式、成因及对策等。

1997 年,由甘碧群教授主编出版的以《企业营销道德》为题的又一部专著,该著作在《宏观市场营销研究》的基础上,从企业的社会责任入手,提出了进行市场营销道德研究的必要性,在这部著作中,不仅仅对市场营销组合的四个因素中的道德问题研究更加深化,还对"营销研究中的道德问题"、"影响企业营销道德性决策因素"、"不道德营销行为的改善与控制"、"企业营销道德形象的塑造"、"中国式企业营销道德建设"等问题进行了深入研究。其他包含有营销伦理内容的著作主要有:温克勤、李正中编著的《管理伦理学》(1998),张文贤、朱永生、张格编著的《管理伦理学》(1995),陈炳富、周祖城编著的《企业伦理》(1996)和苏勇编著的《管理伦理》(1997)等。

总之,企业市场营销中频频发生不道德现象以及市场营销学自身研究的发展趋势,都要求我们必须对营销道德的研究予以高度的重视。并且,为了使研究更加深入化,要在现象分析解剖的基础上,在当今这个强调战略经营的时代,应注重研究市场营销战略的道德化问题,要深入研究道德型市场营销战略的特点、战略的建立、实施及其管理,以及与此相关的可操作性道德规范建立的要点、实施过程中的风险问题等。

二、企业营销的道德审察

企业营销中蕴含了诸多伦理道德,本节将考察营销的伦理准则以及营销手段的道德规约,明确企业营销中有哪些以及要遵守哪些伦理道德,并将绿色营销作为讲究企业伦理的一种营销加以考察。

1. 企业营销的伦理准则

企业伦理准则是有关忠实和公正,以及有关诸如社会期望、公平竞争、广告、公共关系、社会责任、消费者的自主权和在国内外的公司行为等多种方面的行为准则。企业营销的伦理准则是指导企业在营销过程中应遵循的合乎道德的基本行为准则。企业营销的主要伦理准则有:

义利统一，我国早在春秋战国时期，诸子论辩，便有了义利之说，认为"君子爱财，须取之有道"，倡导"诚信为本"。据《荀子·儒教》记载，孔子在鲁国整顿各种欺诈行为，使卖羊前不要给羊灌水，卖牛马的不要漫天要价。还可以列举在民间流传的有关营销伦理的各种提法，如买卖不成仁义在、童叟无欺、和气生财、诚信赚得字号久、谦和赢得顾客长等。追求利润最大化是每个企业为之奋斗的目标，但现实的经济秩序和利益关系要求企业必须调整自己的行为与之相适应，在坚持诚信主义原则的前提下，做到企业、消费者利益、社会发展利益的统筹兼顾，在经济交往中坚持社会成员之间"利他"的道德准则，在经营活动中遵纪守法，不损害企业利益相关者的合法权益，通过正当经营的途径，以不损人、不损己为尺度，获得企业利润的最大化。

136　　竞争与合作的统一，市场本身就是一种合作体系，但这一合作通常是由"看不见的手"来实现的。由于"看不见的手"的缺陷，所以需要道德约束自觉地来进行合作，坚持不损害他人利益，坚持竞争与合作的原则。市场经济的本质体现就是竞争。从这个意义上讲，不断进取的积极精神、高度的社会责任感和强烈的竞争意识是市场经济参与者必备的伦理品质。从合作的角度看，市场经济主体之间的各种经济活动实质上是人与人之间互惠互利的合作行为。市场经济是建立在信用与合作基础上的，这要求市场经济的参与者必须具备讲信誉和真诚合作的道德品质。可以说，市场经济既是优胜劣汰的竞争经济，又是互惠互利的合作经济。承担相应的社会责任，正确处理好企业与社会的关系，是实现企业价值、保持企业竞争优势的需要。企业正确处理最大利润与为社会服务的关系，必须确立承担社会责任的经营理念。也只有处理好了企业与社会的关系，企业才能在激烈的市场竞争中保持旺盛生命力和持久的竞争力。国外许多优秀的大公司已经证明，履行道德责任与获取经济利润是完全可以兼得的。

公平和公正，公平既是对社会资源分配状况所做的道德评价，也是调节人们之间的社会关系，包括财富分配关系的一种社会规范。公平的原则要求机会均等。顾客应有均等的获得产品和服务的机会，供应者应有均等的提供货源的机会。企业与各类资源提供者之间是一种平等交易的契约关系,应遵循经济效率和经济公平的企业伦理原则。从经济效率方面说,企业应当高效率地为社会提供所需要的产品和服务,在生产资源配置方面不侵害他人的权益时,追求利润最大化,保护和增加所有利益相关者的财富。从经济公平方面说,企业应当尊重所有参与者和相关者的权利,并遵循按贡献分配的原则。企业对股东以及其他资本提供者,应负有诚实而有效地管理企业,按其边际收益得到应得的报酬的责任,在短期收益和长期收益的关系的冲突中,更注重长期收益,永续经营。企业应公平地对待供应商,在企业行为中奉行独立自主,平等交易,诚实不欺和信守诺言。企业应具有明确的政策反对走捷径,过分地降低成本,操纵招标以及寻求不公平的利益做法等。企业对广大竞争者也应当做到公平,从竞争对手中夺取更大的市场份额,争夺更好的工人和管理人员,生产质量更优的产品,提供高效的服务,只要做法公平,符合企业伦理原则,但是恶意中伤竞争者及其产品,窃取商业秘密或与竞争厂商串谋操纵市场,以及用其他各种手段来破坏公平竞争,损害公众的利益,可能招致沉重的追加伦理成本,甚至危及企业的生存。

诚实守信,在企业市场营销活动中,诚实守信是每个市场营销人员必须具备的基本道德规范。诚是真实,对人对己都不掩盖事实的真相,信的本意是诚实不欺、恪守信用。市场经济是法制经济、契约经济、信誉经济,市场竞争是对消费者、协作者和人才、智慧资源的争夺,因此,现代企业离不开诚实守信的伦理原则。"民无信不立,企业无信不昌","诚招天下客,誉从信中来"。在经济交往中,诚信的原则涉及两种利益关系,当事人之间的利益关系和当事人与社会间的利益关系,因而企业的经营者坚持诚信的原则,有利于建立良好的市场经济秩序。①诚信原则是企业营销伦理的重要组成部分,在市场营销过程中,诚信的

① 中国调查企业家系统:"企业信用:现状、问题及对策——2002年中国企业经营成长与发展专题调查报告",《管理世界》,2002年第5期。

原则要求讲真话、不欺诈,不蒙骗消费者,对顾客许诺的产品质量和服务应名符其实。

注重环保,人类自进入工业化社会以来,物质文明大为进步。但与此同时,地球上的自然资源却在迅速减少,"三废"等有害物质的排放大量增加,全球范围内出现土壤过分流失和沙漠化、森林资源减少、生物物种加速灭绝、淡水不足、臭氧层破坏和全球气候变暖等一系列严峻的环境问题,大大降低了人们的生活质量,并威胁到今后人类的生存。因此,从 20 世纪 70 年代开始,各国的一些有识之士便开始呼吁和倡导一场旨在保护"人类的摇篮——地球"的绿色运动,人们生存和发展的观念也随着这场运动发生着重大变化,可持续发展思想和低熵的生产和生活方式已被人们普遍认同。越来越多的人开始崇尚自然、有益健康和环境的绿色消费。在这样一种趋势下企业的营销应遵循环保的营销伦理准则,将环保观念纳入自己的经营理念之中,实行企业的绿色经营模式。绿色经营模式具有丰富的内涵,大致可以归纳为:实施绿色生产、开展绿色营销等内容。企业开展绿色营销,它不仅要求企业对人、财、物、信息、形象等资源的优化配置,产生经济效益,同时,还要将生态效益和社会效益放到重要位置,使三者有效结合,产生绿色效益。其实施重点是开发绿色产品,制定绿色价格,建立绿色渠道和开展绿色促销。随着企业越来越明确地认识到环境保护的重要性及其与人类生存的密切相关性,他们的营销观念进一步发生了变化,与此相对应,企业在追求长期利润目标的最大化时,必须在追求经济效益的同时兼顾环境效益,使二者在和谐中达到最优化。

2. 营销手段的道德规约

企业市场营销运用的手段主要分为:产品的设计、生产、包装;产品的定价;产品的促销和分销,这些营销手段中包含了许多伦理问题。

产品策略中的道德问题。为广大消费者提供货真价实、优质产品及优质服务是企业最基本的社会责任,如果违背这一原则就会违背营销道德。然而,在现实中某些企业的产品策略往往同道德标准背道而驰。产品策略违背营销道德的主要表现,从实利论与道义论相结合的观点看有:从企业设计生产产品的动机看,是否存心欺骗顾客,将假冒伪劣产品充当真货好货出售给消费者;与动机相联系,在手段上是否操纵消费者的需要,过度刺激消费者的欲望,并刺激社会经济成本的增加;从后果看,消费者向企业所购买的产品能否给自己带来最大的幸福。从企业应承担的社会责任来考察有:企业在产品的生产过程中,对广大职工的工作条件及工作时间能否作出恰当及合理安排,能否保证职工的人身安全及身心健康;企业在生产产品的过程中,是否造成环境污染及危及附近居民的正常生活;产品的包装及标签是否提供真实的商品信息,产品包装是否过多而造成社会资源的浪费及环境的污染等。在现实生活中,假冒伪劣的事例频繁地发生,几乎遍及任何行业和领域。《中国消费者报》公布的一项调查数据显示,95%的消费者都买过假货。伪劣商品中,数量最多,对社会公众危害最大的是各种伪劣药品。1992 年 7 月,山东乡村医生孟凡会使用假硫酸卡那霉素致使两名患儿死亡,其中之一是自己的孙女。还有一种比较隐蔽的、或者说是不容易为人们所辨别的非道德的产品策略,即在产品的实质层本身,它可能并非假冒伪劣,也未以次充好,但在产品的名称、包装等方面采用了一些违背社会伦理道德的做法。这种做法蒙上了"新创意"、"促进销售"等外衣,不易为一般消费者所识别,但实质上起到很坏的社会影响。例如某县所生产的不少产品,竟然采用该县历史上全国闻名的恶霸地主刘文彩的名字来命名,一时间,各种各样被定名为文彩牌的产品充斥县城,影响恶劣。还有一家企业,将自己生产的供儿童和青少年食用的休闲食品,起名为"泡妞",可想而知,这将对年幼的孩子起到什么样的作用,产生一种什么样的后果。

价格策略中的道德问题。为广大用户提供真实及合理的价格,以及提供真实的价格信息,是企业履行社会责任的重要组成部分。然而,在现实中,有些企业严重地违背了价格道德。从实利论与道义论二者相结合的观点考察有:从动机看,企业为牟取暴利而欺骗顾客,诸如变相涨价,哄抬物价掠夺消费者的利益;为了压垮竞争对手而实行差异性歧视价格或实行垄断价格。与动机相联系,在手段上采取欺骗、诱惑及

强制方法迫使顾客购买产品。从后果看,顾客购买产品后造成严重的
经济损失。从企业应承担的社会责任看有:企业未按照价值规律进行
公平交易,损害了企业及消费者的合法权益。企业未能为用户提供真
实价格信息不利于消费者的购买抉择。价格竞争是企业市场竞争的有
效手段,它可以促进市场的优胜劣汰,但是,过度的价格竞争的必然结
局是多方的利益遭受损失,它使企业盈利水平下降,降低了资金积聚和
技术开发水平,危及企业的生存;它还影响了政府税收;也由于降价带
来的压力,使企业降低质量标准,使消费者安全受到威胁。

近年来,在大到汽车,小到方便面等行业,企业的竞相降价,甚至压
降倾销的事件时有发生。国产啤酒行业国内市场逐渐形成买方市场之
际,价格大战在许多省市展开。在安徽,啤酒企业近年来大多采取低价
位亏损占领市场,普通啤酒市场价大约在1—1.5元一瓶,这是亏本的
价格。价格大战造成的亏本经营使啤酒企业资金严重缺乏,殃及与啤
酒有关的其他行业,麦芽、日用玻璃、酒花、包装等为啤酒工业配套的行
业都饱受啤酒价格大战之苦。全国77家有代表性和可比性的啤酒企
业,1997年1—6月份产值比1996年同期下降1.9%,利润减少
29.2%,库存量同比增加了274.7%,亏损企业多了7户。啤酒行业的
价格大战使相关企业两败俱伤,表面上看,消费者买到的是价格低廉的
啤酒,似乎是占了“便宜”,实际情况是,最终受害的是消费者。这是由
于价格战的恶性竞争,使得企业不得不削减其他方面的投资,导致消费
者在享受优惠价值的同时却受到了质量服务等方面的损害。中国消费
者协会公布的数字显示:1997年,全国共发生瓶啤爆炸470件,占重大
案件总数的36%,比1996年同期相比上升43%。伤人437,致残26
人,财产损失达71万余元。

促销策略中的伦理问题,促销是指通过人员推销或非人员推销
(包括广告、宣传报道等)的方式,将商品(或服务)及企业本身的信息
传递给广大顾客,引起他们的兴趣及购买行为。企业的责任在于将产
品及企业自身的真实信息传递给广大用户,但在信息沟通过程中经常
产生道德问题,诸如虚假和误导性广告,操纵或欺骗性销售促进、战术

或宣传报道。这里主要阐述在广告及人员推销中的道德性问题。广告是促销组合中最重要的因素。广告中不道德行为主要表现是:播送欺骗性广告推销产品,使消费者作出错误的购买决策;为了搞垮竞争对手以提高自己产品或企业的身份,而播送攻击竞争的广告。或为了诱惑消费者购买自己产品而制作夸大其词或隐瞒产品缺陷的广告;或是采用含糊其辞、模棱两可的广告词作广告宣传,而引起消费者对广告真实含义的误解;甚至用不恰当的广告词,如湖南长沙某建材市场宣传广告词为"东方红、太阳升,长沙出了个某某某(市场)",引起市民的极大反感。人员推销中暴露出的违背道德的行为表现在或者是销售人员使用诱惑方式促使消费者购买那些他既不需要也不想购买的产品,或者是销售人员通过操纵或强迫手段向顾客推销其伪劣产品或滞销积压的产品,或者是销售人员为了从其他人那里获取销售合同而向对方送礼,甚至贿赂等,当某人(或组织)为了获取一笔销售额或其他原因而采用付酬金、送礼或提供其他好处时,便产生贿赂问题,从而违背了道德标准。从表面看,贿赂似乎给个人或企业带来好处,但它会损害个人或组织的长远利益及根本利益。因此,西方国家某些著名公司为自律其员工的经营行为,制定了营销道德标准,其中也包括对贿赂行为的界定及限制。如 Imperial Oil 公司在其营销道德标准中规定"任何员工在没有经理允许的情况下不能送给或接收价值超过 25 美元的礼品。"

分销策略中的道德问题。分销是指产品从生产者向消费者转移所经过的过程。当产品由生产者直接销售给消费者时,称为直销。这时主要涉及生产者与消费者的购销关系。当产品由生产者通过中间商销售给消费者,称为间接渠道。这时涉及生产者、中间商、消费者间的购销关系。各渠道成员根据各自的利益和条件相互选择,并以合约形式规定双方的权利和义务。如果违背合约有关规定,损害任一方的利益,都会产生道德问题。如当合约规定,零售商只能销售某一企业的产品,而不准销售其他企业的产品,但零售商为了自身利益,不顾合约规定,销售其他企业好销的产品,这显然是违背了道德。又如合约中规定中间商要讲信誉、按时付款给生产者,并及时反馈其库存的需求,如果中间商未及时付款,严重地影响了生产者正常的资金营运,便引起道德性问题。再如,某些零售商回避合法生产者和批发商,另从非法渠道进货而损害生产者、批发商及消费者的利益,也是不道德行为。同样,当生产者凭借自身的经营优势,为了自身利益,控制供货,采用威逼手段对中间商减少或停止供货。或者是生产者依凭自己的经营性垄断地位,迫使中间商屈服自己的指挥,限制中间商只能从事某种特别的经营活动等,均会引起道德性问题。例如,在全国"十大市场"之一的沈阳五爱市场,各种仿冒正牌洗发水的杂品明目张胆地出售,如一瓶200ml"海飞丝"洗发水,最高价28元,最低价5元,待价而沽,主要依据防冒的质量等级依次订出28元、15元、5元等不同档次的仿冒品价格。许多仿冒品与原品的包装及外形几乎一模一样,仅仅是名称上的细微差别,使人稍有疏忽就受骗上当。更令人担忧的是,这种假冒产品由于是在批发市场里出售,实际上买主(零售进货商)与批发商彼此心照不宣。分销渠道中的不同环节都有保障商品质量的义务,而像五爱市场这种对假冒伪劣现象见怪不怪,生产、批发、零售诸环节联合起来架起假冒伪劣商品流通桥梁的做法,再一次说明在我国提倡营销道德的必要性和迫切性。

3. "绿色营销"及其伦理

营销是规划和实施理念、商品和服务的设计、定价、促销和分销,以实现满足个人和组织目标的交换的过程。而"绿色"则有两层含义:第一,对生态环境的友好属性,这是其"实"意,包括:有利于生态环境保护,充分利用资源和促使资源的有效配置等方面,是"绿色"原意拓展。第二,对社会环境的友好属性,这是其"虚"意,包括:符合整个社会价值观、伦理道德观,有利于社会公德的形成等,是"绿色"原意的升华。"绿色营销",就是企业通过市场交换过程来满足人们的不断提高的绿色消费需求,履行自己环境保护等方面的责任和义务,并为实现自身的盈利所进行的市场调查、产品开发、产品定价和分销,以及售后服务等方面一系列的营销活动。绿色营销的特点有:

具有鲜明的绿色标记,绿色营销与其他营销方式的不同之处,就是在整个市场营销过程中，从市场前期调查开始，分析市场机会、选择目标市场、开发产品、制订营销计划、规划营销策略、实施营销策略、实行售后服务等整个活动过程中，都和维护生态平衡、重视环境保护、提高人们的生活质量和情趣的"绿色"观念紧紧相扣，并将其贯穿于营销活动的始终，从而使整个企业的营销活动全过程都带上了鲜明的"绿色"标记。

可持续发展新思想的产物，可持续发展是当今社会发展理论中一种新观念，它倡导人类必须用长远的观点来关注社会的变化，从"竭泽而渔"式的经济发展模式中解脱出来，树立社会可持续发展的观念。目前，环境的污染、资源的减少，已威胁到人类的生存。它促使人们重新审视过去社会经济的发展方式，决心由粗放型经营转向集约型经营，追求"人与自然的和谐"，走可持续发展的道路。而"绿色"营销正是"人与自然和谐"和可持续发展的绿色文明价值观念在企业市场营销活动中的具体体现。

实现经济、社会、环境三效益的统一，评价一个企业经营优劣的主要标准之一，就是看其最终的营销业绩，例如销售额、市场占有率、利润等等。绿色营销强调其目的不仅是满足全社会日益高涨的绿色消费需求，而且在营销的全过程中尽可能地少污染或不污染环境，为营销所必需的包装、宣传等都不给社会留下不良后果。与此同时，企业也将获得不间断的利润，使经营可持续发展下去，从而将经济效益、社会效益和环境效益有机地结合在一起。

绿色营销的内容包含了丰富的伦理意义：绿色消费，越来越多的人开始崇尚自然、有益健康和环境的绿色消费，尤其是 1992 年 6 月，联合国在巴西召开有 100 多位各国政府首脑出席的环境与发展会议，通过了具有划时代意义的重要文件——《21 世纪议程》，该议程面向 21 世纪，提出人类社会既要考虑当前的需求，又要考虑未来发展的需要，走可持续发展的道路。① 绿色消费是对社会环境和生态环境友好的消

---

① 苏勇：《管理伦理学》，上海东方出版中心 1998 年版，第 243—244 页。

费。这不同于一般意义上的消费,具体表现在:消费品本身是绿色的,主要是指环保型商品;消费品的来源是绿色的,材料使用注意了资源配置;消费过程是绿色的,即使用过程中不会对生态环境造成破坏,对消费文化等方面造成不良影响;消费结果是绿色的,即不会形成难以处理的残存物等。这种消费将有效抵制过度消费、破坏性消费和不健康消费,有利于形成节约型、公众型、文明型和科学型的消费,有利于社会消费文化的建设等。绿色消费是绿色营销的拉动力。人民随着消费观念的日益进步,对优质的认识有了进一步深化,不仅是坚固耐用、款式新颖,而且要求安全、卫生、可靠。在这种需求下,企业及时开发绿色产品、实施绿色营销,符合消费者的理性需求和社会伦理观念的进步,也代表着社会文明发展的方向。

144

　　绿色产品,绿色产品是指生产、使用及处理过程符合生态环境和社会环境要求,对环境无害或危害极小的产品。这要求从产品设计开始,包括材料的选择,产品结构、功能、制造过程的确定,包装与运输方式,产品的使用及产品废弃物的处理等要考虑社会和环境的影响,这是绿色营销的基础。实施绿色营销节约了宝贵的能源和资源,有人曾经这样说:"21世纪是争夺资源的世纪"。如今人们都日益认识到资源的可贵和不可再生,因而节约资源的呼声日渐高涨。而绿色营销正是适应了这样一种要求,不仅为社会提供了优质产品,而且能有效地节约资源和能源,在社会发展观的道德层面上有了一个飞跃。实施绿色营销也有效地减少了对环境的污染,这是人们对绿色产品和绿色营销最直接的认识,也可以说是绿色产品和绿色营销最大的、最容易为人们所了解和体会的伦理含义所在。当今世界,人们对污染都深恶痛绝,但人们为了追求物质享受,又不得不制造和产生污染。如冰箱制冷剂中的氟利昂、方便生活的塑料包装袋、一次性塑料杯等,这些给当代人们生活带来无穷方便和乐趣的产品,又正在给当代或后代人们带来祸害。而绿色产品和绿色营销正好解决了这一两难命题,它使人们在追求物质享受的同时又不至于受到良心上的道德谴责,例如开发出无氟冰箱、环保洗衣粉、一次性纸杯等等,为整个社会的进步和可持续发展作出了贡献。

绿色分销,绿色分销是指企业为实施自己的绿色理念,在分销的过程中采用的生态环境和社会环境友好策略。绿色分销目前虽未成为绿色营销的重点,但也日益受到绿色营销企业的关注。因为它涉及绿色产品的有效销售,会影响绿色价格,并影响企业的绿色形象。此外,它也涉及绿色产品的质量保证及销售过程中的资源耗损和社会影响问题。要实行绿色分销策略,应采用无污染的运输工具,合理设置供应配送中心和配送环节,选择绿色信誉好的中间商,以维护产品的绿色形象。还必须建立全面覆盖的销售网络。在国内要在大中城市设窗口,开通绿色通道等,不断提高市场占有率;在国外要通过开辟运输航线,设立境外办事机构,开办直销窗口途径,增强绿色产品的商场辐射力。蕴涵了诚信、保护生态环境的伦理意义。

绿色促销,绿色促销就是围绕绿色产品而开展的各项促销活动,在人员推销、广告、公关等促销中强调绿色特征。其核心是通过充分的信息传递,来树立企业和企业产品的绿色形象,使之与消费者的绿色需求相协调,巩固企业的市场地位。因此,绿色营销首先是一种观念。企业要通过宣传自身的绿色营销宗旨,在公众中树立良好的绿色形象;其次绿色营销又是一种行动。企业可以利用各种传媒宣传自己在绿色领域的所作所为,并积极以与各种与环保有关的事务,以实际行动来强化企业在公众心目中的印象;最后,企业还应大力宣传绿色消费时尚,告诫人们使用绿色产品,支持绿色营销,本身就是对社会、对自然、对他人、对未来的奉献,提高公众的绿色意识,引导绿色消费需求。蕴涵了引导人们树立环保意识、追求社会公益和保护生态环境的伦理意义。

包含了社会可持续发展思想,绿色营销强调经营活动的可持续性,包括生态持续性、经济持续性和社会持续性。环境和资源是人类生存与发展的基本条件,自然环境为人们提供生产生活资料所需的原料,并为人们的生活提供必要的条件如水、空气等。如果没有良好的生态环境和长期可利用的自然资料,人类将失去生存和发展的基础,同时环境的好坏也直接或间接地影响到人们的生活和健康。因此,要真正做到绿色营销包含的社会可持续发展,必须优先考虑生态环境的可持续发展。传统营销按需求提供产品,即为顾客满意进行生产和销售,绿色营销包含的社会可持续发展思想强调既满足当前需要又不削弱子孙后代满足其需要的发展,一部分人的发展不能损害另一部分人的发展,要使人口、资源、环境与社会经济相协调。它本身就内涵了基本的伦理道德因素,即合理地处理人与环境的关系,建立人与自然环境和谐发展的道德关系。同时,要求人们正确处理眼前利益与长远利益的关系,正确处理当代需要与后代需要的关系,正确处理经济、社会发展与生存环境的关系,追求人与自然的和谐。我们生活其中的地球只有一个,我们后人的生存发展条件取决于我们目前的实践结果。如果我们只图眼前利益,对自然盲目索取,必然会破坏生态平衡,从而影响后代人的发展;如果我们滥用自然资料,后代人必然会面临资料的匮乏。这些对后代人都是不公平的,因为后代人与我们一样有生存和发展的权力。如果我们的需要满足妨碍了后代人的生存与发展,这也是不道德的。因此,为了我们的后代,为了人类的未来,我们要合理利用自然资料,保持生态平衡,真正使今天的发展既满足当代人的需要,又不对后代人满足其需要的能力构成危害,这是绿色营销的核心——可持续发展观的真正内涵。为了我们的后代,为了人类的未来,我们要求企业必须放弃一部分眼前利益,在做企业营销时加强环境保护的责任感,这样做才有道德意义。

三、营销行为的道德调控

制约和影响营销道德行为有内部因素及外部因素,内部因素主要有营销行为主体个人(企业领导者和员工)的个人道德修养和企业的企业文化、企业诚信观念。外部因素主要有社会、经济、文化、教育等社会环境因素、监督因素及政府法律调控因素等(道德环境)。提出在三个方面打造伦理在商品通道(企业营销)中起到"护栏"(调控)的作用。即:优化道德环境(外部环境因素),创建优良企业文化、打造成信企业（企业内部环境因素），提高营销行为主体个人道德素质（内部个人因素）。

所谓道德调控是指它借助伦理关系力量来调节个体与社会的非对抗性利益矛盾的一种社会管理。它通过各种传播、舆论形式把社会的目标、规范和准则转化为个体的道德认识、情感、信念和意志，从而经由个体的道德实践，达到对社会整体利益的认同和维护。

道德调控最基本和首要功能是教育功能以及由道德教育直接衍生所决定的道德调控的评价和激励功能。这些功能在企业市场营销中发挥着巨大的作用。市场经济本身内在地包含一种伦理目的，具有一定的道德性，从这个角度上，它是一种伦理道德经济。这正是道德调控之所以发挥作用的基础。道德调控作为一种文化价值，它在市场经济运行秩序中调整规范的过程，实际是市场经济逐步走向稳定、成熟的过程。它的作用就在于通过道德调控的教育、评价、激励的功能使市场经济的规范内化于人们内在的需要。道德调控在企业市场营销中最根本的作用，是要求人们正确处理"义"和"利"的关系。通过加强道德调控，教育人们树立正确的义利统一的义利观，摆正国家、集体、个人三者的利益关系，在发生矛盾时，能够做到个人利益服从整体利益，正确地使用和对待手中的权力。道德调控在企业市场营销中起到追求公平的作用，公平是一种社会分配原则，是经济关系中的伦理问题。它的实现以自由竞争为表征，以价值规律为基础的市场经济运行机制本身无法制约的。企业在营销过程中要讲究公平，不能为了达到销售的目的而不择手段。

1. 优化市场道德环境是对营销行为进行道德调控的基础

营销行为的发生必然受到其所处的道德环境的影响，道德环境是营销行为发生的大环境，是对营销行为进行道德调控的基础。

所谓道德环境是影响制约道德发展变迁的社会因素的总和，它是人们进行道德活动的基础、氛围和条件。其主要因素包括政治、经济、文化、科技及社会风气、习俗氛围、社会舆论、传统、习惯、教育等。道德环境是社会环境的一部分。道德环境是一种人文环境，它通过人的道德观念和道德行为影响他人和社会,为他人提供了一定的观念模式和行为模式。社会环境是由经济、政治、教育、法律、伦理道德、文化等因素构成的一个非常复杂的系统,每一个因素都是社会环境系统中的一个子系统,构成了社会的经济环境、政治环境、教育环境、文化环境及伦理道德环境等等。道德环境是社会环境的子系统之一。从大的方面讲,道德环境是由社会的经济、政治、文化状况和历史构成的整个国情,它是国内一切道德活动的大舞台。从小的方面讲,道德环境是指在社会生产和生活中,对某一个行业、某一个领域、某一个单位、某一群体的道德活动发生影响的政治、经济、文化状况以及社会风气、习俗氛围等等,它是道德环境的主要构成部分。

优化市场经济条件下道德环境的途径主要有:

其一,优化社会环境中的政治、经济、文化和教育环境。马克思曾说过:"人创造环境,同样,环境也创造人。"道德环境的形成离不开人,离不开人的社会活动,同样,良好的道德环境一旦产生和稳固下来,就会在一定时期内形成相对稳定的价值观念、道德情操、行为方式、风尚习俗等,成为人们的行为和活动的精神文化氛围,从而对人们的心理、观念、行为和活动产生直接的或潜移默化的感染作用,并进一步影响和塑造人们的道德品质和素质,对社会的稳定、发展起积极作用。一个国家、一个社会要营造良好的道德环境,离不开它所处的社会环境。因为人与环境是相互作用的。人改造和适应着环境,环境也影响和改造着人。人总是在与环境的相互作用中,改变着自己的生活方式、文化心理、道德风尚和理想选择。因此要优化道德环境,就必须优化社会环境,使社会的政治环境、经济环境、文化环境和教育环境成为我们形成良好的道德环境的外因。这是一项错综复杂的社会系统工程,要做好这项工作,需要各方面齐抓共管,协调配合,形成合力。

首先要整治政治环境,企业营销需要一个好的民主政治环境,然而改革开放30多年了,在某些方面仍存在着以权谋私、专制作风、拉帮结伴、地区封锁、行业不正之风、封建的小生产观念等弊端,这些已成为阻碍改革开放、进一步发展市场经济、影响企业营销的重要障碍。只有破除这些障碍,社会主义民主政治才能完全实现。因此,要完善政治制度,深化政治体制改革,加强法律制度的建设,在民主监督和法律约束下,建立一个高效、廉洁、透明、公正的政府。因为,在社会上存在严重的特权、腐败、投机和混乱无序的情况,存在法制不健全、政局动荡不定的情况下,是很难形成良好的道德环境的。还要加强党风廉政建设,克服国家机关公务人员的官僚主义和各种有损于"人民公仆"称号的不正之风和腐败现象,促进国风、政风、党风的根本好转。

其次要整治经济环境,要调整利益分配关系,解决利益分配中的严重不合理现象,摆正国家、企业、个人三者利益的关系是治理经济环境的根本性问题。利益是道德的基础,利益关系的混乱必然导致道德关系的混乱和冲突,最终影响人们积极性的发挥。例如,企事业单位之间、脑体劳动者之间、不同职业之间分配上不公平,贫富差距也越来越明显等,如长期得不到合理调整,最终是不利于企业营销道德建设目标实现的。要严惩腐败,腐败是一种政治现象,也表现为一种经济现象。在一些国家党政机关和一些企业出现的某些腐败现象已到了极其严重的地步,它严重玷污了党和国家在人民心目中的形象。要彻底根除腐败,必须加快政府职能分离,解决权力商品化的真正根源,清除政府对企业经营事务的行政干预,实现官员与企业家的分离;加快民主建设,强化各种监督机制的作用;制定维护法律权威,切实做到有法必依,有令必行,严厉制裁一切贪污受贿者、行贿者;惩处不依法行政的政府工作人员;强化执法监督规范。

再次还要改善文化环境,文化环境是物质文化和精神文化产品所构成的综合体。它直接影响着经济活动主体的素质和能力以及活动的方式和水平。文化环境的功能是巨大的。因为,一定的文化环境必然要熔铸出处于其中的人们的文化心理势态,使人们形成相对稳定的价值观念、审美意识、道德情操、思维方式、风尚习俗,最后导致人们的行为习惯,形成较稳定性特征的道德品质。当然,文化环境对主体的实践——认识活动也是具有正负两种功能,要发展良好的,削弱不良的文化环境,是非常重要的。目前文化市场中的低级趣味、功利主义、迎合俗流、拜金主义、学术失范和非道德主义已愈演愈烈,这些文化垃圾严重污染着人们的心灵,必须加以根治。要改善文化环境就要提高全民族的科学文化水平,创造出一种崭新的科学文化体系,营造一种在新的价值观念引导下的文化氛围。一个社会成员道德水平的高低,在很大程度上是与其相应的科学文化知识尤其是人文科学知识相关的。在整个民族文化水平还不是很高的现代社会,要提高整个民族的道德水平,就需要加强文化建设,尤其是增强人们对道德行为的文化认知程度,从而形成有利于提高全民族道德水平的文化环境,这是创造良好的道德环境的一个非常重要的方面。

最后要优化教育环境,要进一步加强道德教育在学校教育、社会教育和家庭教育中的地位。道德教育是培养人的良知、信念,使道德规范成为内在约束力和推动力的重要途径,也是优化教育环境的重要途径。可以说,没有道德教育,就谈不上塑造人的思想道德品质等问题,也谈不上形成良好的社会舆论和社会风气。一种新型的道德不可能在人们心目中自发形成,而只能靠家庭、学校、社会教育对人们进行外部灌输,才能使人认识这种道德,进而认同这种道德,为形成良好的道德环境创造条件。要改变我国目前教育界存在的一种重智能轻德育、重分数轻能力的偏颇现象。我国传统教育片面崇尚德育教育而轻视技艺教育,不利于人的全面发展,这是古代教育的一种偏失。近现代教育提高了智能和技艺教育的地位,提倡德智体全面发展,这是一大进步。但目前社会上又出现了重智能轻德育的现象,这显然不利于物质文明和精神文明的协调发展,它迫切要求我们改变这一状况,把品德教育放在应有的地位上。①

其二,道德制度化、法制化,进行"道德立法"。所谓"道德立法",就是通过代表人民利益、体现国家意志的一整套完善的经济法律、法规、方针政策,来给予所有经济主体以相同的道德判断、道德选择和道

---

① 本段主要参考:陈宝庭、刘金华《经济伦理学》,东北财经大学出版社 2001 年版,第331—338 页。

德评价的模式和能力。要进行"道德立法"是因为市场经济条件下的利益主体是多元化和多层次的,这就决定了人们的价值追求也随之出现多元化的倾向。要维护社会正常运行,市场经济健康有序发展,就不允许社会成员各行其是,随心所欲,特别是在商品的流通过程中。

加强企业营销道德立法,通过建立明确的道德规则,来规范企业的营销行为。西方许多国家都制订了有关企业伦理方面的规范,尤其是在广告伦理、市场竞争伦理方面,有很详细的道德立法。韩国企业界推出了《企业伦理宪章》,得到企业界的积极响应,一个时期以来,"道德经营"、"正道经营"、"透明经营"等口号在韩国企业界广为流行,各企业纷纷将"宪章"规定付诸行动,强化自我约束,促进了文明经营。我国的荣事达集团也制定了《企业竞争道德谱》,在社会上造成了广泛的影响。因此,企业界应根据中国实际,积极行动起来,尽快制订出自己的《企业经营道德规则》以及其他专门行业的道德规则,作为企业开展市场营销活动的行为准则,由此推动"道德营销"良好风气的形成。

其三,加强对企业营销活动的道德监督。道德调控的作用绝不是以"义"制"利",不是限制经济主体对最大利益的追求,而是要求经济主体用符合道德规范的选择和方式来获取利益,制约经济主体用反道德的方式获取收益。对企业营销活动的道德监督主要包括新闻监督和消费者监督。新闻监督的特点是非功利性、影响大、制约性强,它是社会良心和正义的代言人,它通过运用现代大众媒介对企业道德行为进行评议,造成强大的社会舆论,制约企业的经营行为。特别是它对企业非道德营销行为的曝光、揭露,能够对社会发生强有力的影响,从而迫使企业收敛自己的行为。消费者监督主要是由消费者协会等消费者组织来进行,消费者组织代表着消费者自己的利益,当消费者的正当利益受到侵害时,消费者组织有权调查、了解情况,调解消费纠纷,直至代表消费者向法院起诉,促使企业遵守道德、法律规范,尊重消费者主权。要加强国家对市场的监管,建立严厉处罚机制。国家要通过对企业营销活动的行政执法和法律监督,切实保护合法经营,打击非法经营,维护公平交易,促进公正竞争,保护广大消费者权益,促进市场经济的有序运行和健康发展。因此,国家要加快现有市场管理体制的改革,建立有权威的、统一的市场监管机关。要加强国家对市场的监管力度,对违法行为要进行严厉打击、严厉处罚,不仅要使犯规者倾家荡产,而且要加重刑罚的制裁。这样,就能对其他经营者起到震慑作用,使之不敢效尤,从而实现扬善抑恶、保障社会主义市场道德建设顺利进行和保障市场经济健康发展的目的。

只有建立了优秀的道德环境,营销道德的形成才有一个良好的基础,道德在商品的通道(营销)中才能发挥"护栏"(调控)的作用。

2. 创建优秀的企业文化、打造诚信企业是对营销行为进行道德调控的重要保证

企业营销行为的发生是企业和企业、企业和社会、企业和个人之间发生的行为,在这里企业是营销行为发生的主体。因此,创建优秀的企业文化、打造诚信企业,促使企业营销道德的形成与提高是对营销行为进行道德调控的重要保证。

企业文化是指处在一定社会背景下的企业,在长期生产经营过程中逐步形成的独特的企业价值观、企业精神,以及以此为基础而产生的行为规范、道德标准、企业风格习惯及传统,经营哲学和经营战略。企业文化内容主要包括:企业哲学,也即企业世界观。企业价值观,它是企业文化的核心。企业目标,它是指引企业广大职工通过努力把抽象目标变成具体成果的企业观念形态文化。企业民主,它属于企业制度形态文化。企业道德,它是企业长期经营活动中形成和发展的规范的文化。企业制度,这是企业在长期生产经营活动中形成的制度文化。团体意识,是指企业职工的集体意识、集体观念,它使企业职工具有归属感或荣辱感;企业文化活动,主要包括文体娱乐性、福利性、技术性及思想性等文化活动,企业职工通过参加这些活动而产生满足感,从而成为企业发展的动力。

企业文化集中地反映着企业内部员工们所形成的某些共同的信念、价值观、作风和行为准则。企业文化是企业伦理道德建设中必不可少的依托和载体,它有利于形成企业营销道德建设的氛围,扩大市场道

152

德教育的范围,增强道德因素在企业中的活力,把道德教育逐步引向深入。同时,通过企业文化建设,能逐步形成企业员工统一的价值观,养成高尚的生活方式和情感定势,在客观上帮助企业员工尽快接受市场道德的基本观念和道德规范。企业文化与营销道德的关系极为密切。我们认为,优秀的企业文化可以生成优秀的营销道德,而营销道德是企业文化的核心——价值观的直接反映。因此企业应注重企业文化的途径实施营销道德。武汉大学甘碧群教授认为,企业文化对营销道德性决策产生的影响,主要体现在以下几个方面:①

企业文化制约着营销决策的动机。企业文化的核心是企业价值观,它如同一个人的价值观引导其价值取向一样,也引导着企业的经营行为,从而引导企业营销决策动机。卓越的企业价值观会引导企业领导者及广大职工将企业利益同消费者利益及社会利益有机结合,有利于营销道德性决策的制定与实施。反之,错误的企业价值观,将引导领导者及职工片面追求利润最大化,从而扭曲营销决策的动机。

企业文化规范着企业营销决策的内容。一是企业文化内容之一的企业目标(或目标文化)为企业的发展指出了直接的具体的目标,从而指明了企业的奋斗方向。二是企业文化中的企业规模制度成为企业领导者及广大职工经营行为的规则和准则,而且这种规则与准则对企业主体行为带有强制性。三是企业文化中的行为文化如企业道德,也规范着企业的营销决策行为,从而使营销决策纳入道德规范。

企业文化的凝聚功能有利于道德性营销决策的实施。企业文化的核心——企业价值与企业精神是企业的凝聚力和向心力的源泉。实践证明,单靠发号施令,很难实现企业经营决策,还必须靠正确的企业价值观及企业的凝聚功能。优秀的企业文化成为凝聚企业内部广大职工的"粘合剂",促进了营销决策的实施。

---

① 甘碧群:"企业营销道德状况及其影响因素初探",《商业经济与管理》,1999 年第 3 期。

企业文化是道德准则在企业中得以顺利实施的最好载体。美国通用电气公司(GE)从爱迪生创办电灯公司开始,历经120多年,一直蒸蒸日上,特别是杰克·韦尔奇出任首席执行官(CEO)以来,通用电气公司的财富以10%以上的速度增长。通用电气公司奇迹般的成功在很大程度上得益于其优秀的企业文化,得益于借助企业文化途径实施的企业营销道德。"视客户为赢家"是通用电气公司的经营之道。通用电气公司管理文化中倡导"群策群力"、"争取第一","适应变革"、"相互学习"等等。通用电气公司将企业的价值观印在员工随身携带的通用电气公司"价值观卡"上。这些体现了其企业文化核心的小小卡片,充分反映了通用电气公司的营销道德观,并努力使之深入员工人心。①

154

综上所述,借助企业文化途径实施营销道德,是从根本上找准企业前进的航标。一个企业如果建立了优秀的企业文化,就能生成良好的营销道德;同时更将良好的营销道德体现于企业文化之中,形成良性的互动,努力适应市场需求,便可产生可持续发展的不竭动力。

诚信是企业赖以生存的关键,是企业营销道德的核心因素。有人称中国的社会主义市场经济既是契约经济,又是信用经济,是二者结合的产物,被称之为"讲诚实竞争的契约经济"。2001年10月25日,中共中央公布的《公民道德建设实施纲要》首次把公民基本道德规范概括为"爱国守法、明礼诚信、团结友善、勤俭自强、敬业奉献"20个字。这其中,"明礼诚信"是紧接着"爱国守法"之后的第二个基本道德规范。这种排列次序,一方面表明诚信规范作为"进德修业之本"的重要地位;另一方面表明,当今中国社会呼唤诚信道德的急切和紧迫。诚如《纲要》所言,当前我国公民道德建设方面存在的问题之一,就是"不讲信用、欺骗欺诈成为社会公害"。这种社会公害,存在于商家与消费者之间的商品交换领域尤其明显。据报载中国每年因缺乏诚信造成的经

① 陈可、寇小萱、康书亭:"论借助企业文化的载体实施营销道德的途径",《天津市财贸管理干部学院学报》,2000年第3期。

济损失达 5855 亿元。诚信缺失已成为中国企业发展的巨大障碍。不少企业在经济交往中不得已放弃了现代信用,重新选择了以货易货、现金交易等传统交易方式。据中国消费者协会统计,2001 年消费者对于虚假广告、假冒商品、计量不足、欺诈骗销等厂商失信行为的投诉就有 20 多万件。在经济活动中,竟有 50% 的经济合同带有欺诈性,足见市场交易行为中的信用危机何等严重!为了防止受骗,一些企业在市场交往中只好步步为营、如履薄冰,有些交易甚至倒退到"一手交钱、一手交货"的原始状态。

著名经济学家吴敬琏说,追求利益是企业经营的前提,但如果有牢固的信用体系,就会出现因追求暴利而损害公共利益的情况,因而现代企业营销必须补上构筑诚信体系这一课。[①]

首先,打造诚信应该优化讲诚信的社会法治环境。诺贝尔和平奖得主特里莎修女曾经这样说过,如果守规矩,讲良心,有道德会让你吃亏,会使你蒙受损失、遭到打击,那不是你错了,而一定是这个社会出了问题。同样地,如果我们的社会屡屡让诚实守信的老实人蒙受损失、遭到打击,让弄虚作假、坑蒙欺诈者发财致富,升官晋级,那就说明我们的社会讲诚信的环境出了问题,亟待改革和优化。在现代市场经济社会,诚信的基础和依据首先是法律,因而完善社会的法律体系,便是营造和保护讲诚信的社会环境的第一要务。从我国的历史和现实来看,由于受儒家重德轻法的传统文化影响,法律的地位和尊严多年来没有得到足够的重视。人们往往将诚信建立在道德良心之上,以"君子协定"来维系诚信。而"君子协定"恰恰难以有效维系诚信。除此以外,法律对不讲诚信的恶行惩罚过轻,同样也形成鼓励人们扔掉诚信,在客观上助长不讲信用的社会风气蔓延。所以,从某种意义上说,正是社会法治的欠缺,才导致人们对固守诚信理念的放弃。因此,我们不仅要完善法制建设,尽可能地堵塞失信者的可乘之机,加大对背信弃义、坑蒙欺诈行为的惩处力度;与此同时,我们还应该大力宣传,在现代市场经济社会,

---

①　孟宪昌、戴毅:"论企业的社会责任",《理论与改革》,1999 年第 2 期。

讲诚信的根据应该是法律。这样不仅有利于维护正常的经济和社会秩序,有效保护自身的合法权益,而且也是符合营销道德基本要求的。

其次,要不断完善市场竞争制度,通过自由竞争淘汰那些不讲诚信的企业。在市场经济条件下,诚信作为一种无形资产,是企业良好社会形象的重要内涵和企业核心竞争力的构成要素。在规范的市场竞争过程中,社会信用好、美誉度高的企业胜出,社会信用差、美誉度低的企业被淘汰,是自由竞争的重要规则和必然结果。我国市场经济体制建立的过程已经证明,凡是在实现了自由竞争的地区、行业和领域,尤其是在竞争规范而又激烈的地方,不讲诚信的企业是难以找到立足之地的。正是自由竞争的优胜劣汰机制迫使人们不敢欺诈或不得不放弃失信行为。与此相反,凡是在那些特权干预市场、排斥竞争的地方,不讲诚信的企业在特权的保护下不必为失信行为支付市场成本,因而有暴利可图。这种情况的发展最终必然导致诚实守信的企业被淘汰,弄虚作假的企业胜出的不合理结局。这一现象已经成为制约我国市场经济发展的巨大隐患。因此,强化市场经济运作所要求的自由竞争和各级政府的监督职能,最大限度地发挥"看不见的手"的市场净化功能来维护市场秩序,由市场力量来褒奖那些讲诚信、社会形象好的企业,惩罚诸如欠账赖账、违背合同、虚假广告、造假售假等各种背弃诚信原则、践踏营销道德的企业,把他们从市场竞争中无情地淘汰出局,这样,将会给市场主体的理性预期提供一个正确的依据,企业的失信行为也才有可能被有效遏制。

再次,整个社会要建立健全维护诚信的物质保障体系。我们固然可以从道德上要求商家"童叟无欺",从法律上要求商家不得提供虚假信息,进行欺骗欺诈,但如果社会缺乏公正的商检、质监、中介、劳动保障和工商管理等部门,缺乏专业检测设备和专职检查队伍,缺乏强制性的认证和监察制度,缺乏公示检查结果、惩罚违规经营的手段,或者说,虽有上述机构和制度,但没有足够的资金作支持,而让其自行创收解决运行经费,那么,其质检或监测结果的公正性就可能大打折扣。而若仅靠老百姓自我鉴别营销中是否有欺骗欺诈行为,以实行自我保护,这不仅是不现实的,对维护市场经济的诚信秩序也是软弱无力的。由此可见,即使我们已经制定了较完备的法律和规章制度,但如果缺乏相应的检察、监督和制约机制,要消除不讲诚信的社会公害依然是一句空话。

3. 塑造营销行为主体个人的良好道德素质是道德调控的关键

企业的主体是人,企业中人的道德素质是企业营销伦理的决定性因素,企业行为实质上就是企业职工或企业人员的行为,企业社会形象如何,实质上也就是社会对企业职工或企业人员的行为、素质的综合评价。这就表明,企业员工的道德素养直接关系企业营销道德水准的高低和道德形象的好坏。因此,塑造营销行为主体个人的良好道德素质是道德调控的关键。

第一,加强营销个体道德的塑造[①]

所谓个体道德,是指作为道德实践主体的个人,经过后天的教育、修养与实践而形成的内心道德准则与道德行为倾向的总和。就其本质来说,是社会道德在个体身上的具体化,体现了道德的社会性与个体性的有机统一。

个体道德的塑造要把外部道德调控和内部道德修养结合起来。个体道德的发生过程,实质上就是一个从他律到自律的过程。外部道德教育属于他律机制的范畴,是借助社会舆论及各种利益机制,以他律性的外在手段引导或诱导道德主体遵守和实行道德规范的形式。如对某种典型或某种行为的表彰或批评、奖励或处罚等。对人们某种行为的肯定或否定,在很大程度上决定着该种行为在社会中存在的程度,如对某种行为大加赞赏、鼓励和宣传,就会使人们趋向于该种行为。因此,外部道德调控能够强化人们在实践中对道德规范接受和实行的程度,是社会道德向个体道德转化的前提和必要条件。与前面所提倡的道德制度化、法规化就是外部道德教育的一个非常重要的方式。在企业营销道德建设中,我们应当加强企业职业道德教育,提高企业职工、营销

---

① 本段主要参考文艺文:"个体道德的发生与公民道德建设",《伦理学》,2002 年第 8 期。

人员的道德素质。要把职业道德规范尽量纳入我们的法律之中,融入我们的管理制度中,融入各种守则、公约之中,对那些严重违背职业道德的行为和现象,都应制定出相应的惩罚措施。营销行为主体个人的职业道德主要包括诚实经营、公平交易、讲究信用、童叟无欺、价廉物美、优质服务等。

但是,道德从本质上讲是一种自律的东西,外部道德调控虽然在个体道德发生中不可缺少,但毕竟是建立在他律基础上的。单靠道德的外部调控,不可能使社会道德规范内化为主体稳固的道德信念。要使个体达到道德自律的境界,从根本上说,尚需采取各种途径培养和完善个体自身的内部道德机制。一是提高个体的道德认知,提高个体的道德认知必须提高其道德文化认知水平。文化知识水平是影响道德认知程度的最重要的因素。一个人文化知识水平低,其道德认知程度也较低,必然对道德价值缺乏充分认识,对社会道德必然处于一种被动服从状态,其道德行为是一种"他律"行为,很难形成"自律"行为。二是发展教育,提高人们道德文化认知水平必须大力发展教育。因为教育对道德文化认知起着继承、传播、发展的巨大作用。发展教育,促进科学的发展,为道德文化认知的科学方法——辩证唯物主义的诞生和发展,提供了科学依据。科学是人类征服自然和改造社会的强大力量,作为全人类共同创造的精神财富,可转化为生产力,转化为改造自然的物质力量,创造巨大的物质财富。科学带来了人们认识的进步和思想的解放,当然,也带来了道德文化认知程度的提高。邓小平指出:科学技术是第一生产力,从总的发展方向讲,科技越发展,就越有利于人们认识能力和道德文化认知程度的提高。因此,大力发展教育,促进科技的发展是提高个体道德形成的关键。

第二,特别注意抓好企业领导者的道德修养

作为道德主体的个人其道德修养的具体表现对他人或社会会造成深刻的影响。这种影响主要表现在这种个体道德对他人或社会的道德观念和道德行为所起的示范作用上,特别是权威或知名度较高的个体人物的道德修养水平,他们的道德品质、道德意识和行为表现以及对周围人们的道德意识和行为的影响和作用上。

在企业营销道德问题上,企业领导者起着关键的作用。那些优秀的企业,之所以能够讲求道德,往往是因为这些企业的领导者重视自身的道德修养,注重良好的企业伦理,而且把这种良好的伦理道德标准贯彻到企业的经营管理行为中去,因此在他们的带领下,这些企业才有良好的营销道德。这些企业领导者在带领企业从事商业活动的时候,往往考虑到商业行为将会产生的社会影响,体现出良好的社会责任感。而那些弄虚作假、不讲营销道德的企业,其问题也往往是出在领导人身上。在领导人的支持下,做假账、制造假冒伪劣产品、打击别人抬高自己,用种种不正当手段来为企业获取利润,甚至制造虚假利润来欺骗股民和社会公众。

企业领导者是影响营销行为道德性的决定性因素是因为:其一,企业领导者是企业法人代表,是企业经营决策的最终决定者。企业领导者肩负着企业发展及企业的道德责任。其二,企业领导者是企业的人格化,是企业的头脑和心脏,其个人道德哲学必然会融入企业的经营决策中。企业道德等是企业领导者道德哲学和行为的折射和扩大。其三,企业领导者的道德哲学及个人道德素质决定着企业的发展方向。企业领导者个人道德哲学影响企业的营销道德一方面是通过最高领导者的经营理念去影响营销决策的制定和实施。在企业经营活动中,技术力量、销售力量、资金及人员等因素起着重要的作用,其中领导者的经营理念是最根本的因素。这种正确的经营理念会融入企业产品、定价、分销及促销决策的制定与实施中,从而保证营销行为的道德性。另一方面,通过领导者的权威和感召力向企业广大职工传播其经营理念,进而影响营销决策的制定与实施。当企业领导者的经营理念是正确的,而且为广大职工所认同和接受时,它对营销决策会产生积极作用。反之,会产生消极的副作用,使营销行为违背道德原则。因此,只有重视企业领导者道德素质的提高,才能使营销道德建设落到实处。

在社会生活中,道德榜样的作用对营销道德观念的影响是十分巨大的。人们对企业领导者的行为做出道德评价会直接影响对该企业道德的印象。切实加强对企业领导者的道德教育,是提高营销道德水平的重要保证。要组织企业领导者进行道德培训,特别是在市场经济条件下,中国已加入世界贸易组织,企业讲究道德、以诚信立业、讲究营销道德影响着企业的生存和发展,不讲道德,没人跟你做生意,也没人敢跟你做生意,企业领导者要自觉地遵守企业道德准则、自觉提高自身的道德修养。要切实加强对企业领导者的道德监督,监督各种非道德行为。社会舆论的监督、企业员工的监督应该是相辅相成的。他们通过对不道德行为的抨击和对高尚行为的赞扬,通常会对企业领导者遵守道德产生良好的作用。把各种监督有机地结合起来,在推进企业领导者道德素质提高的同时,必将对营销道德建设产生积极的影响。

第五章
企业财务管理道德问题

　　企业是社会的经济细胞,它担负着不断提高自身经济效益、不断增加社会财富的任务,正如经济学家魏杰所说:"一个国家的国民状况实际最终取决于它细胞的状况,也就是企业的状况。任何一个国家或地区的经济素质的强弱,在很大程度上取决于企业的状况,如果没有一些好的企业,可能这个国家或者这个地区的国民经济的运行就很成问题。"①现代社会是一个高度技术化、高度信息化的社会,企业作为生产要素转化为现实生产力的载体,作为技术产业化平台,在现代社会发挥着极其重要的作用。而有效的企业管理尤其是有效的企业财务管理则是企业充分合理配置内外部各种社会资源、自然资源、人力资源,实现企业短期效益长期效益、经济效益与社会效益共同提高的有力保障。21 世纪企业内外部环境的变化在提高企业财务管理效率的同时,使企业财务管理面临着更多挑战,其宏观环境的变化主要体现在:经济全球化浪潮势不可当;知识经济方兴未艾、信息技术、通信技术与电子商务蓬勃发展等等。从微观环境分析,其变化又表现为:公司内部的机构重组;公司之间的并购与重组;虚拟公司的兴起等方面。从伦理学的角度对现代企业财务管理进行分析,指出企业财务管理中道德失控的表现形式并对症下药,提出加强企业财务管理伦理建设的具体措施,并为新

---

　　①　魏杰:《企业前沿问题——现代企业管理方案》,中国发展出版社 2001 年版,第5 页。

世纪企业财务管理伦理建设提供理论依据是摆在我们面前的主要任务。

一、企业财务管理的道德风险伦理原则

企业管理是一个复杂的系统工程,包括企业战略管理、人力资源管理、市场管理等等。财务管理作为管好、用好企业"钱袋子"的活动,它是企业管理的重要组成部分,努力提高企业财务管理水平是保证企业的生存发展、企业的效益、企业的市场份额、企业的竞争实力以及企业相关者切身利益的有效途径。然而,由于企业财务管理的特殊性使其面临一定的道德风险,才能保证企业财务信息的真实性、公开性,充分发挥财务管理的内部理财功能和外部融资功能,为企业发展提供源源不断的"养分"。

1. 企业财务管理的特殊功能

管理是指引导人力和物质资源进入动态的组织以达到组织的目标,即使服务对象获得满意,并且使服务的提供者也获得一种高度的士气感和成就感①。企业管理是一个系统工程,不但包括对企业内部资源的管理,而且包括充分有效地利用企业外部各种资源。资金是企业存在、发展的前提条件和物质基础,所以企业管理的中心是财务管理,财务管理水平的好坏直接关系到企业的效益、企业的发展、企业相关利益者的切身利益以至整个社会的经济水平。

企业财务管理是针对企业资金的形成、运用、耗费、收入和分配所开展的一系列分析、计划、协调、控制和监督的综合经济管理工作,它独立于劳动管理、生产管理、销售管理等其他各项业务活动,体现了企业财务活动和财务关系。我国颁布的《企业财务通则》明确规定:企业财

---

① 参见[美]约瑟夫.M·普蒂等著:《管理学精要》,丁慧等译,机械工业出版社1999年版,第27页。

务管理主要包括企业筹资管理、流动资产管理、固定资产管理、无形资产管理、递延资产和其他资产管理、对外投资管理、成本和费用管理、营业收入、利润及分配管理和企业外币业务管理等方面内容。

　　企业作为社会的经济细胞,要生存和发展,就必须在经营中获得一定的利润,因为只有盈利,才能使企业有效地应对市场风险,在激烈的市场竞争中发展壮大自己,不断开拓新的市场领域;只有盈利,才能充分保障各个企业参与者尤其是投资者和管理者的利益,使他们更加积极地参与企业的建设,促进企业的健康发展;并且也只有盈利,才会促进整个社会经济水平的不断提升。同时,一个不讲求经济效益的企业也不可能长久,因为不追求经济效益,企业就不可能及时地更新设备、引进人才、改造技术、拓展市场、扩大投资。为了盈利,企业必须制定符合实际情况的长远发展战略、根据内外部环境的变化及时调整资本结构和投资方向、充分有效地利用人力资源、建立富有个性的能不断提升企业管理水平的企业文化,但是最关键的则是进行有效的财务管理,因为资金是企业的"物质食粮",是企业的生命力。

　　企业财务管理的目的就是通过确定合理的资本结构和投资方向,有效利用企业从内、外部筹措的资金,保证经营活动有一定盈利,盈利的手段主要体现在财务管理的两大功能即内部理财功能与外部投资功能。

　　功能理财。资金是企业发展的前提和基础,"巧妇难为无米之炊",缺少足够的资金,即使有再好的外部环境、有再高明的管理者,企业仍然"寸步难行",因而合理有效利用资金是确保企业持续成长、不断壮大的有效途径。对于一个企业来说,首先是利用好内部资金,因为这是带动内部其他资源发挥作用的前提。而且只有高效使用内部资金的企业,才会有足够的实力和基础去筹措外部资金,而且投资者和金融机构也只愿意把资金投给有实力、有能力、有信誉的企业。

　　就内部资金的控制而言,企业财务管理主要发挥理财功能。随着社会主义市场经济的建立、政府管理企业职能的转变以及适应我国社会主义市场经济发展要求的新经济运行机制的建立与完善,要求企业财务管理不仅仅是过去的记账、算账、报账,而应转向对企业生产经营的预测、决策、控制、反映和监督,逐步建立起以提高经济效益为中心并有利于转换和完善企业经营机制的财务管理,真正行使财务参与企业经营管理职能,把工作重点转移到更好地参与本单位的经营管理上来,使资金流向成良性循环。企业财务管理要根据企业的内外部环境、企业发展现状、企业经营状况以及企业未来发展战略等进行科学的成本分析、成本控制,保证资金的收支平衡;及时处理企业临时闲置资金以获取短期投资收益;加强对存货、应收账款的管理,提高资金周转速度,以节约资金、提高资金使用效率,使企业现有的资金最大限度地发挥作用;主动通过 Internet 把财务信息向企业的内部、外部网页上发布,把财会资料以电子邮件方式传至税务、财务师事务所、证交所等机构,接受内外部监督。为了充分发挥内部理财功能,企业财务管理还必须利用自身职能参与企业经营决策。如在筹建新项目的建议书中,财务人员需要对新项目的经济效益进行预测分析,分析如何筹集资金,对投资少、见效快、收益大的方案提出初步意见;在项目可行研究中,财务人员对投资额、资金比例、出资方式、成本费用、税金、利润分配等内容进行预测分析,对不同的方案进行分析评估,作为该决策的依据;通过参与经营决策,保证企业资金使用的正确与科学,提高资金利用率,保证经营目标的实现。

投资功能。拥有足额的资金对于企业发展必不可少,而用好这些资金则是真正解决企业能否赢利、能否应对市场竞争的根本。资金只有在流动中才会不断增值,而企业只有通过投资才会获得更大利润。所谓投资,就是指以支出现金而获得更大收入为目的而发生的现金流出。就外部资金的利用而言,企业财务管理要进行资本结构及融资成本的分析与投资风险的评估等活动,以便为企业筹措到低成本的资金并进行有利可图的投资,最大限度地实现企业价值最大化目标,为企业健康稳定发展创造一个良好的财务环境。

首先,根据企业的实际情况和发展需要,确定合理的资本结构。资本结构也称财务结构,是指企业各种资本的构成及其比例关系。广义的资本结构是指企业全部资本的构成及其比例关系,不仅包括权益资本和长期债务资本,还包括短期债务资本。狭义的资本结构是指企业长期资本的构成及其比例关系,包括权益资本和长期债务资本,而不包括短期债务资本。合理的资本结构是保证企业发展的必备条件,当企业进行负债性筹资决策时,应在权益资本和债务资本之间确定一个适当的比例结构,使负债水平始终保持在一个合理的水平上,不能超过自身的承受能力,负债经营的临界点是全部资金的利息、税前利润等于负债利息。在达到临界点之前,提高负债将使股东获得更多的财务杠杆利益。一旦超过临界点,加大负债比率会成为财务危机的前兆。若长短期债务比例不合理,还款期限过于集中,就会使企业资金周转缓慢,影响企业的正常生产经营活动。因此,形成合理的资本结构,还应该要综合考虑企业发展的前景,收益的稳定性,同行业的竞争情况和企业的资本结构等情况,充分利用财务杠杆原理来权衡企业产生的效益和可能承担的风险,避免可能在经营困境中而产生的权益资本收益率低于负债筹资率的现象。

其次,通过积极有效地融资,解决企业发展资金问题。企业要不断扩大生产规模、开拓新的领域、不断提高自身竞争能力,必须以强大的资金流做保证。企业财务管理必须根据企业实际发展水平和需要分析内、外部融资成本,以最佳融资方式和渠道取得企业发展所需资金。企业首先应该培育内源融资能力,因为对于一个企业来说,如果没有任何内源融资能力,仅靠外部投入或借入的资金去发展,企业要面临巨大的经营风险和财务风险,此时即使细小环节出现失误,也会使企业陷入沉重的债务负担,甚至破产倒闭。盲目扩大外源融资,会增大企业的经营成本,降低资金的使用效率和报酬率。但只要企业按照实际情况将内源融资和外源融资有机结合起来,就能筹措到更多更有效的资金。在外源融资方面,企业还可以采取吸收风险投资来扩大融资。所谓风险投资是指风险投资公司为有发展潜力但缺少资金的中小型科技企业提供最初的风险资本投入,待被投资企业进入稳定发展阶段,风险投资公司就通过股票上市或转让方式收回投资,获取利润。正确处理内源融资与外源融资的关系,解决企业发展资金不足给企业带来的障碍,是企业财务管理的外部功能的一个重要组成部分。

最后,不断提高投资管理水平,使企业"以钱生钱"。企业生存和发展的前景如何,在很大程度上取决于投资管理水平。企业投资管理,是对企业投资活动及其所形成的财务关系的组织与调节,是指企业如何以最合理的资金投入达到最佳配置企业财务资源,从而实现最大化投资效益的过程。企业财务管理通过对投资项目进行可行性预测分析,制定科学的投资战略,确定合理的投资比重和格局,将有限的资金投入到技术先进、竞争能力大、产品市场容量及可占市场份额大、回报率高的领域,切实实现价值最大化并降低企业经营风险。

2. 企业财务管理的道德风险

企业财务管理的最终目标是追求利益最大化,企业财务管理通过充分发挥内部理财和外部投资功能,能够不断为企业发展提供后续力量。但由于企业财务管理的复杂性使其面临着一定的道德风险,给企业乃至社会带来不少负面影响,因而研究企业财务管理道德风险的发生机制,加强财务人员道德风险防范对提高财务管理效率有着重要意义。

财务人员道德风险是指在财务业务过程中,由于财务人员的恶意行为或不良企图等道德问题,故意使财务风险事故发生或损失扩大,从而发生的财务风险。财务人员道德风险可分为职业道德风险和社会道德风险,前者是指财务人员不认真履行职责或玩忽职守造成企业损失,后者是指财务人员主观上具有强烈的不良企图和恶意行为,如贪赃枉法、徇私舞弊等给企业带来的巨大损失。

德国心理学家列温(K. Lewin)曾提出著名的行为归因公式:$B = F(P \cdot E)$,即人的行为是个人特性与外部环境共同作用结果。由此可见,财务人员道德风险是个人内在不良品质在财务管理环境中漏洞的刺激引诱下产生的。

首先,由于企业所有者与财务人员之间的委托——代理关系而产生道德风险。从本质上讲,企业所有者与财务人员间关系是一种委托——代理型的契约关系。在企业的任何契约中,由于各契约联结者的地位、分工、偏好、行动不同以及信息的传输、甄别和加工存在成本,导致某些契约联结者拥有私人信息,而其他契约联结者却不知情,或者某些契约联结者拥有的私人信息多于其他契约联结者。比如,企业管理当局比股东、债权人、政府管理部门拥有更多的财务信息、股东比债权人拥有更多的财务信息、大股东比小股东拥有更多的财务信息。而通常情况下,由于代理人处于信息的前沿地位,其信息获取以及依赖上总是比委托人更为有利。与企业所有者(委托方)相比较,财务人员(代理方)对市场信息了解更为充分,即存在信息不对称问题,由此会产生财务人员的逆向选择或称机会主义倾向,所谓机会主义倾向是指财务人员在与企业所有者的博弈过程中会采取隐瞒真实情况等不正直和不诚实手段来达到个人目的,其行为有投机取巧、见机行事、有意隐瞒和歪曲信息等,其具体表现就是财务道德风险。

其次,财务环境的复杂性及市场机制的转变带来价值观念、道德标准的变化,使企业财务管理人员面临困境而产生的道德风险。现实中的财务人员不仅工作在财务领域,更生活在社会大环境中,其工作作风与生活习惯不可避免地要受到社会各种不良因素的影响和干扰。在一个道德意识淡泊、公共意识低下、自我中心突出的社会环境下,财务人员的敬业精神与诚信意识必然受到影响。而且,财务人员本身就是企业的职员,其自身利益与所在单位的兴衰息息相关,单位收益的提高可能就意味着全体员工奖金的增加:而一笔贷款的获得,可能使企业起死回生,大家都不至于失去饭碗,但更多的原因还是出于对个人岗位、职位和待遇的维护。因为企业财务人员受聘、受雇于其所在单位,其衣、食、住、行、奖惩、升迁,均依靠其所在单位的任职及任职的业绩,但同时他又承担着为社会负责的义务,这种"双重身份"往往使他们陷入两难境地。企业财务人员一般知道应依法办事,能够遵守职业道德,但在当前经济体制转型的过程中,同时接受者计划和市场两种机制的作用,要适应原有和变化了的道德标准、价值观念和法定职责,在职业道德自我修养上,本来就存在着习惯上的新旧交替和矛盾,需要财务人员去适应和解决,如果遇到激烈的碰撞和对立,财务人员则深感困惑、茫然、不知所措。在现实的经济活动中,某些私营企业为了企业、个体的私利在市场经济法制尚不健全的条件下,违背规则,指令财务人员做假账编制虚假财务报告,偷税漏税、欺骗公众,财务人员明知违法,迫于生计为其服务,甚至串通作弊,同流合污。

调查资料显示,当财务人员在工作中,本着实事求是、客观公正精神,坚持原则处理财务事务,同单位负责人的意见产生分歧时,16.87%的财务人员认为应当做到坚持原则;21.86%的财务人员认为应直接按单位负责人的意见办;61.7%的财务人员认为应做好"技术处理"以使按单位负责人意见办。1998 年的成都红光实业股份有限公司编造虚假利润、骗取上市资格一案,就是在公司领导人的授意后,由财务部副部长陈哨兵具体组织实施的,他们将折旧方法由双倍余额递减法改为直线法;虚开增值税专用发票等到虚报利润 10805 万元,使得红光公司股票得以上市。

再次,企业财务人员自身道德素质欠佳造成企业财务管理面临道德风险。虽然我国关于企业财务管理法律法规的实施和社会精神文明建设使企业财务人员的道德水平上了一个新台阶,但现实生活中由于我国财务管理制度及专职企业财务人员的准入机制还不够健全,使得企业财务管理人员队伍良莠不齐,部分道德素质欠佳之人混于财务管理行列,当在工作中能够利用职务之便为自己谋私利时便违背道德准则去操作,有人将公司资金转移到个人账户,有人利用公款购房、购车,有人利用公款参与赌博,有人对于公务开销常常"少花钱多报账",这些都给企业造成一定的经济损失,同时也破坏了整个企业财务管理行业的道德水平。

最后,企业外部环境的变化使企业财务管理面临更大风险。随着企业所面临的金融全球化、知识经济和电子商务等财务环境的变化,企业所承受的财务风险进一步加大了。金融全球化和电子商务所产生的"网上银行"及"电子货币"将使国际间的资本流动更快捷,资本决策可在瞬间完成,这使得货币的形式及本质发生变化,从有形形态演化成无

168

形形态、从直接价值演化成间接价值等。知识经济将使信息传播、处理、反馈以及更新的速度大大加快。这些新变化都给企业带来了更多机遇,但电子商务业务的拓展,特别是金融性业务的拓展,往往容易出现一种严重的脱节现象,这就是业务发展与有效监督机制不能同步进行,业务和技术有新的发展,而有效的监督跟不上,一些信誉欠佳的企业在经济往来中就会出现投机现象,给企业财务管理带来更大风险。

3. 企业财务管理的伦理原则

现代市场经济是法律经济,通过对各种市场行为的立法、持法,规范正当的市场秩序,采用法律约束控制市场主体的行为,同时现代市场经济也是伦理经济,要求各经济主体必须道德经营、道德竞争,同时也为以德取财的企业提供了更多的机会和市场。孔子在回答子夏问政时说:"无欲速,无见小利。欲速,则不达;见小利,则大事不成。"①一味追求"利",可能反而得不到利,"以义取利",则会有持续的利益。而合乎道德的企业财务管理是充分发挥企业财务管理功能、不断增强企业实力、提高企业信誉度的必然要求。企业财务管理必须遵循以下伦理原则。

真实性原则。财务信息在整个社会的经济活动中处于基础性和中枢性的地位,它既是企业经营状况的直接反映,又是国家掌握宏观经济运行趋势的重要证据。当前我国企业财务信息失真现象异常严重,并呈不断蔓延之势。这一现象不仅造成了恶劣的影响,也给我国经济的发展产生了极大的负面作用。财务信息失真现象一方面破坏了我国的投资环境,严重影响了资本提供者的投资决策;另一方面破坏了正常的生产秩序,严重影响了生产经营者的财务决策和生产经营决策。尤其是上市公司的财务信息失真现象,已对我国社会环境的安定构成了严重的威胁。此外,财务信息失真现象还在很大程度上造成了国家税收和其他国有资产的大量流失。

真实性是企业财务管理的生命,是其价值所在。因为企业的资产

---

① 《论语·子路》。

及负债、流动性及偿债能力、收益能力以及现金流转等综合财务状况不仅直接涉及企业的财务管理,而且它同时也反映了企业的经营状况而涉及有关其他各方的利益。一方面,企业内部的管理决策要根据企业的财务状况进行,企业的管理制度、融资方式、投资领域、营销模式乃至企业文化都必须与企业具体的财务状况相适应;另一方面,企业外部的有关各方也要根据企业的经营状况进行决策,例如政府要根据它进行税收,银行要根据它决定是否贷款,股东要根据它决定是否对企业进行投资,投资市场上潜在的投资人根据它决定是否购买企业的股票等等。所以从企业伦理的角度看,根据经济效率与经济公平两大伦理原则,企业财务管理的一条最根本的伦理准则就是真实,即以实际发生的经济业务的合法凭证为依据,真实、准确地记录企业的财务状况和经营成果,尤其不得假造文件和账目,参与欺诈和其他不道德的活动。

第一,从经济效率的角度看,真实准确的财务信息是良好的财务管理的基础,虚假的不真实的财务信息会使财务管理做出错误的判断和决策,从而给企业管理带来重大损失,而且会严重地损害相关各方的利益。

第二,从经济公平的角度看,造假账、提供虚假的财务信息往往是为了某种目的而进行的欺骗,实质上一种侵害他人权益的欺诈活动。比如企业内的财务人员为了掩盖自己贪污或挪用公款的真相而造假账,就侵犯了普通纳税人的利益;企业为了获取一笔贷款需要提高净收益指标,财务人员就采取改变存货计价方法、折旧方法或者修改坏账比率等等,减少了其他企业获取贷款的公平竞争机会。

大量的信息是制定决策的前提,没有足够可靠、真实客观的信息,决策就会流于形式,走过场,起不到应有的作用。在企业,大量及时有效的信息来自用于反映企业经营状况的财务信息,它成为企业制定经营决策的重要基础,是企业市场营销决策、产品决策和技术改造决策的衡量标准。

新《会计法》规定:在企业内部,财务人员处理经济业务,必须按照国家统一的财务制度的规定对财务资料进行审核,对其合法性、经济性做出判断,对不真实、不合法的经济业务有权不予接受,并向单位负责人报告。对记载不准确、不完整的财务资料可予以退回,并要求按照国家统一的财务制度的规定更正、补充。为了保障企业内部人员及外部相关各方的利益,企业财务管理必须贯彻真实的原则,准确反映企业收支状况。

国家财务学院《财务诚信教育》课题组对 216 家总财务师的调查显示①,实事求是地记账、算账是财务人员最重要的职业道德(见表 1 - 1),这也说明社会对财务管理的首要要求是真实。

表 1 - 1　您认为财务人员有较高的职业道德水准是指

问项	回答人次数	所占比例(%)
遵守国家有关规定	110	35.95
实事求是地记账、算账	145	47.39
应当多为企业利益着想	42	13.72
听领导的话,为领导分忧	9	2.94

"真实性的标准在于财务处理的经济业务必须符合实际。"②如实记录企业财务信息、真实反映企业财务状况是企业财务管理的第一大原则。

互利性原则。交易本来就是互通有无的一种权利交换,在市场经济条件下,各企业之间只有互相尊重对方的平等主体性,贯彻互惠互利的交易原则,才能保证"游戏规则"的正常实施。企业财务管理不仅为企业统筹安排资金服务,作为社会的经济细胞,每个企业只有与其他企业"和平共处",才能利己又利他,实现"双赢"甚至"多赢",所以企业

第五章　企业财务管理道德问题

---

①　国家会计学院《会计诚信教育》课题组于 2002 年 1 月中旬至 4 月底,赴上海、武汉、沈阳、大连、北京等地召开了总会计师座谈会。期间,向参加五地座谈会的总会计师们发放了关于会计诚信问题的调查问卷。同时,通过中国总会计师协会向 23 个地区的总会计师协会分会发出了问卷,共回收了 216 份,代表了 216 家企业总会计师对所提问题的回答。

②　于玉林:"论会计的真实性",《天津财经学院学报》,1990 年第 1 期。

财务管理还必须兼顾企业内部其他部门、企业外部利益相关者以及竞争对手的利益。尤其在电子商务日益发展的今天,更要充分发挥其带给企业财务管理的便利性,而坚决抵制其带来的负面效应。电子商务是指利用互联网环境进行的各种各样的商务活动,如网上的广告宣传、咨询洽谈、资金划拨、交易管理、客户服务和货物递交等售前、售中和售后服务,以及市场调研、财务核算、生产调度等商务活动。电子商务的一个重要技术特征是利用 Web 技术来传输和处理商业信息,使用 Web 技术易于集成、沟通不同软硬件平台的信息系统,而界面统一、操作简单的浏览器是跨平台沟通的桥梁。电子商务可以大致分为 B to C、B to B 两大类:B to C(Business to Customer)指发生于企业与消费者之间,其最大特征为卖方运用互联网导购或服务,买方掌握消费主导权;B to B(Business to Business)指发生于企业与企业之间,侧重于企业网上协作、下订单,实现核心能力共享、业务合理化和成本削减。电子商务建立在传统贸易的优点和结构之上,又给传统贸易注入了新的活力,已显示出传统贸易无法比拟的优势。

电子商务给企业、消费者带来了更多便利。消费者可以借助网上的搜索引擎便捷地货比多家,购买到真正物美价廉的商品;企业商务电子化后,信息交流十分便捷,部门之间及其与外界环境之间的沟通成本大为降低,企业管理的许多中间层次不再重要;经济活动量大大增加,传统的金字塔式的等级制组织结构不利于企业的快速反应,取而代之的将是扁平化、分布式的网络结构。但是,电子商务的发展也使企业可以更便捷地窃取相关企业的财务信息,这就要求每个企业必须尊重竞争对手的合法利益,不得通过不正当手段获取有关信息。而且也要求企业财务管理部门在许可的范围之内,及时、准确地向企业管理者、股东、企业员工公布企业资金使用状况;不利用不正当手段窃取竞争对手的财务状况。

责任性原则。被誉为经营之神的日本松下电器公司董事长松下幸之助曾说:"经营非私人之事,乃公众之事,它是社会的公器。因此,要对社会具有责任感,要与社会共存荣"。同样,责任也是企业财务管理必须遵循的原则。

责任是指由一个人的资格(包括作为人的资格和作为角色的资格)所赋予、并与此相适应的从事某些活动、完成某些任务及承担后果的法律的和道德的要求。责任是一个非常重要的伦理范畴,江泽民同志说,责任重于泰山。从伦理学角度看,这是对责任内蕴所作的形象阐发。责任具有的伦理意义体现了道德实践精神内在要求,在道德关系主客体具备的前提下,道德主体还要依据社会所提供的道德规范积极行动,自觉地实践道德理想和道德目标。责任作为伦理范畴的实践精神规定是对道德主体更高层次的要求,是道德社会本质的内在规定。

在市场经济条件下,存在着利益主体多元化趋势,而多元化的利益主体的经济活动基本上是利益驱动所致的,这样,一笔经济业务所涉及的利益主体往往也是多元的,财务管理能否依法、真实地反映这些发生的经济业务,一方面直接关系到各利益主体的利益分配,另一方面会间接地影响国家税收、社会分配等方面,这就涉及社会公众的利益问题。在现代社会,经济主体之间相互影响、相互制约的局势越来越明显。企业的存在和发展,离不开政府、供应商、经销商、消费者、股东、投资商等等的共同发展。所以,企业有责任向利益相关者提供真实、及时的财务信息。因为有效的财务信息是各种契约关系存在的基础,也是评价契约履行情况的依据。如一个潜在的股东会依据企业提供的财务信息决定是否购买该企业的股票而成为其股东;一个持股者则会依据企业提供的财务信息决定是继续持有股票还是转让股票;一个潜在的债权人会依据企业提供的财务信息判断借款是否安全、利息是否有保障而决定是否提供债权资金;等等。再如目前对国有企业管理人员的考核,包括国有资产保值增值率等,主要是建立在财务信息基础之上的,同时财务信息还在相当程度上决定了管理当局及全体员工包括财务人员的经济奖励。

"没有基于道德感基础之上的责任感,任何职业都将失去它的社会价值:对于社会,它不能有效地实现职业职能、创造效益、组织社会结构、稳定社会的价值;对于个人,它不能长期谋生,进行个人技能的积累,为社会服务与做出贡献的价值。"①责任的道德内涵要求我们把责任性原则作为企业财务管理的重要原则。企业依其内在发展要求产生不同的部门分工而不同部门的人们具有不同的责任,由此决定责任者在实现责任的过程中,必须从企业的长远利益出发,做好企业财务管理,不造成任何资金浪费,并及时、准确地向各利益相关者及国家监督部门提供真实全面的财务信息。

二、企业财务管理中道德失范行为的主要表现

由于企业财务管理中存在较大的道德风险,如果不遵守伦理规则,就容易造成道德失范行为。企业财务管理中的道德失范就是违背会计职业道德和金融伦理的行为,目前主要表现为财务人员的违规、融资活动的混乱、企业兼并的恶意。

1. 财务人员的违规

会计活动是财务管理的一项基本活动,任何企业都要借助于这一活动,记录下企业的收入与支出以及两者的平衡情况,如企业的资产、流动资金、应收账目、盈亏等情况,来反映企业的财务状况,为企业的财务管理决策提供依据。财务人员在企业财务管理活动中居重要位置,他们的行为直接关系到企业内外各相关主题的利益所在。但随着改革开放以来,旧有的财务行为规范模式在一定程度上被否定或遇到严重破坏,逐渐失去对财务人员的约束力,造成一些财务人员在职业道德方面的失落,再财务会计事务处理上的违规,甚至于违法犯罪,主要表现在:

(一)少数财务人员职业道德败坏、沦丧、主动违法犯罪。

有的财务会计人员个人利益膨胀、故意伪造会计资料,监守自盗,

① 何清涟:《现代化的陷阱——当代中国的经济社会问题》,今日中国出版社 1998 年版,第 176 页。

或是利用职务之便贪污、挪用公款，以身试法。某事业单位会计王某，在担任会计兼出纳的十年中，利用各种手段贪污公款7272万元，是新中国成立以来某省最大的一宗经济案件，媒体报道时冠以"惊天大案"，许某已被判死刑。某房地产公司会计黎某，中专毕业，参加工作三年，利用单位财务制度不严密，贪污公款200万元。这些严重的违法犯罪行为虽是少数财务会计人员所为，但也反映出现阶段再市场经济条件下，在财务人员队伍中确有一些人职业道德沦丧，走上犯罪道路。

（二）相当一部分财务人员职业道德严重欠缺，违规现象严重，主要表现是：

（1）违反实事求是、客观公正的道德规范

第一，财务人员在工作中不实事求是，坚持原则处理财务会计事务

实事求是、客观公正是财务人员职业道德中重要的道德规范，而财务人员在工作中，一旦单位领导有要求，有指示，往往会有大部分人不会坚持原则处理会计事务，而认为应作好"技术处理"，按单位负责人意见办理。有调查表明，当财务会计人员面对这种要在坚持原则和个人利益、单位利益之间作出取舍两难的选择时，会有83.13%，甚至更多的会计人员在这两难选择中会舍弃职业道德原则。

第二，违规进行所谓的"技术处理"，欺骗单位外部会计信息使用者

所谓"技术处理"，就是再财务会计处理方法、财务会计科目使用，以及财务会计要素的确认、计算、记录上弄虚作假，掩盖问题，欺骗单位外部财务会计住处使用者，也就是我们所说的"做假账"。在大多数财务人员中，特别是一些中、老年财务会计人员，在领导的授意下，不得不帮单位弄虚作假时，表现出高超的技术处理能力，操作极具隐蔽性，易于逃避外部监督。例如海南民源股份有限公司（简称琼民源）董事长马玉和为树立琼民源公司在深圳证券交易所的良好业绩形象，以达到北京凯奇通信总公司发行10亿元人民币可转换债券，挽回该公司经营亏损的目的，授意该公司主办财务会计班文绍从1996年5月至1997年1月，违反国家关于公司经营管理制度和财务管理的有关规定和法

规,向股东和社会提供了 5.66 亿元的虚假利润和资本公积金,虚增 6.57 亿元的财务会计报告,从而误导广大投资者,造成"琼民源"股票交易停牌,严重损害了股东和股民的利益。

另据报道,国内的一些企业为了给个人或小团体骗取各种利益,经常备有几本账务,最多的竟然有七本账:一是虚增资信以贷款的"引资账";二是为偷漏税而设的"逃税账";三是应付工商行政管理部门的"年检账";四是应付财税大检查的"备检账";五是虚报浮夸的"邀功账";六是便于非正常开支的"账外账";七是只有法定代表人等少数人知晓的"实际营销账"。①

国家财政部 1999 年 12 月 22 日发布的第三号《中华人民共和国财政信息质量抽查公告》披露了 100 家国有企业 1998 年度财务报表审批结果。其中,81 家企业存在资产不实问题,共虚列资产 37.61 亿元;83 户企业存在所有者权益不实问题,共虚列所有者权益 26.12 亿元;89 户企业存在损益不实问题,共虚列利润 27.47 亿元。

(2)财务会计人员道德素质低,专业素质差

一些企业的财务会计人员做出违纪违规的行为时,大多数都是在自己职权范围内,出于主观故意,主动而为之的,这反映出相当一部分财务会计人员自身的道德素质偏低。还有不少的财务人员在工作中表现出记账不符合规范、账簿混乱、账账不符、报表挤数的现象。这些对财务制度知之甚少、专业技术能力差、职业胜任能力明显不够的财务人员,使财务会计的工作效率与工作质量大大降低。

2. 融资活动的混乱

要创办企业,就必须要有资本,企业的资本如同人体的血液,血液循环正常,人体才能行动自如、精力旺盛。资金充足并周转顺畅,企业才能充满省略、生机勃勃,它是企业发展第一推动力和持续推动力,而企业要不断做大,就必须进行有效的融资。

融资是资金融通的简称,是资金不知(超额投资)部门与资金剩余

---

① 参阅《新民晚报》,1997 年 7 月 31 日。

（超额储蓄）部门通过建立债权债务关系，使资金从剩余（超额储蓄）部门流向不足（超额投资）部门。融资有广义和狭义之分，广义的融资是指资金再攻击者与需求者之间的流动，这种流动是双向互动的过程，既包括资金的融入，也包括资金的融出。融入是指资金的来源，即常说的企业通过各种渠道筹集资金；融出是指资金运用，即用筹借来的资金投资于长期资产与短期资产。狭义的融资仅指资金的融入，指企业为了重置设备、引进新技术、进行技术和产品开发，为了对外投资、兼并其他企业，为了资金周转和临时需要，为了偿付债务和调整资本结构目的。通过筹集和集中资金，企业融资又包括外源融资（企业从外部）和内源融资（企业内部自我组织和自我调剂资金）。企业的筹股可以在私人或企业之间进行，但要搞大，就往往要到证券市场上去筹集。企业的借债，则主要是通过银行贷款，或者也可以通过证券市场发行债券。

　　企业融资是扩大企业资金的有效途径，但在现实的融资活动中，常常存在各种不道德融资行为，其实质是，融资者利用他们与投资者的信息不对称状况，以各种欺骗的手段来进行融资，诱骗投资者对不利于投资者或有很大风险的项目进行投资，用别人的钱财来填补自己的窟窿。其典型的表现有，企业造假账从银行骗取贷款，虚假利润以骗取"上市"资格；企业和金融中介机构或单独或联手，采用违法违规的内幕交易、"庄家"操纵市场、"对敲拉升"、"造势做局"等手段，制造虚假的股票价格信号，在诱骗中小投资者上套后"逃逸"，以牟取暴利。比如"大庆联谊"1996 年改组为股份制企业并进行新股发行、上市等运作。在此期间，将成立时间倒签到 1993 年 9 月 20 日。并且于 1997 年 3 月，黑龙江证券登记有限公司向中国证监会提供了虚假股份托管证明和虚假法人股金、资本公积金、虚假企业的报告；为通过有关部门的审核，大庆联谊公司虚报 1994 年至 1996 年企业利润 1.6176 亿元，并将大庆国税局一张 400 余万元的缓交税款批准书涂改为 4400 余万元。1997 年 11 月 25 日，大庆联谊公司职工股在上海证券交易所上市交易。股票上市后，大庆联谊虚报 1997 年企业利润 2800 万元，4.3 亿元筹集资金没有按招股说明书中承诺的用于齐齐哈尔富拉尔基油田等四个建设项目,而是大量被挪作他用。

3. 企业兼并的恶意

所谓兼并(merger),《大不列颠百科全书》解释为:"指两家或更多的独立的企业,公司合并组成一家企业,通常由一家优势企业吸收一家以上的公司。"企业兼并的方法有:用现金或证券购买其他公司的资产;购买其他公司的股份或股票;对其他公司股东发行新股票以换取其所持有的股权,从而取得其他公司的资产和负债。

从发达国家的历史与现状看,经济的发展和国家的强大,同大企业的形成是一个过程。美国著名经济学家、诺贝尔经济学奖获得者乔治·斯蒂格勒在《通向垄断和寡占之路——兼并》的论文开篇说:"没有一个美国的企业兼并不是通过某种程度、某种方式的兼并而成长起来的。"作为一个大国如果没有国际驰名的大企业,就没有强大的产业竞争力,也绝不可能成为 个经济强国。

经过 30 多年的改革开放和经济高速增长,中国已经成为一个产业大国,中国市场参与国际市场的融合程度越来越高,巨大的市场空间为企业的规模行为提供了有力的需求条件,大企业、大集团之间的强强联合,是世界产业结构调整进程中的重要趋势。

就目前我国企业而言,企业兼并模式主要有四种:

(1)净值购买式。即兼并方一般以现金为支付条件购买目标企业的整体产权。

(2)承担债务式。即目标企业的资产等于债务时,兼并企业以只承担债务的方式将其兼并过来,目标企业的整体产权等于债务时,兼并企业以只承担债务的方式将其兼并过来,目标企业的整体资产归入兼并企业,其法人主体地位和经济主体资格同时丧失。

(3)吸收股份式。即被兼并企业将资产作为股份投入兼并方,成为兼并企业的股东,被兼并企业作为经济实体不复存在,其债务由兼并企业承担。

(4)投资控股式。即兼并企业通过购买目标企业的股份进而控制目标企业,被兼并企业仍然存在,且仍具有法人资格,兼并企业作为新股东对目标企业的原有债务权仍以控股股金承担责任。

　　当前,企业兼并的主要动因是为了追求效率效益和实施多元化战略。如果生产同种产品的两家企业合并,就能利用规模优势降低成本,获得效率效益。有些企业并购原材料或零部件的供应企业是为了节约中间成本,而多元化经营可在经济衰退时帮助公司渡过难关。因为在市场货币紧缺时,产品需求弹性大的企业可能会比产品需求弹性小的企业受更大的损失。这种情况下,集团企业可以用在一种行业获得的利润弥补另一种行业的损失。

　　典型的兼并过程如下:由于估计被兼并的企业在兼并后会提高效率,因此兼并者会提供一个超出被兼并企业的市场价(股价)的价格,向原有的股东购买其手中的股票,从而达到控制被兼并企业的目的,而原有的股东则会为了利益抛出股票。企业被兼并后原有的管理层一般会被撤换,并在新的管理层领导下进行重组,常见的情况是,其中不需要的一部分资产会被出售,以支付购买价,而属于不良资产的部分往往会被关闭,随之人员被解雇,因此企业的重组或兼并在很大程度上是一个资产重组或财务管理的过程。

　　企业的重组或兼并有善意与恶意两种,前者指双方自愿的合并,后者并非双方自愿的兼并。在企业的恶意兼并过程中,会出现兼并与反兼并的活动。一方面,如果企业在重组中有一方不愿意被兼并,例如成为兼并目标的企业的管理层会担心,企业被兼并后自己可能推动原有的位置,那么变会采取一些行动来防止被兼并。另一方面,兼并的一方也会采取各种手段来减轻反兼并的阻力,促使兼并的成功。

　　在现实中,这些兼并与反兼并的手段中出现了一些在道德上有争议的财务行为,它们有可能对各种利益相关者产生严重的后果,因此便成为是否应当在经济法规中立法禁止的议题。这也是企业的重组或兼并的道德评价所要考虑的一个问题。

　　在企业兼并过程中带有的恶意手段有三种:

　　其一,软敲诈(Greenmail)

　　"软敲诈"是一种以盈利而非兼并为其真实目的的恶意兼并手段。

所谓"软敲诈"是指,某些投机者表面上装出要收购企业,于是(按法律的要求)购买了一家公司5%以上的股票并宣布打算接管该公司,但它们的真实动机并不是要收购企业,而是用手中已掌握的股权来对企业的管理层进行"合法的"敲诈。因此它们在公开宣布打算接管该公司的同时又私下里于该公司的管理层接触,要求该公司出高于市场的价格把这些股票买回去:要么用高价收买股权,要么我在接管企业后解雇你们!

其二,金降落伞(Golden Parachutes)

"金降落伞"是一种促进收购的兼并手段。所谓"金降落伞"是指,在兼并过程中,兼并者向被兼并企业的主管们保证:如果兼并成功,那么企业的主管们虽然要被解雇,但他们同时会得到大笔补偿——有时候每个主管都能得到一笔高达百万元的补偿。

其三,杠杆收购(Leveragcd Buyouts)

杠杆收购是一种反兼并的手段。所谓"杠杆收购"是指,某些经理人员由于害怕企业被兼并后自己被解雇,于是他们就设法——或者联合企业外部的投资者——根据企业的资产发售债券,然后用出售这些债券所得的钱买断企业的股票,使一家公众公司(或称上市公司)变成私人公司。

这种做法的实质是,企业用债券来代替公众持有的股票(业主产权或者自有资本)。但这样做会使企业在经济萧条时期更加容易倒闭,因为通过筹股建立起来的公司如果赚不到钱,可以不付红利,但靠发行债券建立起来的公司即便不赚钱,也要支付利息,否则就要破产。显然,由于面临被兼并的企业往往经营状况不良,因此这种债券一般低于投资水平,风险较大,所以被称之为"垃圾债券"。而为了吸引投资者,它的回报率往往定得很高,这又加大了它的风险。

合乎道德的兼并动机与手段会导致良好的结果,成功的企业兼并在客观上能起到提高效率的作用,从而符合经济效率的伦理原则,而不合乎道德的兼并动机与手段往往会导致恶劣的结果,以上的三种恶意兼并手段从企业伦理的角度看都是不道德的,目的都是以各种不正当的诈骗手段牟利,导致各种利益冲突,包括企业所有者、管理人员及员工利益冲突,并使得以提高效率为动机的兼并不一定会达到提高效率的结果,甚至会造成各种社会经济问题。

三、企业财务管理中不道德行为的防范

企业财务管理中的不道德行为会给企业、社会带来一定的损失,所以一定要充分利用法律与道德的双重作用来防范企业财务管理中的不道德行为。江泽民同志曾明确指出:"我们在建设有中国特色社会主义,发展社会主义市场经济的过程中,要坚持不懈地加强社会主义法制建设,依法治国,同时也要坚持不懈地加强社会主义道德建设,以德治国。"对一个国家的治理来说,法治与德治,从来都是相辅相成、相互促进的。二者缺一不可、也不可偏废。法治属于政治建设、属于政治文明,德治属于思想建设、属于精神文明。二者范畴不同,但其地位和功能都是非常重要的。我们应始终注意把法治建设和道德建设紧密结合起来。① 江泽民同志的论述实质上强调了,现在社会的法制对构建和维系社会政治、经济秩序具有重大意义,法制构成了覆盖全社会的主导作用。而仅仅依靠法律手段不足以解决经济生活中的所有问题,因为"经济不仅仅受经济规律的制约,而且也是用有人来决定的,在人的意愿和选择里总是有一个由期望、标准观点以及道德想象所组成的合唱在起作用。"所以在重视法治作用的同时,也绝不能忽视道德的力量,注重德治在维系社会政治、经济秩序中的重要作用。"依法治国""以德治国"是加强企业财务伦理建设的指导思想。

萨缪尔森曾这样对中国记者讲过:在当今没有什么东西可以取代市场来组织一个复杂的、大型的经济。问题是市场是无心的,没有头脑的。它从不会思考、顾及什么。无独有偶,1990 年诺贝尔经济学奖获得者、美国纽约市立大学教授马维茨也这样对记者讲过:市场没有心脏

---

① 《人民日报》,2001 年 6 月 29 日。

和大脑,因而不能指望市场自身能够自觉地意识到它所带来的严重的社会不平等。在经历了一味追求利润、一味追求经济效益所带来的负面影响后,人们逐渐认识到市场经济不仅需要经济,更需要伦理,经济伦理、制度伦理、企业伦理应时而生。企业作为社会有机体的细胞,它的生存、发展不只需要物质投入,同时也需要社会的人力资源、文化资源、安全保障、法律保障、良好的社会秩序等等。因此,企业除了追求利润最大化、向社会做出经济贡献之外,还要履行社会责任、体现企业的社会价值。在美国,有人提出"公司公民"(Corporate Citizens)概念,认为公司要依法经营、以德经营,正确处理公司利益与社会利益之间的关系,寻求有效的途径使小我(公司)与大我(社会)达到完美的统一,这正是对企业社会价值、伦理价值综合要求体现。"毫无疑问,对于经济尤其是市场经济来说,道德意味着一种约束、一种限制。但这是一种合理的和必要的限制。更重要的是,合理的约束或限制不仅仅是为了建立和维护某种秩序,而且也有助于创造一种有效的秩序和运作。"[1]

在中国普遍出现信用危机之时,加强企业伦理建设必须与加强法律建设齐头并进。而且行为归因公式也启发我们防范财务人员道德风险一方面要注重满足其正当要求以降低产生不道德行为的内在动力,同时应大力加强财务管理环境建设,堵塞管理漏洞,使得个别财务人员即使主观上想发生不道德行为,客观上也不具备条件。

1. 严守财会人员道德

恩格斯指出,在社会生活中,"实际上,每一个阶级,甚至每一个行业,都有各自的道德。"[2]普通的道德准则不可能涵盖不同职业的方方面面,职业道德应时而生。所谓职业道德,就是同人们的职业活动紧密联系的、具有自身职业特征的道德准则和规范。职业道德虽因人们的劳动方式、职业特点不同而有不同,但它的作用却是一致的:约束人们的职业行为,保证人们的职业行为守法、守德。财会人员的职业道德就

---

① 万俊人:《寻求普世伦理》,商务印书馆 2001 年版,第 556 页。
② 《马克思恩格斯选集》第 4 卷,人民出版社 1995 年版,第 236 页。

是保证企业财务管理人员行为守法、守德的道德准则。

人是决定生产水平的关键因素，"其他生产力要素是由于人的参与才使其成为生产力。劳动者本身和劳动工具、劳动对象的能量发挥大小和好坏与劳动者的品性即对人和社会的负责精神有直接关系。劳动者的责任心强，劳动工具就能最大限度地发挥能量，劳动对象也就能最好地被利用职权。"①尤其在现代市场经济条件下，人力资源的作用更是日益凸显。然而，人的能力固然重要，但其道德素质更重要，因为高度的责任心能使其更好地发挥自己的能力，而且能够充分发挥其他劳动要素的价值。

在市场经济条件下，人力资源是企业各种资源中最宝贵、最活跃的因素，也是使起其他资源充分发挥作用，使企业在竞争中生存和发展的最重要的物质基础。而企业中的财会人员担负着特殊而重要的责任，其道德意识与道德水准更是关乎企业利用资金、增强实力、不断发展壮大的重要因素。所以加强企业财务管理的第一大任务便是严守财务人员道德。财务职业道德的形成取决于财务职业的产生，它是财务人员在长期的职业活动中逐步形成和总结出来的，用以调整财务人员与社会之间、财务人员个人之间、个人与集体之间职业道德，是主观意识和客观行为的统一。

在市场经济条件下，竞争机制和企业成为独立的经济实体，使得财务活动中所涉及的各种经济关系日趋复杂，而且这些经济关系的根本是经济利益关系，尤其在我国经济转轨时期，经济实体的利益与国家利益，与社会公共利益的矛盾尤为突出。财务职业道德允许个人和经济实体合理、合法地获得自身利益。但是反对不合理地获取违法利益，反对损害国家和社会公共利益。财务职业道德可以配合国家的其他各种措施，来调整职业关系中的这种利益关系，兼顾各方面利益，维护正常的经济关系。

我国素有"礼仪之邦"的美称，有着悠久漫长的历史和辉煌灿烂的

---

① 王小锡："道德与精神生产力"，《伦理学》，2002年第3期，第59页。

文化,"仁义礼智信"已经成为我国人民普遍遵循、崇尚的行为准则。早在革命根据地时期,中国共产党就注意到财务职业道德建设。我国财务界老前辈潘序伦先生创办了立信财务学校,造就了立信精神,构造了立信财务模式,"信以立志,信以守身,信以处世,信以待人,毋忘立信,当必有成"。"立信"乃财务之本,没有信用就没有财务。我国春秋战国时代的伟大思想家孔子也曾说过:"财务当而已矣"。其中的"当"字的意义之一是"当财务的也必须按照财制的要求行事,当收则收,既不可少收,也不可超越规定的标准多收。当用则用,既不能以少用违礼,也不能违反财制要求滥用。总之要做到俭不违礼,用不伤义,一切应力求适中,适当,适可而行,适可而止"。① 可见,早在那个时代就渗透着依法理财,客观公正的财务职业道德的要求。

184

综观国际上一些先进发达国家的会计职业道德,如 1980 年 7 月,国际财务师联合会职业道德委员会拟订并经国际会计师联合会理事会批准,公布了《国际财务职业道德准则》,规定了正直、客观、独立、保密、技术标准、业务能力、道德自律等七个方面的职业道德内容。1983 年 6 月 1 日,美国管理会计师协会的管理财务事务委员会发表一份公告,概括了管理会计师的职业道德行为准则包括:正直、客观、独立、遵从、保密、披露相关性、职业的胜任能力。日本、英国、德国虽然没有明确的财务职业道德准则,但从其文化特性、公司法、财务准则及其规范中可以认知其财务职业道德的要求。

尽管不同的国家因经济发展程度不同,社会制度和经济体制各异,使其财务职业道德有一定的差异,但也有许多共同点,只是实施方式和管理方式不同而已。我国《财务基础工作规范》根据我们的国情和现有的财务职业道德规范,结合国际上财务职业道德的一般要求,规定了财务人员职业道德的内容为:敬业爱岗、熟悉法规、依法办事、客观公正、提高技能、搞好服务。

目前,企业财务管理方面存在的诸多问题大都与执业人员道德水

---

① 郭道扬:《中国会计史稿》,中国财政经济出版社 1992 年版。

平偏低有关。正如国际财务师联合会（IFAC）前总干事 John Gruner2002 年 8 月 26 日在北京"注册会计师职业道德研讨会"上所说的"我们所有的人都已经意识到财务这个职业现在正处于相当大的压力之下。最近的财务危机始于美国，但是其影响却是全球性的。它使我们受到了很多谴责——缺乏公司治理和内部控制、财务和审计准则不足、无效的企业模式以及会计师和审计师自身的问题等等。然而，我经常想，最终的罪魁祸首不正是职业道德的沦丧吗？"

加强财会人员道德建设是保证企业健康发展、不断壮大的有力措施。同时也有利于财务领域反腐倡廉、纠正行业不正之风的开展。

朱镕基总理在 2001 年 10 月 29 日在考察北京国家会计学院时指出，现在经济生活中许多贪污受贿、偷税漏税、挪用公款等经济违法犯罪活动，以及大量腐败现象，几乎都与财会人员做假账分不开，这已经成为严重危害市场经济秩序的一个"毒瘤"。要从根本上解决这个问题，除了强化法制、严格管理，还必须加强财务人员道德建设。朱镕基强调，"不做假账"是财务从业人员的基本职业道德和行为准则，所有财务人员必须以诚信为本，以操守重，遵循准则，不做假账，保证会计信息的真实、可靠。

财务人员身份的特殊性，往往使他们面临着很多诱惑，这就更需要高水平的道德素质来保证行为合法。因为他们置身于企业中，其利益与本部门和本企业息息相关，部门收益的提高，可能意味着包括财务人员在内全部门人员年终奖金的增加；而一笔贷款的获得，可能使企业走出破产的边缘，大家都不至于失业，这便会使财务人员处于两难境地。俗语讲，"顶得住的站不住，站得住的顶不住"，可以算是对财务人员这种两难境地的一种形象的描述。而严守职业道德是他们面对可以对诱惑说"不"的力量来源。

外因是变化的条件，内因才是变化的动力，外在规范的他律，实际上是作为道德主体的自律的生成条件而存在，真正的道德行为，最终须依赖于行为主体的道德自律，所以加强经济主体的道德意识、增强他们的道德自律能力是进行企业伦理建设的突破口。规范财务人员职业行为的规则主要体现在各种财经会计法律、规章、制度之中,但在强调运用会计法规、法令、纪律的完备性总是相对的,再完善的法制也会存在某些"空隙"和"疏漏"。假如财务人员没有良好的财务道德自我约束,他们就会利用财经会计法律的某些不完备的条款,干各种损人利己的勾当,想方设法搞投机、钻空子。

人的行为是在思想指引下产生的,如果没有从思想上把一件事重视起来,那么就很难会尽心尽力去做它。"没有基于道德感基础之上的责任感,任何职业都将失去它的社会价值:对于社会,它不能有效地实现职业职能、创造效益、组织社会结构、稳定社会的价值;对于个人,它不能长期谋生,进行个人技能的积累,为社会服务与做出贡献的价值。"①财务不是被动地适应各方面对财务信息的需要,而是通过提供财务信息,能动地影响决策行为。

康德曾说:"有两种东西,我们愈时常、愈反复加以思维,它们就给人心灌注了时时翻新,有加无已的赞叹和敬畏:头上的星空和内心的道德法则。"②只有企业财务管理人员真正将外在的规范约束转化为内心的自我评判标准,才会在实际工作中不断增强责任意识,积极地对自己的行动进行意志约束,恪守职业道德底线,保证在企业财务管理过程中不掺杂私人利益因素,才能发挥积极的影响作用。

2. 完善财务管理制度

在由计划经济向市场经济转轨的过程中,财务环境的频繁变动,使会计法规的建设明显滞后,而且现行《会计法》中还残留着不少计划经济体制下的内容,不能适应市场经济发展的需要。这样,在新旧法规之间就存在"真空带"。具体分析有以下几个方面:

(1)《会计法》中的内容有的落后于经济现实,有的缺乏可操作性。例如在市场经济条件下,财务人员的双重身份就无法实现;单位领导人

---

① 何清涟:《现代化的陷阱——当代中国的经济社会问题》,今日中国出版社1998年版,第176页。

② [德]康德:《实践理性批判》,关文运译,商务印书馆1960年版,第164页。

如何对财务数据的合法性、真实性负责也不明确。

（2）财务准则体系不完善。只有制定科学、规范的财务准则，才能对企业财务核算和信息披露进行严格规范。1992年11月颁布的《企业财务准则》，随着社会主义市场经济体制的建立和逐步完善，已显现出一定程度的不适应。到目前为止，具体财务准则也只出台了八项，其中六项还只在上市公司中实施。随着市场经济的发展，新的经济行为、新的经济业务、新的市场工具不断涌现，财务准则的缺位就使财务事项的确认、计量和报告带有很大的弹性。

（3）会计法规之间不协调。基本财务准则与具体财务准则之间，具体财务准则与行业财务制度之间，财务准则与财务通则之间，财务准则与税收制度之间都存在不协调甚至矛盾、冲突的地方。会计法规体系内部的不协调，必然会增大经营者、财务人员与监管部门、社会公众之间的"博弈空间"，增加全社会的交易成本。

因此，应结合我国当前实际情况，建立和完善会计法规体系以及发挥注册会计师的审计监督作用，修订和完善《会计法》，会计法是财务工作的根本大法，对其与新的经济形势不相适应的地方加以修订，使之真正成为具体财务准则的准则，加快具体财务准则的研究和出台步伐，以尽早形成与国际财务惯例相协调并体现中国当前市场经济发展特点的企业财务准则体系，对企业财务核算和信息披露进行严格规范。要大力发展注册会计师事业，完善现有的注册会计师组织管理体制，建立按企业机制和注册会计师行业特点运行的新的财务师事务所体系，从制度上保证注册会计师的独立性和公正性。要对企业财务行为实施严格监管，加大抽查面，以增大舞弊被发现的几率，对舞弊的单位领导和财务人员应给予严厉处罚，通过实施增大违规风险和违规成本的制度来引导、规范企业行为。

博弈论中有一个著名的模型叫"囚徒困境"，意为制度有着与法律和道德不同的巨大效力，有效率的制度不仅会减少直接监督、法律制裁等方面的成本，而且可以通过对个人利益的尊重，消除当事人损害他人利益的不良动机，促进其良好道德观念的形成，使人性中善的一面体现出来。财务人员道德风险与企业管理的规范化程度有关,管理越规范,漏洞越少,则发生财务人员道德风险的可能性越小;反之,则不能不使财务人员产生利用管理契约中赋予的权力进行寻租的行为。防范财务管理人员道德风险的制度设计应该在承认个人利己动机的前提下,设计一套约束规则,这些制度规则是框架性、原则性的,它仍为财务人员在不违犯制度的前提下谋求个人利益留下了空间。

靠国家强制力执行的法律是社会政治、经济秩序的保证。春秋时代的墨子对法律的作用曾有过明确论述:"天下从事者,不可以无法仪,无法仪,而其事能成者无有。虽至士之为将相者皆有法,虽至百工从事者亦皆有法,百工为方以矩,以圆为规,直以绳,正以县,无巧工不巧工,皆以此五者为法。巧者能中之,不巧者虽不能中,放依以从事,犹逾已。故百工从事,皆有法所度。"①

在当今社会,法律法规仍然是保证市场经济正常运行的有力手段。因为市场经济的"游戏规则"是一切经济主体机会平等、公平竞争,但利益驱动会诱使一些人用各种方式来违反这些游戏规则,导致竞争的不公平,这就需要法律来约束行为主体的市场行为。而且在一般情况下,市场行为主体是有某种公共道德的,但是现代社会激烈的市场竞争是无情的,昔日的成功者可能在一夜之间就变成债台高筑的失败者。这时,虽然他仍可能心存道德,但求生存的侥幸心理会驱使他践踏人类的一般道德准则,以此来逃避破产的命运,这就需要外在的法律威慑力来"迫使"经济主体行为不偏离轨道。

邓小平曾说:"制度好可以使坏人无法任意横行,制度不好可以使好人无法做好事。"如果社会的法制不健全,社会生活主要依靠道德调节,那么道德没有法律的强制性和权威性则会事倍功半或甚至劳而无功。据中国会计学会组织财政部1999重点财务科研课题研究组的调查结果显示,有41.42%的人认为,道德规范同法律条款相比,对人们的作用,道德是无力的;有75%的人认为对不讲职业道德的财务人员

---

① 《墨子·法仪第四》。

处置太轻,有25％的人认为根本没有处置。我国1993年修正的《中华人民共和国会计法》对违法财务行为的制约,缺乏强制性和操作性,客观上不得制约违法财务行为的滋生蔓延,又使财务人员抵制违法财务行为时,缺乏法律保障。正像有的财务人员面对弄虚作假的授意、指使、强令而承认自己行为有失职业道德时所说:"法律都管不了的事,我们的道德更无能为力了。"

提高企业财务管理伦理水平,除了财务人员恪守职业道德之外,还必须不断完善企业财务管理制度。(见表3－1)

表3－1　你认为挽救财务行业"信誉危机"关键在于

问项	回答人次数	所占比例(％)
严惩造假者	54	17.41
加快相关法规的建设	126	40.67
改善执业环境	92	29.67
进行诚信教育	38	12.25

1999年颁布的《中华人民共和国会计法》第39条规定:"财务人员应当遵守职业道德,提高业务素质。"

会计法是我国社会主义法律体系的重要组成部分,是为了调整和处理财务工作与各方面关系而制定颁布的法律、法令、条例的总称。具体的主要有《中华人民共和国会计法》、《企业财务报告条例》、《企业财务制度》、《总财务师条例》、《财务人员工作规则》、《财务人员岗位责任制》。《会计法》明确规定:"为了规范财务行为,保证财务资料真实、完整、加强经济管理和财务管理,提高经济效益,维护社会主义市场经济秩序,制定本法。"[1]

除了法律之外,很多国家还制定了一系列关于财务管理的条例制度,如全美注册会计师协会(AICPA)制订了三个规则:"通行财务原则"(GAAP),"通行审计标准"(GAAS)和"职业道德准则"(COPE)。

---

[1] 《中华人民共和国会计法》,经济科学出版社2001年版,第2—13页。

中国企业财务管理的道德水平亟待提高,而不断完善企业财务管理制度则是提高财务管理水平的关键和有力保证。因为:

首先,加强企业财务管理制度建设可以规范企业财务管理行为。有了明确的法律界定,企业财务管理的运作就有章可循,对于某种行为是对是错以及有否有利于整个财务管理行业的规范就有了统一的评判标准,不至于出现对同一行为褒贬不一的现象。

其次,加强企业财务管理制度建设可以保障合作企业的权利。如果某一企业在与其他企业合作过程中,为了自身私利而不遵守企业财务管理制度,提供虚假的财务信息,就会误导合作企业,使其遭受损失。通过加强企业财务管理制度建设可以切实保障合作企业的权利不受侵犯。

190

最后,加强企业财务管理制度建设有利于稳定整个财务管理行业的运作秩序。企业财务管理有了明确的运作秩序和行为规范后,就不会出现企业之间互相侵占权利、利益的现象,这有利于整个企业财务管理行业的有序运作。

通过加强财务管理制度建设,有利于尽快形成企业财务管理行业的道德规范。因为以法律保护道德的企业财务管理行为,为守德经营的企业提供更多的支持与帮助,同时,以法律手段惩处企业财务管理中的不道德行为,使企业与财务管理人员为不道德经营付出代价,这就能够以强制手段维护企业财务管理行业的道德状况。

3. 优化资本运营环境

马克思曾经说过:资本的本质在于运动;资本一旦停止运动,就生不出"金蛋"来。正是由于资本的运动性,才使资本得以积聚、积累和集中,出现了全球经济的高速发展。

资本运营是指作为经营主体的企业,围绕实现企业利润最大化和资本的保值增值,通过重组、收购、兼并、参股、交易、转让、租赁等多种途径,进行优化配置、有效运营的高层次经营方式。

从我国目前资本运营的现状分析,由于种种原因,资本运营的活动还难以大规模有效地开展,主要问题在于:(1)没有权责明确的国有资本运营主体。我国企业产权虽为国家所有,但至今仍未明确由谁代表国家行使国有产权,没有明确的资本运营主体,使资本运营工作难以展开;(2)企业决策者对资本运营缺乏动力,甚至有抵触情绪,根源在于现行的干部管理体制,由于企业领导与管理者的提升、名誉、待遇等跟资本运营效率无直接联系,因此,他们一般没有出售企业或是兼并企业的动机;(3)国有资本运营的行政指令现象严重。资本运营应借助于市场来完成,这是市场规律所决定的,而我国现实情况则是不少地方政府站在行政命令角度,或出于地方保护主义,或是完成形式上改制任务的考虑,并购、重组,不但没有形成规模效益和集团优势,达到资本运营目的,反而由于搞"拉郎配",使亏损企业没救活而盈利企业被拖垮的现象。这就要求,社会通过优化资本运营环境,为企业提供更便利,更有效的资本获取途径和投资渠道,可以更好地防范企业财务管理漏洞。

一、良好的资本运营,能提高资产质量,加快企业扩张速度,促进企业现代化制度的建立

企业要建立现代企业制度,其目的并不是简单地改变企业原有的组织形式,而是要通过改组,建立多元化投资主体,广泛吸引国有、集体、个体、外贸等多种经济成分,或通过并购、联合、出售等产权交易,实现存量盘活、资产盘活、优势资产膨胀,提高资产运营效率。

二、良好的资本运营,能开拓和完善金融市场,构建良好的金融调节机制

金融市场的完善程度,对提高企业经济效益,实现财务管理的良性循环有着重要作用。因为,在社会主义市场经济条件下,金融市场作为企业筹资的场所,能反映企业的分布状况和供求关系,决定着筹资的难易程度。可想而知,如果没有一个完善的金融市场,企业根本不可能科学的安排资金的筹集和使用,根本无法实现资本结构的优化和闲置资金灵活自如的投资,特别是不利于大规模地吸收社会资金,影响获得规模效益。因此,为了给企业创造良好的资本运营环境,必须花大力气、有计划、有步骤地开拓与完善金融市场。

4. 加强外部监督和惩治违规力度

除了加强财务管理人员道德素质的提高、财务管理法律法规的健全和资本运营环境的优化之外,加强外部监督对于减少公司财务管理中不道德行为所带来的负面效应和及时预防其发生也有着一定的现实意义。外部监督,首先在监督范围、监督内容上应有合理的分工,各司其职。各监督部门应认真搞好部门之间的协调配合,处理好监督检查的交叉、重复和执法疏漏的矛盾,要加强社会监督的力量,具体可以采取以下措施:(1)财政部门应加强对会计师事务所执业质量监督,发现问题及时纠正,并根据情节追究有关责任,对中介机构造假行为要加大处罚力度。不断完善注册会计师制度,因为注册会计师制度在维护财务报告可靠性、防范财务报告粉饰等方面发挥着经济警察的作用。(2)健全企业董事会建设,进一步完善独立董事制度;(3)充分发挥监事会的作用或根据需要设立审计委员会,负责聘请注册会计师并对公司经营和财务活动进行审计监督;(4)完善或出台有关法规,鼓励涉及上市公司的购并行为,若公司出现经营状况不佳,或被发现财务信息披露虚假等,可能陷入被收购的境地;(5)形成经理人的代理权竞争机制,逐步培育经理市场,使得股东能够及时在经理市场挑选合适的人选取代不称职的管理人员。(6)加强对会计证的管理,以保证持证财务人员真正具备从事财务工作的能力。同时,结合会计证的年度检查,对全国的持证财务人员进行注册登记,建立道德行为档案。对在各种财政、审计、税务检查中,提供虚假财务信息的财务人员,进行量化计分,在会计证所检时根据档案记录,采取相应的措施。

仅仅有完善的制度并不能完全保证企业财务管理的合法性,加大对违规行为的惩治力度从另一个侧面来保证财务管理的高效性和合法性。"有法不依"比"无法可依"更坏。通过有力的惩治,使违规的成本大于违规的预期收益,那么"理性人"就会选择守法经营。

同时,还可以充分利用社会舆论的力量来防范企业财务管理中不道德行为的发生。因为社会舆论作为人们行为的外在道德法庭则可以行使监督、内化的作用。所谓社会舆论,从最一般的意义来说,就是指一定社会或社会集团中,相当数量有组织或无组织的从某种传统、经验、信仰或愿望出发,自觉地或自发的在或大或小的社会范围内,表达、传播、交流关于某一现象、事件、关系、行为和人物的评价性看法和倾向性态度。黑格尔曾对社会舆论进行过精辟的分析,他说,公众舆论是人民表达他们意志的意见的无机方式。① 黑格尔认为,社会舆论是普遍与特殊的统一,是以偶然形式表达出的带有普遍性的东西。"社会舆论的力量往往是权力、习俗和风尚所不及的。"②"人言可畏、众口铄金",就极其形象的展现舆论的巨大作用。《晋书·王沉传》曰:"自古贤圣,乐闻诽谤之言,听舆人论。"③社会舆论与财务制度建设、内外部监控及财务人员自身道德建设紧密结合,标本兼治,就可以有效杜绝企业财务管理中不道德行为的产生。

我国经过 30 多年改革开放的风雨历程,在政治、经济、文化等各个领域都取得了举世瞩目的成就,也逐步确立了一个大国的地位,这已是不争的事实。我国成功加入世界贸易组织,融入了国际经济大循环。30 多年的经济改革,应当看到,随着国际市场竞争的日益激烈和管理水平的不断提高,中国经济要在全球化和经济一体化的国际市场竞争中发展,一方面应在宏观上把握经济的运行规律,搞好宏观调控;更重要的是要在企业层面提高管理水平,包括加强企业管理伦理建设。

"没有道德的交易是一种社会罪恶"④,众多企业的成功证明企业伦理是市场经济运行的一种有效调节方式,尤其目前中国关于企业财务管理行业具体法律法规不够健全的情况下,加强伦理道德建设显得更加任重而道远。

良好的企业财务管理是保证企业不断盈利的有效途径,是推动整

第五章 企业财务管理道德问题

---

① [德]黑格尔:《法哲学原理》,范杨、张启泰等译,商务印书馆 1961 年版,第 331—334 页。

② 李连科:《价值哲学引论》,商务印书馆 2001 年版,第 131 页。

③ 转引李建华:《德性与德心》,教育科学出版社 2000 年版,第 32 页。

④ [德]赫尔穆德·施密特:《全球化与道德重建》,柴方国译,社会科学文献出版社 2001 年版,第 155 页。转引自王小锡。

个社会经济发展的强劲动力。促进企业财务管理道德水平的提高是一项长期而艰巨的任务,需要企业财务管理人员不断加强自身道德素质建设,需要社会不断改善企业财务环境、加强法律法规建设和内外部监控力度。

第六章
商业银行信贷中的道德风险

商业银行使以获取利益为目标,以经营金融资产和服务为手段的综合性、多功能的金融企业,由于其在金融机构中经营范围最广、规模最大,因此扮演着最为重要的角色。而信贷业务是商业银行资金运用的最主要形式和利润来源的主要渠道。这项业务的开展不仅关系商业银行的生存和运转,而且发挥着重要的社会职能:按照货币流通规律确定信贷规模,为国民经济提供一个良好的货币供应环境;适时进行调节,促进国民经济协调稳定发展;加强信贷管理,促进企业节约使用信贷资金,提高经济效益。而商业银行现代道德风险的存在将严重影响信贷业务的正常进行,从而削弱商业银行的获利能力,阻碍商业银行发挥其重要的社会职能。本文将从商业银行信贷道德风险产生的原因、过程和形成的要素出发,对这种道德风险的预防机制进行研究,力图找到行之有效的控制商业银行信贷道德风险的措施和方法。

一、道德风险的定义及分类

最近,随着一系列商务交易中互相欺诈行为浮出水面,被公之于众,人们对于商业中的道德问题给予了越来越多的关注,"道德风险"这一名词也愈来愈频繁地为人们所提及。什么是道德风险,其与其他的风险又有何不同,它有哪些类型,又是怎样被度量的呢?

1. 风险与道德风险

风险是复杂系统中的重要概念,不同的领域有不同的工作定义。对风险的描述最早源于经济领域。经济学家莱特(Knight)认为风险是这么一种情形:一种行为可以导致几种相互排斥的不同结果,而每一种结果都有已知的概率,如果这些概率是未知的,这种情形就包含了不确定性,风险就产生了。① 戴维森(Davison)则认为如果支配所面对的问题的过程是遍历的,可归结为风险问题,如果不是遍历的,就是不确定性问题。② 统计学家沃尔德(Wald)从他研究领域的角度对风险进行了描述,他认为风险就是当采用一个特别的决策函数时,由于最终决策的错误而产生的预期行为成本和预期损失之和。③ 而精算师特腾斯(Tetens)在年金保险中第一次精确地用数学定义了风险概念,他建议将风险描述为平均偏差的一半(one half of mean deviation)。④ 总而言之,风险的起因是与未来有关的不确定性的存在。一般把不确定性分为两类:一是产出的不确定性,这里的产出是指选出投入要素将要获得的结果。这类不确定性的起因主要是人们对自然过程与生产过程知识的不完全。二是价格的不确定。这里的价格是出售产品能够得到的结果。这类不确定是由于其他人或市场将如何反应是不确定的。风险是未来结果的不确定性产生损失的可能性。风险与不确定因素的不确定性程度有关,也与收益函数的性质有关。从事后角度看由于不确定因素而造成的损失,必然发生的事件造成的损失,可以看成必要开支,而不是风险。风险主要造成的损失有:降低风险所需的开支;因考虑风险而失去的机会成本;为应付潜在损失而准备策略所需成本及风险发生所造成的直接损失。

道德风险近来成为人们最为关注的风险之一。道德风险是最早在保险业中被发现的一种现象,即一个人购买保险之后,就会产生一种依

① 丁义明、方福康:"风险概念分析",《系统工程学报》第 16 卷第 5 期。
② 同上。
③ 同上。
④ 同上。

赖心理或思想上的麻痹大意,以至于降低了买保人防范风险的努力;或投保人不诚实行为、不良企图或敲诈行为对保险公司利益带来损失的可能。经济学家由此把涉及契约或合同的其他经济领域本质相同的问题归结为"道德风险"问题。人们对道德风险有着不同的理解,因此道德风险的定义也并未完全趋于一致。有人认为道德风险(moral hazard or moral risk)是指从事经济活动的机构(个人)在最大限度扩大自身效用同时做出不利于其他机构或个人的行为。根据国际货币基金组织出版的《银行稳健经营与宏观经济政策》中对道德风险的定义,道德风险是指当人们将不为自己的行为承担全部后果时变得不太谨慎的行为倾向。该定义把"人们不为自己的行为承担全部后果"作为道德风险产生的原因,认为这将使人们的行为变得不谨慎,从而道德风险不可避免地产生了。从信息经济学的角度看,道德风险源于非对称信息的存在。非对称信息是指某些参与人有另一些参与者不拥有的信息。从非对称信息发生的时间看,可能发生于当事人签约之前,也可能发生于签约之后。这两者分别称为事前非对称和事后非对称。信息经济学更多地将事后非对称模型归为道德风险模型,即事情达成后,双方中的一方不得不面对另一方从事自己不期望活动的可能,而这些活动将伤害自己的利益。中国最早提出"道德风险"概念的经济学家之一,北大光华管理学院的张维迎教授就认为道德风险是"信息不对称"的结果。而另一些学者则从文化层面上寻找道德风险产生的原因。中国著名经济学家吴敬琏与汪丁丁认为传统道德共识的瓦解与法治意识的缺乏是道德风险产生的温床。他们认为由于市场经济不是中国传统文化中原发性的产物,而是带有强烈继发性的"舶来品",因此与中国社会势必有一个漫长的磨合过程。就金融业而言,当资金成为稀缺资源时,"权利寻租"就会在这一领域活跃起来。一旦通过不正当的手段可以获得利益且代价很低时,道德风险就产生了。

笔者认为,道德风险虽然最早作为一种经济现象出现,但其本身就是超越经济范畴的概念。道德风险涉及行为人或机构的道德不确定性。因此道德风险是利益主体间一方由于将自身利益最大化而忽视自己的道德责任与道德义务,给其他利益主体带来伤害和损失的可能。

　　风险作为一个表示未来事件不确定性的概念,有三大性质。首先是风险的普遍性。所谓风险的普遍性,是指风险存在于未来各个事件之中。道德风险也不例外,其存在于几乎所有人类活动之中。道德风险的普遍存在是基于人类道德的嬗变。就个体道德而言,其主要取决于个体的道德知识和道德意志。道德知识的丰富是相对的,因为道德标准的确立是随时代、环境和人们生活、思考习惯的变化而不断变化、发展、完善的。相对与不断丰富、更新的道德知识,人们的道德观念和意识总是在道德惯性的作用下显现出一定的滞后。而且如上文所言,个人对道德知识的吸取受到其文化环境、道德与生活经历的影响,很难保证人们接受的道德知识都是正面的、健康的。个体道德知识的局限和其变动过程使得人们有建立与社会道德原则不符的内在道德之可能,道德风险也就因之产生。而人的道德意志也并非一成不变的。"道德意志,实际上就是对自己的道德行为进行道德抑制"。① 抑制自己行为的能力与人的精神状态、外界环境是紧密相连的,人的精神状态、外界环境是波动变化的,人的道德意志也会出现不稳定。人们也就完全有可能在一定的条件下控制不住欲望和恶念,使自己的行为不道德。可以看出,任何人都有为恶的可能,即便是现在看来最道德高尚的人,我们也无法保障他行为的轨迹永远道德。正是如此,道德风险存在于几乎每一个人类参与的未来事件之中。其次是风险的突发性。风险是客观存在但是不确定的。风险的突发性是指其发生常常是随机突然的。道德风险的发生也往往是出人意料、使人措手不及的。道德风险的突发性表现于不道德行为发生的突然性。从理论上来说,任何人在任何时候都可能违反道德标准与原则,破坏社会或他人的利益。当然,我们不能因为道德的相对性就否认个体道德的客观存在和稳定性。亚里士多德认为道德源于人们的习惯。虽然这一论点遭到了怀疑和争

① 曾钊新、李建华:《道德心理学》,中南大学出版社 2002 年第 1 版,第 53 页。

论,但我们不得不承认道德有着内在的惯性。一贯遵守社会道德原则和道德准则的人当然违反道德的概率要小于那些经常违法乱纪者。正如在分析道德风险的普遍性所说的,任何社会都在变化与发展之中,人们的道德也在动态中形成或更新,特别当遵守道德有损于自己眼前的利益时,降低自身道德准则的欲望会更加强烈,因此,每个人都面对着道德理性与心灵的斗争,是斗争就会有胜和负的可能。当人们预期到欲望的强烈而采取措施压制它时,人们的道德理智往往取得胜利,因此,对道德的违反常发生在人们忽视或放松对违反道德原则意念的抑制之时,一旦道德风险发生,就经常让人出乎意料。而即便对于那些信誉狼藉的人有所防备,我们也很难知道其萌发违背道德动机的时间和条件。特别是人们违反道德的冲动则可能在瞬间形成并爆发,如在道德风险分类中将提到的纯道德风险,这就使得道德风险爆发的突然性更为明显。再次就是风险的损害性。这是指风险的发生一般都会造成所发生领域或相关主体利益的损失。较之于其他的自然风险或纯经济风险,道德风险所造成的损失覆盖面可能更广,所造成的负面作用也更难消除。道德风险是一种综合性风险,它产生于精神与物质两个领域,也就意味着道德风险将在这些领域内造成损失,就如在分析社会精神道德风险和经济道德风险时所谈到的。在社会层面,道德风险显现出一种传染性。一旦一个行为个体利用社会制度、规范或执行惩罚的漏洞为自己获取了利益,就会对其他个体的道德心理产生负激励作用,使整个社会不道德行为发生的几率增大。因此一旦道德风险产生,往往在一定时期内使风险加速增加。这种道德风险的传染性比道德风险本身对社会构成更大的威胁。道德风险的这种损害性为无数事实所证明,在近期表现得尤为明显。2001 年世界能源巨头美国安然公司在会计人员做假账所引发的道德风险中轰然倒塌,最后不得不申请破产保护。而更为糟糕的是,我们看到道德危机在整个会计、财务行业中蔓延,一个安然倒下后,不是另一个安然站起来,而是包括世界著名企业世通在内的多家行业巨头的相继破产。而仅在安然公司倒闭过程中,其他企业直接受其影响而遭受的损失就达十几亿美元,其中杜克集团损失了 1 亿美元,米伦特公司损失 8000 万美元,迪诺基损失 7000 万美元,而为安然提供无担保贷款的 J. P·摩根财团则损失高达近 5 亿美元,而花旗银行的损失也与摩根财团相当。而更大的损失则来源于道德风险给人们带来的对整个上市公司的不信任。受安然等一系列道德风险爆发的影响,2001 年在《财富》杂志评出的世界 500 强企业中,297 家利润出现下滑,500 强的总营业收入不及 2000 年的一般,是《财富》杂志评选 500 强活动开展以来的最低谷。道德风险的损害性由此可见一斑。

除上述一般风险性质之外,道德风险通常还具备本能性与互联性两个特性。人做出有悖于社会道德的行为,都是出自人的本能。人脱离理性的情感宣泄是人的自然本能,如"纯道德风险"的形成,就完全是满足制造风险的"本能需要",也可以说是欲望所产生的后果。这一点应该是没有异议的。而对于投机道德风险,可能会有人认为是一种理性风险。我们应该看到,在人的经济理性状态下,以最小投入获得最大利益是人的一种本能;通过追求最大化的个人利益,使自己能够生存发展,并获得为人类社会尽力的能力是人的义务。对利益的追逐同样是人在一种理性假定中的本能,在追求利益的过程中使人与他人、与社会共同发展才是人的理性。人追求最大化利益的本能常引起驱使自己形成忽视和违反道德的冲动,在违反社会道德而逐利的过程中,人的行为已脱离了道德理性的控制,是在求利本能的驾驭下完成的,而市场的同生缺陷又使这种行为有现实发生的可能。因此,道德风险具有本能性。道德风险不是孤立存在的。个体不道德行为的可能性将使得其他风险形成发生的概率也随之升高,这就让道德风险具有互联性的特征。这一点在论及道德风险的损害性时就已经谈到了,道德风险在个体,特别在同行业中有极强的传播和扩展性,一个方面道德风险的产生经常造成其他方面道德风险的发生。而且道德风险与其他风险密切相关,当行为主体有不道德倾向时,其行为往往会在所活动的领域增加其他的相关风险。如当一个基金负责人私自违规利用基金资金为自己谋利时,基金的流动性风险和相关的财务风险都被提高了。可见,相互关联性是道德风险的又一个重要特性。

2. 道德风险的分类

道德风险根据发生的领域可分为社会精神道德风险和经济道德风险。社会精神道德风险是指在社会生活中可能道德行为的不确定性。这种道德行为的不确定性既可以指作为行为主体本身的可能道德行为的不确定性,也可以指一种社会措施所可能引起的社会可能道德后果的不确定性,而且这种不确定性主要又是立足于其可能的结果及其潜在的危险性而言的。社会精神道德风险的来源主要是社会公共生活中所采取的行为措施,尤其是具体的制度体制安排,重大行为措施选择,对社会道德状况、价值取向、社会成员精神面貌、行为风尚可能产生的重大消极影响。社会道德风险几乎存在于所有社会行为之中,这些行为包括个体行为与群体行为,政府行为与民间组织行为。相比较经济道德风险,社会精神道德风险所形成以及形成后持续的时间跨度都更长一些。因为社会精神道德风险发生于人的思想意识领域,是人对于所发生行为进行道德认知的过程。人们对所发生的具有道德意义的行为或事件进行道德认知常经历四个阶段:知觉,就是对事物整体的、形象的、外表的反应;唤起,就是把某种行为和事物由静态转化为动态或者激活态;选择,是道德认知结构由于被唤起而进入"工作"状态;内化,是经过选择后的道德新知进入道德认知结构,从而使新旧道德知识在结构中发生联系,这是道德认知结构积极主动的活动过程。① 从道德认知所经历的四个阶段,我们可以看出,行为或事件中非道德或不道德信息对人的影响是一个相对较长的过程。而一旦人们形成这种道德风险,内化了不道德的道德新知,要消除它们同样是一个长期的过程。同时,我们还发现,社会精神道德风险有双重性。首先是社会行为本身的非道德或不道德信息有误导社会成员道德观念的可能;其次,社会成员有从社会行为中误读出不道德信息的可能,这就形成了第二重社会精神道德风险。对事件或社会行为的理解人是千差万别的,他们看待

---

① 曾钊新、李建华:《道德心理学》,中南大学出版社 2002 年 1 版,第 67—68 页。

问题的视角也是多种多样的,从不同的视角对信息进行解读,就极有可能得到不同的答案。如政府为建立或维持社会平衡所采取的政策和措施。一旦这些政策掩盖由于勤奋、努力和智慧的差异所带来的差别时,有的人就会渐渐忽视勤劳这一美德,形成平均主义的观念,从而降低社会的运行效率。由于社会精神道德风险是一种人们的道德意识发生错误改变的风险,其又是引发其他道德风险的来源之一。因为,人们一般是根据自己头脑中所形成的观念和意识来指导自己行为的。一旦人们内心的道德观念被误导,原有的道德标准和原则遭到破坏,那么其行为的不道德可能性也就大大增强了。经济道德风险则是指道德行为的不确定性所造成的经济损失的可能。上文中从信息经济学的角度对道德风险的定义实际上就是指的经济道德风险。社会生活包括社会精神生活与经济生活,作为生活最基本的两大构成方面,它们是相互依赖、相互影响的,两者之间有着密不可分的联系。在任何领域发生的道德风险一般都会在社会生活各方面造成损失或引起消极影响。如社会精神道德风险的产生往往伴随着人们对待生活态度的变化。在一个充斥者平均主义的社会,懒惰这种不道德的行为习惯就会蔓延开来,使人们对社会整体产生严重的依赖思想,最终使社会经济停滞不前,造成巨大的经济损失。由于懒惰对经济发展的阻力是显而易见的,因此,懒惰思想延伸的过程本身就提高了社会的经济道德风险。而社会经济道德风险同样会给社会精神方面以重大的冲击。一个很明显的例子就是经济活动中欺骗性的增加导致社会诚信的缺乏和人们相互信任程度的下降。人们在经济行为中故意隐瞒、虚报信息的行为会使信息接受方产生对所有接受信息的怀疑。为了不使自己在信息了解中处于劣势,人们会越来越倾向于最大限度地保留已知信息。这样,一个信息的隐藏怪圈便形成了,人们所看到的情况就是:人们变得越来越封闭,越来越不愿甚至害怕与他人交往,造成社会的信任危机。可见,社会精神道德风险与经济道德风险是有着很强的关联性的。

而根据道德风险中利益与风险主体的关系可分为纯道德风险与投

机道德风险。纯道德风险是指风险的行为主体在无法增加自身利益的情况下行为不道德而造成损失的可能。也就是说,纯道德风险是为制造风险本身而形成的。这种风险是不受任何理性驱使所形成的。在研究人的活动中,人这一群体往往被赋予理性的先决条件。如在经济研究领域中,所有的活动主体都被赋予所谓的经济理性,成为"经济理性人"。"经济理性人"都是自利、利己的。亚当·斯密在《国富论》中指出:"一个人可能有高尚的仁爱情怀,但不等于说他就愿意以低于市价的价格出卖其商品,或以高于市价的价格购买商品。我们有饭吃有酒饮,不是因为面包师和酿酒师的仁爱,而是出于他们的自利打算。"①阿马蒂亚·森则断言经济活动之所以存在,经济人的经济理性存在是最主要的原因。他说:"如果不是自利在我们之中起了决定性作用,正常的经济交易活动就会停止。"②在这些理性假定中,人的行为都应该是目的明确、在理性智慧的驾驭中进行的。经济理性人所追求的目标就是在资源稀缺的社会中用最小的代价实现自己的利益最大化。显然,在人的利己理性假定中,脱离个人利益目标的行为是难以被理解的。但假定是为了研究某一方面的规律而被人为加上的一种限制条件,是一种理想化的状态。阿马蒂亚·森曾言道:"由于理性行为这一概念作为'媒介'来解决实际实际行为预测问题是否有意义仍有争议,因而这里就存在一个相当根本性的问题:即使标准经济学关于理性行为的描述被认为是正确的,从而被人们普遍接受,也不意味着就可以肯定,人们一定会实际地按照它所描述的理性行为行事。因为沿着这条道路走下去,我们会遇到种种显而易见的困难,尤为明显的是,我们都会犯错误,我们常常要做实验,我们有时会感到困惑等等。这个世界的确是由哈姆雷特、麦克白、李尔王和奥赛罗组成的。冷静的理性充满了教科书,但是,现实世界却更为丰富多彩。"③在现实生活中,人是理性与非理性

---

① [英]亚当·斯密:《国富论》,杨敏年译,陕西人民出版社2001年版,第18页。

② [美]阿马蒂亚·森:《伦理学与经济学》,王宇、王文玉译,商务印书馆2001年版,第24页。

③ 同上书,第17页。

的统一体,既有理性的一面,也有非理性的一面。除了理性,人性中还包含情感和欲望等要素。亚里士多德提出"人是理性的动物"这一命题,也并没有否定除理性外其他人性的存在。只不过亚里士多德传承并发展了柏拉图的观点,强调理性是人之为人的最重要的特性,是人与其他动物最大的区别。柏拉图认为理性在人性中占有统治地位,当激情服从理智保卫心灵和身体不受外敌侵犯,而欲望也甘受理智的统治和指导时,人便可看做是正义的。提出"人是理性的动物"这一命题的亚里士多德认为人的善存在于人的功能之中,而人的功能就是心灵的合乎理性或需要理性的活动同时,他明确地指出人的心灵有两个部分——理性部分和非理性部分。既然人性中有非理性的成分,那么人就完全有脱离理性的驾驭、在情感的宣泄和人性阴暗面指挥下行动的可能。纯道德风险形成的根本原因就是行为个体理性的缺乏。纯道德风险主要出现于以下两种情况:一是行为主体的欲望没有得到满足;一是人性中丑恶驱动力的爆发。人的欲望得不到满足会直接导致行为主体对利益相关主体和利益发生条件、环境的怀疑和不满。而这些情绪的积累会使被柏拉图称为狮子的激情拥有更大的力量,一旦爆发,就往往摆脱理性的缰绳,造成损人不利己行为的发生。而人性的善恶是没有定论的。性善论者和性恶论者各执一词,争辩不休。客观地说,人性既有善的一面,也有恶的一面。当外界的压力有所减弱或外界约束力不强的环境中,人性中恶的一面就常常扩大、膨胀,使人产生恶念或行恶的冲动。在这种情况下,人们就会忽视行为的意义和后果,满足自己"为恶"的欲望,从而产生纯道德风险。纯道德风险由于是因为行为人丧失基本理性所造成的,因此在风险发生的过程中突然性的特点十分明显。如柏拉图所言,欲望就如同一只多头怪兽,除非加以人为控制,否则无法满足。而人的冲动在每时每刻、每个地方都有爆发的可能。因此,纯道德风险的形成过程很短,经常成与转瞬之间,令人防不胜防。投机道德风险是指风险主体为增加自身利益而行为不道德的可能。人在多数情况下是受利己或经济理性控制的。人的本性中有趋利避苦的一面。在利益的驱动下,人们很容易忽视外界环境的制约和相关行为主体的利益,在手段和方法的采用上只考虑利益目标的实现和现实利益的获得,而漠视客观存在的一般社会道德标准和原则,从而引发投机道德风险。当然,我们在这里必须直面一个问题,并给予它正面的回答,即一个具备且只具备了利己理性,或经济理性的人是否就可以被称为一个理性的人?答案是否定的。就如人会走路、觅食,但并不是所有具备走路和觅食能力的动物都是人。一个理性的人不但要有经济理性,而且要受到道德等理性的制约。否则,我们就会得出一个荒谬的结论———一个因为一己私利而践踏道德的人是理性的。投机道德风险是道德风险的主要形式。投机道德风险也形成于两种情况:一是行为主体在追逐自身利益的过程中由于道德知识的缺乏或道德认知的差异,使得与自身行为不符或违背社会一般道德原则的可能性增大;一是利益主体从一开始就把对利益的追求放到"至高无上"的地位,将任何阻碍其扩大私利的因素都视为不可接受的,漠视道德约束、甚至将之放于行为的对立面,违反道德的几率自然就被提高了。更有甚者,其追逐利益行为过程的本身就建立于违反社会道德原则与标准的基础之上,利用违反道德来实现其个人利益。第一种情况下的投机道德风险基本上属于"无意识投机道德风险"。如某人在耕种自己的土地时,为使自己的土地更肥沃、产量更高,在不知情的状态下使用化学肥料或添加剂,结果造成耕地周边他人土地的贫瘠和减产。"无意识"的投机道德风险并不是行为主体有意为之的,但这并不意味着这种投机风险的危害较其他道德风险更小;相反,其经常造成巨大的社会或经济损失。第二种投机道德风险基本属于有意识的投机道德风险,即行为主体在增加自身利益的过程中清楚地知道行为的性质,有意地对社会一般道德标准进行违反。如有的企业从自身利益出发,不安社会要求和业内标准改进生产技术,明知生产方式会对生产者和周围环境造成不利影响和后果,仍然我行我素,置他人与社会利益于不顾。而有的利益主体直接以不道德行为作为获利手段。如政府工作人员利用职务之便收受贿赂,或利用职权干预其他领域活动为自己积攒财富、扩大利益。

根据道德风险的形成主体则可分为主观道德风险与客观道德风

险。主观道德风险是指风险主体制度体系中存在的或由于自身道德不确定性形成的道德风险。主观道德风险的形成取决于行为主体的道德水准和道德约束的力度。事实上，任何道德约束的方法、制度、措施都是相对完善，而实际上都存在不足、缺陷与漏洞的。道德约束机制客观的绝对不完善性就给不道德行为留下了发生的空间。因此，在主观道德风险的形成过程中，行为主体道德意识发挥着决定性的作用，他们是主观道德风险的施动体者，主动承担着道德风险的责任与后果。客观道德风险是指利益相关主体不道德行为而造成风险主题损失的可能。大多数社会和经济行为都不能由行为主体单独完成，它们往往牵涉各种其他利益体，构成复杂的行为和利益关系。当其他利益参与者的道德无法得到保证的情况下，行为主体就不得不面对由于利益相关者的不道德行为所带来的损失的可能。也就是说，利益相关主体的主观道德风险使得其他利益参与者承担了客观的道德风险。在客观道德风险中，风险承担者是被动的，是风险形成的受害主体，被迫对风险的后果承担责任。除了在利益关系中只含有单一主体的道德风险，绝大多数道德风险都包含主动道德风险和被动道德风险。或者说，有客观道德风险的行为中必定包含主动道德风险。显而易见，有道德风险的被动承受者，就必定有道德风险的制造者，对于不同的风险主体，主观道德风险与客观道德风险是相互转化的。如企业拖欠应还贷款而借款人带来损失的可能。这种可能对于借款人是客观道德风险，而对于企业则是主观道德风险。事实上，在一定条件下，主动道德风险与客观道德风险有相互扩大的趋势。因为行为中利益相关主体都有使自己利益最大化的倾向。一旦其中一方使用不道德手段使道德风险形成，就会刺激利益其他方，使他们产生报复心理，他们使用非常规或不道德方式进行自我保护或谋取利益的可能性也就相应提高了。此时，道德风险的被动承担者很有可能又成为道德风险的主动制造者。可以看出，主观道德风险的形成可能会降低整个行为应遵循的道德准则，造成主观与客观道德风险循环扩大的危险状况。

道德风险对国家主要经济组织——商业银行运转构成巨大威胁。

道德风险现已成为商业银行主营业务——商业银行信贷中的主要风险。有人对商业银行信贷道德风险做出这样的定义："商业银行信贷道德风险是指商业银行信贷从业人员在自身需要(有时是合理的)得不到满足的情况下,受思想状况、道德修养、价值取向的影响,为一己私利,未使所处理业务最优化从而故意使贷款资产处于风险状态或形成损失的可能性。"[①]显然,这一定义将信贷业务从业人员作为道德风险形成主体,忽视了借贷者的道德缺失使信贷资产损失的可能及商业银行作为社会组织和经济企业不履行或不完全履行自身道德责任、义务的可能。因此,商业银行信贷道德风险是由于信贷利益各方道德不确定性使信贷内部或外部利益遭受损失的可能。在此需要强调的是,利益不仅仅局限于经济利益,而是包括相关的公共利益;利益的范围不仅仅局限于信贷业务本身,而是包括社会的整体利益。

商业银行的道德风险主要包括以下几种主要类型。从道德风险形成的主体不同可将商业银行信贷风险分为内部道德风险与外部道德风险。内部道德风险是指由于商业银行信贷管理内部或从业人员所造成的道德风险。根据对商业银行道德风险的定义,因为银行缺乏信贷道德价值体系或道德原则而在不符合社会道德要求的情况下进行信贷业务而造成社会利益损失的道德风险;或由于商业银行外部环境或人员道德缺失所造成的道德风险则属于商业银行信贷中的外部道德风险。

从道德风险的形成动机不同,可分为纯商业银行信贷道德风险和投机商业银行信贷道德风险。纯商业银行信贷道德风险是指信贷业务操作或涉及主体处于自己情绪的失控状态,或出于对商业银行、信贷对象、信贷业务及信贷相关人员的不满,在无法实现或得到自身利益的条件下行为不道德而造成信贷相关主体利益损失的可能。而投机商业银行信贷道德风险是指信贷业务操作主体或人员为实现或扩大自己的利益,使用非正规和不道德手段使信贷相关主体蒙受利益损失的可能。在投机

---

① 文纯青:"商业银行道德风险论",《金融风险管理——济南金融》2001 年 2 月号。

商业银行信贷道德风险中,还包括信贷业务主体从自己利益出发,忽视自己所担负的社会职能和责任,从而给社会整体利益带来损失的可能。

3. 道德风险的程度

由于道德风险的发生将导致损失的产生,因此就必须对其程度进行评估和测量。现在并没有一套公认的评价道德风险的方法体系。实际上,对道德风险进行量化评级是存在很大困难的。因为首先,道德是无法准确地由数量来表示的。道德是调节社会人与人之间关系规范的总和。每个人由于所受文化教育环境的不同,形成不同的道德观念和道德水平。对个人道德的评价只能用"高尚"、"一般"、"低下"或"有道德"、"没道德"这样的模糊定义。道德的高尚和卑劣都是没有上限或下限的,而且从低劣道德到高尚道德之间是一个无级的过程,因此就难以对道德进行量化。其次,道德风险与其他风险间有着很强的关联性,道德风险的形成爆发一般都会引起其他风险的发生。也就是说,道德风险影响的范围是巨大的,这也就使测量道德风险显得更加复杂。而就商业银行信贷来说,道德风险所直接引起的不良后果基本上会通过商业银行资金的变动表现出来,这就使评价道德风险程度成为可能。对商业银行信贷道德风险的测量可以借鉴相似风险的评价方法。特别是保险合同中的风险程度评价模型。这是因为,对道德风险的研究最先开始于保险领域,保险合同风险模型能大致反应道德风险的信息。另一原因就是商业银行信贷业务与保险业务同属于金融业务,两者在资金运作本质上基本趋于一致,在业务操作和管理方面也有相似之处。在对一般保险风险进行估算时,最常用到的有这么几种古典风险评价模型。[1] 在特腾斯提出的风险衡量模型中,将字母 P 定义为签订保险合同时被保险人支付的保险费。将字母 X 定义为在保险合同有效期内,如果约定的事件发生,被保险人得到的补偿。$F(X)$ 描述 X 的概率分布。保险理论的主要目的是确定保费 P 与 $F(X)$ 之间的关系,即费率 P 如何随着 $F(X)$ 的变化而变化。一对 $(P, F(X))$ 可以看成一种风险投资,保险

---

① [挪威]卡尔.H·博尔奇:《保险经济学》,庹国柱等译,商务印书馆 1999 年版。

合同最简单的形式是将给予被保险人在约定事件发生时向保险公司索赔数额 S 的权力。为了得到这分权力，被保险人给公司支付保险费 P。特腾斯把风险定义为：$R = 1/2\int [x - p] dF(x)$，积分的范围是从零到正无穷。伯劳利（Bernoulli）则用期望效用来衡量风险，他的想法是：保险公司在所有保险合同中有编号顺序，该顺序则用一个效用函数来表示，预期效用越大，则在合同偏好中的排位越高。而隆德伯格（Lundberg）提出了集体风险模型。[①] 他将保险公司看成一座不断有保险费流进又不断有赔款流出的大坝。在这个模型中，有三个要素：以 $P(0,t)$ 表示的在 $(0,t)$ 这段时间内所收取保险费的总价值；以 $q(n,t)$ 表示的在 $(0,t)$ 这段时间发生的 n 次赔款的概率；$G(x)$ 表示的如果一次索赔发生，赔款不超过 x 的概率，同时假定 $G(x)$ 与 n、t 独立。然后找出赔款在 t 时间内的分布 $F(t,x)$，算出在 $(0,t)$ 时间内的期望赔款 $Ex_t = \int xd_x F(x, t)$，积分范围从零到无穷。设 A 为在时间内的额外费用，则保险公司在时间内收取的保费为 $P(t) = (1 + A)t$，根据保费收入与期望赔款的差估算出风险程度。在这些模型中，我认为特腾斯的模型更适用与商业银行信贷道德风险的测量。在这套测量方法中，我们可以把 X 看成道德风险发生所造成的直接经济损失——即商业银行的贷款资金损失，$F(X)$ 可以根据借款人的以往借款记录进行计算。将 P 看作信贷业务中商业银行可能获得的利润。则特腾斯所描述的风险 R 就可以大致反映商业银行信贷道德风险的程度。

二、商业银行信贷道德风险的特点

道德风险作为风险的一种特殊类型，除了具备一般风险所具有的普遍性、突发性、损害性外，还具有本能性与互联性两大特性。而作为形成、作用于经济领域的商业银行信贷中的道德风险，与其他道德风险相比，又有其自身的特点：

---

① ［挪威］卡尔.H·博尔奇：《保险经济学》，庹国柱等译，商务印书馆 1999 年版。

1. 商业银行信贷道德风险中道德关系的复杂性

这种道德关系的复杂性性首先体现于信贷行为所扮演角色的多样。商业银行信贷既是一种经济行为,同样也是一种社会行为。信贷是一种借贷行为,它是以偿还本金和付息为条件的特殊价值运动。作为一种经济运动,它必须在经济道德的轨道上运行。经济道德基本包含两重含义,一是必须遵循等价交换原则,二是利益最大化原则。这种利益是商业银行自身的局部利益。信贷作为商业银行面对外部的行为,其涉及的范围和影响都是社会性的。而作为社会行为,就要服从社会道德要求。除履行社会道德规则外,更重要的是要追寻社会道德价值目标。也就是说信贷活动应有利于社会的发展、稳定和社会整体利益的增加。

商业银行道德风险中道德关系的复杂性还体现于银行在信贷中道德角色的多重。从经济内容看,信贷就是债务人与债权人由借贷而形成的债权债务关系,体现着一定的社会生产关系。银行信贷是银行的存款、贷款、结算等信用业务的总称。因此在商业银行信贷过程中,存在着复杂的道德关系。首先是商业银行债务债权间的道德关系。在商业银行信贷业务中,作为贷款人,银行是债权者,享有债权人的权利与义务。但银行的资金却主要来源于存款者。在这种情况下,银行又是储户的债务人,必须履行债务人的权利与义务,遵循借款人的道德。在此道德关系中,商业银行有了解借贷资金的使用、借款人的经济状况以及从借款人获得合理回报的权力。债务人则应保证所借资金及银行应得回报的安全。债务人应向债权人公布所借资金的使用方向、状态,接受贷款人的监督。其次是商业银行信贷中代理的道德关系。在市场经济体制中,任何经济行为都是建立在经济理性的基础上的:即以最小的投入获得最多的利益。这也是经济主体的本能。在合理合法的范围内追求个人利益最大化是个人的权力。而作为经济行为中的人,也有自己的义务:使自己生存发展并获得回报社会的能力,为社会创造财富。但个人或者经济主体对自身利益的追求往往使自己忽视或漠视道德规则、规范,在获得一己私利的同时给社会或他人带来损失。在代理行为中,除个人经济理性及相关道德外,还存在着一个重要的道德原则——利他原则。商业银行利用贷款盈利的过程实际也可看作代理存款人资金的过程。银行信贷行为在为自己获得利润的同时,必须有利于资金使用委托者经济目标的实现。在一些特定情况下,代理者甚至不得不让渡部分自己的利益以保证委托人的权利。与在信贷业务债权债务关系中的位置相似,银行既是存款者的资金代理人,又是借款者的资金使用委托人。对于资金使用者,商业银行享有委托人的权力,享受资金委托所带来的利益;而对于信贷资金的提供者,商业银行又必须履行作为资金代理人的责任与义务。

可以说,商业银行信贷道德风险中的道德关系是错综复杂的。这些复杂的关系之间有共同通之处,同时也充满了相互制约与矛盾。这些制约、矛盾,甚至冲突成为商业银行信贷道德风险形成的重要因素,并使得道德风险更为复杂、难以化解。

2. 商业银行信贷道德风险价值目标的多样性

由于信贷中利益主体纷繁复杂,使得商业银行信贷道德风险中的价值目标具有多样性。总体而言,商业银行信贷一般涉及银行资金的提供者、利用银行资金的贷款人和商业银行自身。这些利益主体他们各自承担所在的经济位置所赋予的权利和义务,追求各自的价值目标。银行资金的提供者将自有经济资源的使用权委托给银行,追求的是一定的利息带来的收益;借款人是想用最低的成本完成融资,为自己的发展获得资金;而商业银行则是希望聚集社会闲散资金,通过贷款实现经济效益并执行其社会职能。更为复杂的是,商业银行信贷道德风险存在于每一单个的信贷主体之中。而每一个体资金提供者、借款者的价值目标也是千差万别的。就贷款来说,商业银行贷款的种类主要包括:工商业贷款、不动产贷款、消费者贷款以及对金融机构的贷款。[①] 贷款对象涉及企业、个人、机关机构,贷款的发放涵盖社会生活的各个领域。不同种类和不同行业的贷款主体追逐着不同的价值目标。几乎每一宗

---

① 姚长辉:《商业银行信贷与投资》,经济日报出版社 1997 年版,第 122—127 页。

具体的贷款业务都充满多元的价值目标追求。如,商业银行在资金贷出时会想到较高的贷款利率水平以扩大其经济收益;而贷款者从自己的利益出发,则会尽量压低贷款利率,降低融资的成本。随着信贷业务的创新和服务面的扩大,信贷主体的种类日益增多,所涉及的价值目标也更为丰富。

商业银行信贷道德风险中价值目标的多样性不仅表现在信贷主体间,还表现于主体内部。就商业银行自身而言,银行内部的信贷员与信贷管理者之间的价值目标也并非完全一致的。他们当然都是为银行工作,最终目标是使银行的利益得到保障,并实现利益最大化。而在具体操作中,信贷员更注重贷款资金所带来的收益,而款项管理人员则将注意力更多地放在借出资金的安全方面。

212 　商业银行信贷道德风险中价值目标的多样性还表现在其中价值目标含义的双重性。由于道德风险涉及利益与道德两个领域,相较于其他不牵涉价值目标的技术性风险或只包含经济价值目标的金融风险,商业银行信贷道德风险中的价值目标不仅是利益主体希望实现的经济价值目标,也包括各主体寻求的道德价值目标。信贷主体间及其内部道德价值目标的多样性更加显而易见。由于主体意识形态,道德观念的差别,他们所想达到的道德目标自然大相径庭。

3. 商业银行信贷道德风险损失的严重性

商业银行信贷道德风险一旦形成爆发,将给社会生活造成严重损失。商业银行信贷业务涉及社会生活的各个方面。作为极为重要的经济行为,商业银行在国民经济中扮演着关键性的角色。商业银行信贷的主要职能有:①1. 聚集和经营社会资金。商业银行通过信用方式,把分散在社会各阶层、再生产各个环节中的资金集中起来,形成一个巨额资金,再通过贷款或投资等方式把这些资金投放于生产或流通领域,促进商品生产和商品流通规模的不断扩大,并获取利润。2. 调节经济活动。商业银行通过信贷规模的扩张或收缩,使国民总量得到调节,从而

---

① 邓世敏:《商业银行信贷业务》,中国金融出版社2001年版,第8—9页。

引导国民经济的发展趋势。同时，信贷规模的调节将使货币流通与市场商品流通的客观需求相适应，保持物价的稳定。3. 管理与强化经济活动。信贷及贷款利率是重要的经济杠杆，是经济方法管理经济的重要手段。银行通过信贷这一杠杆，可以在借款企业生产经营计划的执行、工艺过程的管理、成本的核算、资金的运用等方面发挥重要的促进和制约作用。商业银行贷款作为企业融资的最重要渠道之一，为企业技术进步、扩大再生产能力提供支持。1979 年以来，我国商业银行相继开办了技术改造贷款和大修理贷款等业务，以支持企业的挖潜、革新和改造，充分发挥企业的现有生产能力，通过支持企业引进先进的管理、技术和设备，形成新的生产力，提高企业的市场竞争力。4. 反映经济活动状况。信贷规模的变动与信贷结构的变化，能够反映出整个国民经济及各地区经济的发展状况，以及生产和商品流通及库存物资储备状况；在信贷管理活动中还可以随时掌握各部门、各行业、各种产品的经营及市场供求状况，为国家制定宏观经济政策提供信息。一旦商业银行信贷业务中的道德风险爆发，商业银行的职能发挥将受到巨大影响。首先，商业银行的收益将面临威胁。如果借款人为使自己利益最大化而有意拖欠商业银行贷款，或不负责任地将所贷款项进行风险投资造成自身资不抵债，使银行贷款成为呆账死账，将直接使商业银行资产受到损失，对商业银行效益受到巨大威胁。将信贷利率作为主要利润之一的商业银行将不得不收缩信贷规模，最终形成一个极不合理的信贷情况。由于放贷资金的压缩，银行会因为不能及时将资金贷向高利润、高回报的行业或项目而增加机会成本的损失。

其次，商业银行的经营风险将提高。商业银行的经营风险不是孤立存在的，而是相互关联、相互影响的。就商业银行的信贷业务而言，除道德风险外，其主要风险还包括流动性风险和利率风险。流动性风险是指商业银行没有足够的资金来清偿债务，保证客户提取存款和满足贷款需求，从而给商业银行的赢利带来损失，给生存带来威胁的可能性。商业银行收入的主要来源是贷款与存款间的利差。一旦银行内部信贷道德风险过大，如信贷人员不负责任地将银行款项贷给经营不善

第六章　商业银行信贷中的道德风险

或信用度低的借款者,使贷款成为风险投资;或所贷出款项由于外部道德风险无法按时收回,甚至成为死账;都将造成商业银行赢利的巨大损失,使银行流动性风险增加。储户存款在商行资产结构中占有最大的份额,一般都在70%以上,根据美国《UNIFORM BANK PERFORMENCE REPORT》在1993年做出的统计,在资产30亿到100亿美元的大型商业银行中,存款在银行整个资产中的比率占到76.8%,而在资产1000万至2500万美元的小型商行中,存款资产更是占到了90.3%。如果道德风险发生,银行效益下降,人们对银行的信心将受到打击。特别当银行在吸纳储户过程中有欺骗、隐瞒等不道德行为时,储户出于对自己利益的保护会提前收回存款,而这种行为极有可能形成"马太效应",构成银行存款的挤兑,使商业银行蒙受流动性风险损失。在流动性风险的形成过程中,深层次的因素之一就是贷款的赢利性与低流动性之间的矛盾。商业银行出于对储户资产的责任,应把握放贷的适度金额与获利水平。而放贷过程中的道德风险往往形成盲目贷款、恶意贷款,使银行资金难以应对客户存款流动的需要,构成流动性风险。另一种信贷主要风险——利率风险也会因道德风险的形成而恶化。利率风险是指市场利率的变动所导致的银行金融风险。[①] 而市场利率虽为银行外部因素,但其很大程度上也取决于商业银行的存贷结构。如上文分析,道德风险将使存贷比例失调,造成市场利率浮动,从而增加商业银行贷款的利率风险。由于信贷是商业银行的核心业务,信贷款项又是银行资产结构和资金流中的核心部分,几乎所有的商业银行风险都与之有关,因此,商业银行信贷道德风险的发生最终将导致"蝴蝶效应",使银行风险全面提高或发生。

再次,整个社会效率将会降低。一个有效率的社会是一个资源得到最优化配置的社会。资金作为经济资源中最重要的部分,其分配与利用的效率直接关系经济及社会的效率。商业银行信贷中的道德风险必然会造成资金应用的低效与分配的不合理。即在大量信贷资产陷

---

① 姚长辉:《商业银行信贷与投资》,经济日报出版社1997年版,第335页。

入效率低、经营不善的企业，或成为不良资产的同时，一些处于上升阶段、有着良好管理与业绩的中小企业却得不到资金的支持，从而影响自身的完善与发展。

三、商业银行信贷风险的成因

关于道德风险在经济领域的起因，即在经济活动中为什么会出现道德风险，一般认为有两个因素。一是源于人类交换形式的演变。著名经济学家诺思认为人类经历了两种交换方式的演变。其一是简单的交换形式。在这种交换形式中，由于并没有发生社会生产的大分工，人们过的是自给自足的生活，物质交换的频率很低，交换行为、知识偶尔发生。而这种交换多发生于氏族内部，交换者之间相互熟悉，所掌握的交换信息都比较完整，基本不存在相互隐瞒或欺诈行为，也就很少存在道德风险。而随着社会分工的深入，人们成为商品的生产者，而不再扮演生活必需品生产者的角色，物质交换进入了一个新的阶段，成为人们生活的一个组成部分。这个时期的物质交换参与者涵盖几乎所有社会人，人员结构复杂，交换者之间不存在相互了解与认识，所掌握的交易信息也千差万别。人们不仅可以在交易过程中发挥信息优势，而且可以通过撒谎、欺骗等方式获利，道德风险便不可避免。在经济领域引发道德风险的第二个因素则是隐藏于人性中的趋利避险的倾向。如果人们没有这种倾向，对利益的获得采取听之任之的态度，就不会在交易中斤斤计较，更不会想方设法，甚至采取不正当的手段为自己谋取更多、更大的利益。那么，即便物质交换处于再复杂的交易机制中，涉及再大的交易规模、再陌生的交易者，都不会存在道德风险了。而现实交易中道德风险的存在和爆发正反过来证明了人们趋利避苦倾向的客观性。

道德风险客观存在于几乎所有经济活动中，当然也毫不例外地包含于商业银行的信贷业务领域。商业银行信贷道德风险对信贷主体的利益以及相关的社会利益都构成威胁，那这种道德风险的成因又是什么呢？我认为主要有以下几个原因：

1. 信贷人员的道德缺失

信贷人员是办理信贷业务的第一线工作人员。商业银行要通过他们的具体业务活动,发挥调节、分配、反映和监督的作用,支持市场经济的发展,扩大商品的生产与流通,实现社会经济效益和商业银行自身经济效益的不断扩大。同时,通过信贷员的业务活动,保证各项信贷政策、制度的贯彻实施,不断提高信贷资产质量,实现信贷资产安全性、流动性、效益性的合理协调。作为信贷员,其主要职责就是:贯彻执行银行信贷政策、合理运用资金;深入调查研究,做好市场预测;加强服务监督,提高经济效益;加强资产监控,提高资产质量;管好信贷资金。

信贷员道德的缺失将可能使信贷员在信贷业务的操作过程中违反有关信贷程序,或利用信贷规章制度的漏洞,不负责任地处理信贷资金,从而使贷款风险升高,引发信贷道德风险。信贷员的道德缺失主要是过分追求利益所引起的。信贷员作为经济活动中的一种个体,就具有"经济人"的道德属性。"经济人"是由英国重商主义者约翰·海尔斯在 1549 年编著的《关于英格兰国王公共财富的讨论》中首先提出来的。他认为"人是追逐最大利润的"。之后,孟备威尔在 1723 年发表的《蜜蜂的寓言》中,用蜜蜂的生活作比喻来阐述利己与利人、私恶和公益的关系,并得出人主观上为自己,客观上有利于他人和社会,私恶即公利的结论。而真正系统讨论"经济人"品质,并以此建立经济理论的人是亚当·斯密。在他的理论中,"经济人"是经济活动的主体,是追求个人利益,为自身利益考虑的经济个体。他们在道德上体现出利己主义原则。利己主义认为人的行为目的只能利己,而行为手段只应利他。爱尔维修从其"肉体感受性"理论出发,说到:"感官的感觉能力是他的欲望、他的社交、他的思想、他的判断、他的意志、他的行为根源……人是一部机器,为感官的感觉所发动,必须按照机器的动作而行动。"①他认为当人的需求得不到满足时便会感到痛苦,而得到满足时

---

① 王海明、孙海英:《寻求新道德——科学的伦理学之构建》,华夏出版社 1994 年版,第 55 页。

则觉得快乐。因此爱尔维修得出结论:"利益是我们唯一的动力。人们好像在牺牲,但从来不为别人的幸福牺牲自己的幸福。河水是不会向河源倒流的,人们也不会违抗利益的激流。"①其他的利己主义理论者从各个方面论述了人们行为目的利己性。如霍尔巴赫提出"自保"论以说明人的行为以求乐避苦,自爱自利为目的;费尔巴哈、车尔尼雪夫斯基也从人的动物本性、生物本性和自然本性的角度对人的行为利己目标进行了阐述。经济个体中存在的利己主义性质使得信贷员在经济活动中往往以自己利益的追求作为行为的目标。更为严重的是,这种对利益的追逐经常使信贷员除表现出利己主义属性外,还产生利己主义思想。在利己主义观中,如爱尔维修所言,"个人利益是人们行为价值的唯一而又普遍的鉴定者,因此,每一个个人相联系的正直,按照我的定义来说,无非就是对这个人有利的行为的习惯。"②当信贷员以价值的获得作为业务处理的标准时,他们就会忽视职业道德的存在,商业银行的规章制度在他们看来将成为谋取私利的绊脚石。个人价值观的变化将使他们在行为过程中对一般的道德标准产生怀疑与否定,对道德规范进行回避与抵制,从而引起自身道德的缺失。当然,有的信贷员道德缺失并不完全是受利益的驱使。一些信贷员本身就不具备成为信贷员的道德素质。银行的规章制度规定的只是最基本的行为规范,而道德是高于行为准则的。一些信贷员除遵守基本的行为规定外,对其他的作为信贷员应尽的责任毫不承担,这也可以看成道德缺失。因为他们缺乏所从事的职业所要求的道德水平和道德观念。还有一些信贷员则是为了维护与客户的关系,以人情代道德,造成了道德的缺失。但从更深的角度看,维护与客户的利益有的是为了银行的利益,为银行挽留实力强的借款者,以获得未来的收益。另一些则是因为客户与自己之间有着利益关系,如借款人是亲朋好友,或这些客户与自己经常往

---

① 王海明、孙海英:《寻求新道德——科学的伦理学之构建》,华夏出版社1994年版,第55页。

② 唐代兴:《利益伦理》,北京大学出版社2002年版,第52页。

来,是业绩的主要保障。由于后面这种原因而以情代道德的仍是出于对利益的追求,因为利益而道德缺失的。

信贷员道德缺失造成商业银行信贷道德风险主要表现在以下方面:

一是贷款使用目标的偏离。信贷员与商业银行的关系也可以看作委托——代理的关系。信贷员对于所经营的资金没有所有权,而他们却掌握着比商业银行管理人员更多的业务信息。利益的诱惑和自身道德的缺乏很容易使他们抛弃身上肩负的责任,将款项贷与期望收益高的领域。在具体贷款业务中,经常会出现这种情形:一个借款人投资项目,这些项目投资规模大、收益也很大,但相应的投资风险很高,并不属于商业银行的希望借款项目。而一些信贷员为追求贷款数量方面的任务或业绩,甚至为了得到借款人给予的额外利益,将项目的情况隐瞒不报,甚至与借款人一起制造虚假投资信息欺骗商业银行,结果使贷款资金被置于重大投资与经营风险之下。而有的信贷员在得到个人利益的同时,明知借款人将所贷资金用作他图也不及时制止或向银行通报,而是听之任之。这些不道德的信贷行为使贷出资金及相关银行利益得不到应有的保障,从而形成道德风险。

二是贷款额度的偏差。道德缺失的信贷员还可能将手中发放贷款的权力看作一种经济资源,与借款人进行交易。他们一方面收受借款人的金钱或其他利益,而另一方面则满足借款人要求,扩大贷款额度。这意味将有更多的商业银行资金被投入风险之中。贷款额度的偏差与贷款目标的偏离常常是结合在一起的。借款人在很多情况下会将多贷得的资金投入其他的项目。对于这些项目,商业银行一无所知,而这些项目又往往是由于风险高而难以获得贷款的。在这种情况下,银行对贷出资金的监督与控制能力受到严重的削弱。换句话说,这些资金及银行的合理利益更不安全,商业银行信贷中的道德风险便由此形成或提高了。

2. 信贷社会责任的忽视

美国管理学家鲍文(Bowen)曾提出批评企业必须担负社会责任。

它提出这一观点有两个理论基础,一是社会契约(Social contract),一是道德施动(Moral agent)。[①] 社会契约论认为人最开始处于"自然状态",拥有的是"自然权力",即个人只满足个人的需要,凡是为了满足个人需要的东西,人都可以据为己有。"自然权力"的运用使得自然状态成为"每一个人对每一个人"的战争,或"人对人像狼一样"的状态。这种人与人的状态之间相互敌视的战争状态极其不利于人类的生存和发展。因此人们就必须改变这种状态,放弃他们追求一切事物的"自然权力",并相互达成协议,将自己权力让渡出来形成公共权力。因此人人都必须在公共权力下担负自己的社会义务和责任,遵守行为规范和道德标准。企业作为社会经济个体,自然也必须承担社会责任,尽自己的权利和义务,因为这些是企业与社会间的契约。而道德施动是指企业在实现自身价值的同时,有义务引导社会道德向健康的方面发展。[②] 商业银行信贷作为一项社会经济活动,信贷主体作为具有企业性质的经济组织,都肩负者社会责任。信贷社会责任的忽视往往造成以下这些结果,引起信贷道德风险。首先是社会整体利益的损失。商业银行信贷业务在社会中扮演者资金引导的作用。为促进社会的进步与发展,贷款应发放给能增进社会整体利益的借款人。由于对自身社会责任的忽视,从自身利益最大化原则考虑,商业银行在选择信贷方案、评审贷款业务时通常更多地将注意力放在项目的经济效益上,而忽视对社会效应的考查。一些贷款项目经济效益很好,但对生态和人们生活环境带来巨大危害。一旦商业银行向他们提供贷款资金,虽然对于商业银行和借款来说,会获得较高的贷款利息和收益,但由于项目对社会造成的负面影响,社会消除它们的成本往往超过企业为社会创造的效益,最终使得社会总体利益受到损失,也就构成了外部信贷道德风险。虽然信贷管理相关管理条例中禁止商业银行将资金贷向违法项

---

① 秦颖、高厚礼:"西方企业社会责任理论的产生与发展",《江汉论坛》2001 年第 7 期。

② 同上。

目,但有的合法借款项目的开展也是有悖于社会道德原则的。如一些金融大鳄通过聚集社会资金,通过扰乱正常的金融次序以获得高额的回报。这些行为对社会的影响和带来的损失有时是无法估量的。如索罗斯在1997年制造的亚洲金融危机,给世界经济蒙上阴影,长时间持续低迷,甚至引发一些地区和国家的不安和动乱。对社会责任的忽视使商业银行对他们提供资金的可能性增高,从而形成巨大的道德风险。其次,信贷社会责任的忽视还会引起社会资金分布不均匀。社会的发展和建设需要资金的支持,而商业银行贷款是资金的主要提供者。社会由各行各业组成,借款人的经济效益不仅与借款人的自身条件有关,而且与所在行业密切相关。商业银行从贷款利润出发,会将资金贷向回报率高的行业,这就意味着那些经济效益相对较低的行业比较难得到商业银行的贷款支持。而这些行业往往是社会中不可缺少的,甚至其中一些行业的发达程度会直接影响社会的发展水平。贷款资金的匮乏将使的这些行业的发展相对滞后,从而给整个社会的进步带来负面影响。社会经济将出现这种状况:一方面,急需资金的行业和经济体由于在商业银行贷款取得上困难重重而陷入资金短缺的境地;另一方面,商业银行贷款在那些效益较好行业的堆积却经常造成资金利用率下降,引起经济资源的浪费。这种情况会直接降低社会经济效率,使社会发展出现不平衡,从而减慢社会发展的脚步。同时,社会责任的忽视还常常影响国家经济政策作用的发挥。国家在经济宏观调控过程中会对相对落后的地区和产业进行扶持,并会相应地出台一些政策。这些政策,有些是带有硬性规定的,有的则有赖于经济主体的支持。对社会责任的忽视会令商业银行将目光更多地投向影响贷款收益的因素,对于软的国家政策敷衍塞责,使政策作用的发挥受到很大局限。显而易见,信贷社会责任的忽视会使商业银行信贷业务与社会利益和社会道德的要求发生偏离,从而形成道德风险。

3. 信贷主体目标的冲突

如上文所分析的一样,商业银行信贷主体和信贷主体目标是纷繁复杂、多种多样的。这些多样的追求目标有些是共容的,如银行信贷资金提供者对利息的追求和商业银行对贷出资金利润的期望之间就不存在矛盾或冲突,甚至体现出一种目标间的相互依赖性。因为只有当商业银行达到预期效益的情况下,信贷资金提供者的利益才是安全和现实的。而在很多情况下,不同的主体目标则相互矛盾,甚至互相冲突,体现出排他性。如借款者的目的是为自己的企业或项目筹集资金。在具体贷款业务过程中,一方面,借款人希望以最低的成本达到融资的目的;另一方面,他希望筹集到的资金能为其带来最大的收益。对应于借款者,商业银行则希望提高贷款门槛以获得更多的利润,同时希望贷出的资金和利益能得到保障。显然,借款人与商业银行的这些信贷目标是不能同时满足的。高的贷款利率意味着商业银行收益的增加,也意味着借款人经营压力的增加;而借款人对超额经营利润的追寻表示他们有承担更多风险的倾向——因为往往高收益与高风险是联系在一起的,这种倾向则会降低贷款资金和银行利益的安全性。对排他性信贷目标的追逐过程就是商业银行和借款人利益的相互较量的过程。信贷道德风险也就在这个过程中形成或提高了。首先,信息不对称虽然不是引起道德风险的唯一原因,但确实客观存在的事实。信贷业务中的主体,作为经济活动的参与者,都具有"经济人"的特征。主观为己的"经济人"在追求"个人利润最大化"的目标下会产生扫除阻碍利益扩大的障碍的动机。一旦客观存在的规则和道德原则对个体利益的最大化形成约束,"经济人"就会产生冲破这些束缚的冲动,增加自身不道德行为发生的概率。如借款人往往会有意识地隐瞒、虚报信息,或只透露对自己有利的信息,使商业银行因为错误和虚假信息作出不正确贷款决定的可能性增大,从而引起道德风险。就是借款者具备一定的道德水平,应商业银行要求,提供真实的信息,信息范围也是受到局限的。而对于银行没有要求提供的信息,虽然有些十分重要,借款人出于自身考虑也有权不予透露,而这样做也很难说就是不道德的行为。但行为的结果依然会使道德风险形成或提高。其次,任何规范、程序、制度都是不尽善尽美,无懈可击的,商业银行信贷管理也不例外。即便不违反相关的规章制度,为使自己在信贷目标博弈中处于优势,信贷主体会充分利用规章制度的空缺和漏洞，为自己争取更大的利益。如借款者通常会利用银行在贷款评审、发放、追踪中的管理缺陷使贷款的发放尽量满足自己的要求，资金支配权更多地掌握在自己手中。而这经常是以牺牲商业银行对贷款管理、监督和控制的减弱为代价的。从而贷款资金被滥用的机会也就增加了，信贷道德风险随即形成或提高。再次，在排他性结果的选择中，信贷主体遵循道德原则和遵循利益最大化原则的结果往往是相互排斥的。假设一个企业已向银行取得一笔贷款，虽然风险很高，但在好的状态下，资金的回收年利率远远超过贷款利率。当贷款到期时，如果企业归还贷款，将损失较高的机会成本，如果有意拖欠，虽然在拖欠期内还必须负担更多的贷款利息，但企业的所得可能会更多。在这种情况下，企业很容易选择后者。看起来，企业愿意支付因为拖欠贷款而支付的额外费用，商业银行利益并未受到损失。但事实是商业银行的贷款超额地在承担企业的高经营风险，道德风险尤疑被提高了。

4. 信贷机构制度的漏洞

信贷制度是信贷业务操作的行为和程序准则。制度是一种带有强制性的标准和规范，对被约束人起着指导、控制和监督的作用。道德是人们内心的自我约束。人们的道德意志力是参差不齐的，在面对外部利益诱惑时，一些平时道德行为规范的人也往往有不道德行为的倾向。就对某一人的道德意志而言，也并不总是一样坚强的，在不同的环境中也通常表现出道德的波动。制度对于个人有道德提醒的作用，制度伴随的强制力会帮助人们提高道德意志力，保持道德的稳定性，从而抑制或避免不道德行为的发生。制度的漏洞将使信贷业务出现管理的松懈和死角，给不道德的操作行为以存在空间，从而提高商业银行信贷道德风险。制度的漏洞主要表现在这些方面：一是信贷业务工具的落后。就我们国家而言，改革开放 30 多年的时间，商业银行现代化管理的建立时间则更短，因此我国在商业银行领域的研究水平较低，缺乏先进的金融方法和工具。这就导致在商业银行信贷业务中，商业银行难以对借款人的情况作出更为精确的评价，影响对贷款业务的未来预期。这

222

就会使商业银行作出不佳、甚至错误判断和决策的可能性增加,也就增加了道德风险形成的可能。同时,由于信贷管理工具的落后,商业银行难以对道德风险的到来进行有效的观察和预警,而在道德风险爆发后又缺乏及时的风险化解措施,造成对道德风险控制的低效低能。二是信贷责任的混乱。商业银行信贷制度的混乱包括信贷人员权力与责任的不对等和责任的不明晰。一些信贷人员在信贷业务中起着关键作用,拥有较大的权力,却没有承担相应的责任。在利益的驱使下,他们置商业银行利益于不顾,发放大量低效或无效贷款,以追求自己业绩;或将贷款发放给自己的亲戚朋友;有的甚至直接经营贷款,造成重大道德风险。由于权力与责任不对等,即便贷出资金出现危机,他们所负的责任也非常有限。在信贷的一些环节则存在责任不明的现象。如在职务设置时形成责任交叉,看上去,很多人对某一方面都富有责任,而实际上当这一方面出现问题时,人人都可以将自己的过失推得一干二净,或由于法不责众,任何人都可躲避失责所带来的惩罚。而在有些方面则出现责任真空,即没有具体部门或个人承担这些责任,自然也就不会有人考虑、履行这些责任。责任的混乱将会在客观上纵容不负责任和不道德行为,降低商业银行对信贷人员的控制能力,并会导致信贷人员责任心的减弱和缺失。他们在处理信贷业务时违规和随意操作的可能性就会随之增大,从而形成信贷道德风险。三是信贷程序的低效。信贷制度的漏洞还表现为信贷程序的繁琐或缺失。一些商业银行的信贷程序冗长繁琐,甚至相互重叠。这使得借款人在贷款的获取中感到极为不便。更为重要的是,很多贷款由于手续办理原因不能及时到为,严重影响了信贷效率和资金的使用效率,造成社会资源的浪费。而一些信贷程序则只关注一些无关紧要的问题,而缺乏实质性内容,在经过这些程序时,既不能增进对贷款项目的了解,又不会降低信贷风险,使其自身形同虚设。由于这些程序不能发现信贷中的问题,使得一些经营风险大、经营状况不佳的企业或项目也很容易地得到商业银行贷款。这些贷出资金的安全自然得不到有力的保障,从而形成道德风险。

四、商业银行信贷道德风险的控制

商业银行信贷中的道德风险是难以完全规避的,因为第一,信贷相关主体的利益矛盾是客观存在,不可避免的;第二,参与信贷人员的道德观念、道德水平是参差不齐的,而且道德可变性决定了任何人的道德都有不确定性。道德风险不可完全化解,但却是可以控制的。要有效地控制商业银行信贷的道德风险,应从以下几方面入手。

1. 信贷价值体系的建立

商业银行作为国家中的经济单位,在国民经济中扮演着重要角色。而如上文所提到和分析的,信贷业务有着重大的社会职能。商业银行信贷中的外部道德风险主要就是指商业银行在信贷业务中由于仅以赢利为目标,忽视了社会道德原则和社会整体利益,从而阻碍社会的发展、侵害社会的公共利益。要规避这种道德风险,就必须建立合乎社会道德原则和利益的信贷价值体系。价值体系的建立一般包括价值目标的定位、价值规范,即行为中恪守的道德原则的制定和价值评判标准的划分。

价值目标是指行为最后想要达到的结果,即行为的最终目的。这种目的的特殊性在于,它直接涉及经济活动的发展、效能和社会意义。作为一种经济活动,一种社会性的经济活动,信贷业务的价值目标应是业务单位与社会的共同发展。任何经济活动的直接受益人都是自身,任何单位进行经济活动,主要目标都是自我生存与发展。信贷业务作为一种经济活动,当然也不例外。将与社会共同发展作为价值目标也就意味着信贷业务的操作者或信贷单位对社会的发展有义务与责任。那么信贷业务作为一种经济活动,与社会发展有必然联系吗? 信贷单位需不需要对社会发展负责任呢? 回答是肯定的。因为经济活动主体是社会的组成部分,信贷这种经济活动是社会财富创造的基础形式和单位形式,社会的发展就有赖于这些经济活动的进行和发展。而反过来说,经济单位不能孤立于社会而存在,它们是社会关系的产物。社会发展的好坏、发展的程度也决定着经济活动的规模、范围和环境。一方面,经济单位利用了社会提供的活动条件,就必须为获得这些条件而承担相应的义务和责任;另一方面,信贷业务的自身发展,也依赖于社会的稳定和社会环境的优化。从自身长远利益考虑,为社会发展承担责任更有利于利益的获得和扩大。同时,商业银行是社会的一种层次,一种组织,其在信贷业务中的利润具有独占性和排他性。而社会的整体利益则具有公众性和共享性。社会发展的目标在于社会成员利益的共同提高。以社会为背景的经济活动单位不能不受到社会的制约,这些制约就以社会责任和义务的形式由经济单位来承担。而且,社会是按一定的组织形式建立起来的,商业银行在进行信贷业务的过程中也受到社会非赢利性职能部门的服务,作为服务对象的经济单位承担这些部门的运转成本也是合乎情理的。可以明显地看出,商业银行信贷与社会发展有着直接的不可分割的联系。以自身与社会的协调发展作为信贷业务的价值目标是符合商业银行自己与社会整体利益要求的。

价值规范就是为达到价值目标所应遵循的道德原则。如果将道德目标看做屋顶,那么道德原则就是支撑建筑物的梁柱。商业银行信贷作为一种经济活动,直接目的就是对经济利益的追逐。为了达到使信贷业务促进商业银行与社会共同发展的信贷价值目标,在信贷业务的办理中应建立并遵守那些道德原则呢? 我认为有以下几条:(1)利益优化原则。信贷作为一种经济活动,最直接的职能就是创造财富。否则其就不是一种经济行为,也就失去了存在的意义。对利益追逐的失败或低效不仅直接威胁商业银行自身的生存与发展,而且会阻碍社会的进步与发展,是有悖于信贷价值目标,是不道德的。这是因为:首先,我们现处于市场经济阶段。对市场经济规律的尊重和遵守是基本的经济道德。市场经济对社会资源的优化配置,主要就是通过经济单位对自身利益最优化的追求而实现的。作为信贷这一经济活动主体,商业银行对合理经济利益的主观放弃直接违反市场经济规律的要求,对市场对经济的调节起着负面作用,因此是不道德的。其次,信贷获利的不利直接影响社会利益的实现,甚至影响社会的稳定。信贷业务最重要的方面就在于聚集和经营社会资金,增加社会财富。对利益的优化能提高社会资金的利用效率,为社会创造更多的物质利益。而一旦信贷利益得不到优化,则会使商业银行效率降低。由于信贷资金的社会性,整个社会经济效率都会受到不利影响,使得社会经济资源机会成本提高,造成社会资源的巨大浪费。同时,信贷资金与一般企业资金最大的区别在于,信贷资金主要来源是商业银行存款,其所有权是属于存款者,而非商业银行。信贷利益得不到优化往往造成对存款者利益的侵害。特别是当信贷利益的安全受到威胁,利益损失时,直接会影响存款者信心和不安,引起社会的不稳定。可见,信贷利益的低效是不符合社会发展需要的,是不道德的。再次,信贷业务在国民经济中扮演着重要的角色,在调整、影响国家经济关系和发展趋势方面发挥着不可替代的作用。而这些作用和职能的发挥都有赖于信贷业务的健康开展,有赖于信贷业务利益的优化。一旦信贷操作或管理不善,造成利益危机或损失,则信贷的社会职能将被削弱,当然也就会降低履行社会责任的能力。如商业银行一般通过对重点和优秀项目的贷款解决经济发展中的资金短缺问题。一旦信贷效益不佳,则商业银行的贷款能力就会减弱,对社会经济发展所起的促进作用也就会受到限制了。而对社会责任义务的推卸本身就是不道德的。

（2）利益合理原则。在市场经济中,经济主体都希望获得最大的利益。而实际上,经济交易的过程就是不同的经济活动主体进行利益博弈的过程。任何人都不可能获得实际上的最大利益。而且经济活动在社会中受到法律、道德和环境多方面的影响和制约,所以最大利益是不存在的。信贷业务的利益获得要遵守利益合理原则。就商业银行信贷业务来说,获得合理利益主要包括这些内容。首先是获利的手段必须是合法的,并且是在社会公共道德原则之内的。法律是社会的基石,是公共利益的保障,而社会道德更是保护社会整体利益和个人利益的内在机制。社会道德同样符合市场经济的需要。因为就市场经济而言,其本身就有规范化的需求。从爱尔维修"合理利己主义"的倡导和亚当·斯密在《道德情操论》中在经济领域建立道德堤坝的努力可以看出,市场经济对道德的内在需求。对法律和道德的违反将造成社会整体利益的损失和经济运行的混乱,严重阻碍社会的进步,并最终对自身利益带来负面影响。因为对道德的忽视和违反要么会恶化经营环境,要么将使经济行为主体遭受惩罚,所以以不道德的手段获利无论从社会效果看还是从经济主体的长远利益考虑,都是非理性的。商业银行在信贷业务中以这些手段得到的利益也就是不合理的利益。其次,获利的结果必须是"双赢"的。这是指,商业银行贷款发放的结果应使借款人与商业银行的利益相互促进。比如说现在有些中小企业,由于其知名度和经营规模的局限,社会融资渠道的范围很窄,而这些企业由于经营周期或其他方面的影响,往往在一段时期内对资金有较大的需求。而商业银行从利益最大化原则出发,利用这些企业身处的窘境,调高贷款门槛,结果使这些企业在得到贷款同时背负很大的经营压力,从而提高运行风险。这些利益的取得通常是合法的,但就这些企业在获取同一笔贷款而受的不同待遇而言,这种利益的获得包含有"不公平"的因素,因此我不认为这是合理的。这种现象在社会中是比较普遍的。而这将会造成中小企业生存和发展的障碍和困难,最终影响市场经济的自由竞争,降低市场经济效率。显而易见,不合理利益的取得很可能使商业银行偏离信贷价值目标。

（3）服从社会原则。服从社会原则是指商业银行在信贷过程中在遵守社会法规和基本道德原则的基础上主动考虑社会的整体利益,主动承担社会责任和义务,使自己利益的取得服从社会整体利益发展的要求。主流经济学中对经济个体与社会利益的关系有着偏见与误解。他们将亚当·斯密提出的自利最大化理解为经济人的唯一理性,这种解释是弯曲的。如乔治·施蒂格勒在散文《国家之船上亚当·斯密的旅行》中将斯密说过的"虽然共有的精明（Prudence）这一原理并不能指导每一个人的行为,但它总是影响着每一阶级或阶层中的大多数"这句话理解为"自利主导着大多数的人们"。事实上,"精明"和"自利"是完全不同的概念。"精明"是亚当·斯密在《道德情操论》中提出的,意思是"理性和理解力的结合"。① 实际上,使自己利益服从社会整体利益是社会发展的要求,也是个人发展的需要。亚当·斯密本人曾指出:"根据斯多葛派的理论,人们不应该把自己看作某一离群索居的、孤独的个人,而应该把自己看成是世界中的一个公民,是自然界巨大国民总体中的一员,"而且,"为了这个大团体的利益,人们应当随时心甘情愿地牺牲自己的微小利益"。② 斯密认为:"人道、公正、慷慨大方和热心公益是最有益于他人的品质"。③ 商业银行作为经济个体,在办理信贷业务时应主动考虑社会的发展,使自身利益的增长与社会利益的提升呈相互促进的关系。这就要求,信贷业务在进行过程中,不但要关心、考查具体业务的经济效益,还要关注社会效益。如有些借款企业的项目虽然收益率很高,但明显会对环境造成巨大危害,产生不良的社会影响。在这种情况下,商业银行可能从这笔贷款业务中获得不错的利润,甚至将获得的利润会超过其他的贷款项目。但作为一个肩负社会责任的经济主体,商业银行应该取消贷款业务,以保护社会的整体利益。信贷业务在被操作过程中,还应当主动承担社会责任,"热心公益"。就我国而言,由于处在社会主义建设的初级阶段,许多方面还很不完善。对不完善方面的建设对于社会的稳定与发展又是非常必要和不可缺少的。现在对这些方面的财政支持主要来源于政府开支。而相比较于资金的需求,政府财政开支远不能使其得到满足。在保证资金安全的条件下,商业银行可以适当地参与这些公益事业的建设,为它们提供经济资源,促进基础建设的快速发展。如对在校贫困学生的低息和无息贷款。也许这些贷款项目会增加信贷业务的机会成本,使其收益受到一定的影响,但就社会整体利益和社会的发展而言,这些业务的意义会超过很多其他利高的信贷项目,有利于信贷价值目标的实现。

价值评判是对信贷业务结果对价值目标影响的评价。我认为"是

---

① [英]亚当·斯密:《道德情操论》,蒋自强等译,商务印书馆1999年版,第65页。

② 同上书,第202—203页。

③ 同上书,第237页。

否损害和破坏社会及他人利益"可以作为信贷价值评判标准。如果信贷业务导致了社会利益的损失,如商业银行将资金贷给违法经营的企业,那么这些信贷业务的开展就是不道德的,应受到社会和业内人士的道德谴责,甚至是惩罚。而如果信贷业务的开展是促进社会利益增加,有利于公益的,如商业银行将资金贷向获利少但社会和人民急需的公共项目,那这种业务是应受到道德鼓励和社会道德认可的。信贷价值体系的建立将在商业银行信贷中产生道德的内部控制机制,使商业银行在信贷业务操作中更加注重对社会效益和道德影响的考虑,从而降低商业银行信贷中的道德风险。

2. 信贷业务政策的优化

信贷业务中的道德风险很大一部分是由于不同利益主体所追求的利益目标相互冲突引起的。优化信贷业务政策,调节个信贷主体的利益关系则可以在尽量满足各方面利益要求的同时,降低道德风险。由于贷款业务是银行利益与存款人相关收益实现的最终环节,信贷中道德风险主要发生在这一领域。贷款业务中的道德风险通常是一方利用信息资源掌握的优势欺骗、隐瞒另一方所引起的。贷款实质上是一种不对称信息交易,具有信息优势的一方称为代理人,信息处于劣势的一方成为委托人,两者构成委托——代理关系。在具体贷款项目中,借款者是资金的使用者,对于借入资金的实际投向及其风险、收益水平、贷款的偿还概率等信息比较了解,他们是不对称信息决策中的代理人;而商业银行是资金的提供者,对资金的投向及风险等情况并不十分清楚,是不对称决策中的委托人。在贷款项目中,借款人的期望收益为:$E = \max_i \left\{ \sum^{2j1} (V_{ij}) P_{ij} \right\}$,其中 V 代表企业选择方案 i 在 j 状态下的净收益;P 代表与方案 i 对应的分布函数,即方案 i 的概率;i 代表贷款人可选择的方案,j 则表示项目的状态,1 代表项目成功,2 则代表项目失败。而借款人的期望收益将受到商业银行期望收益的约束,约束条件为:s.t $(IR) = \max_i \left\{ \sum^{2j1} U_{ij} P_{ij} \right\} \geqq \bar{U}$;$(IC) \sum^{2j1} V_{ij}^* P_{ij}^* \geqq \sum^{2j1} V_{ij} P_{ij}$。(IR)是参与约束,银行从贷款合同中得到的期望收益必须高于安全收益。V^* 代表借款人选择方案 i 在 j 状态时商业银行的收益;U 则表示银行在不发放贷款时资金的安全收益。(IC)是相融约束,即借款人可以在任何条件下选择任何方案,但其最终选择的必须是期望收益最大的方案。[①] 比如说,一个企业向银行申请贷款准备投入某个项目。贷款总额 1000 万元,贷款利率为 10%。如果企业按照合同约定将款项投入该项目,此时 i 的值为 1,效益好的概率 $P_{11} = P$,企业会取得 20% 的年收益;如果企业违反合同,将所贷款项用作他图,此时 I=2,效益好的概率 $P_{21} = P'$,年收益率将达到 22%。当项目效益不佳时,投资将无法收回,企业丧失归还贷款本息的能力。假设银行的安全年收益为 8%。企业的希望收益将会出现这种状况:当企业履行合同,将款项投入申报项目时,在效益好的情况下,企业收益为 100 万元,出现这种情况的几率为 $P_{11} = P$;而效益不好的概率 $P_{12} = 1 - P$,此时企业将亏损 1100 万元。如果企业违反合同,将贷得资金挪作他用,在这种情况下,假如企业效益好,企业收益为 120 万元,效益好的概率为 $P_{21} = P'$;企业效益不佳的概率 $P_{22} = 1 - P'$,这时企业的损失为 1100 万元。对应与企业的资金运用情况,当企业履行合同并效益好时,商业银行收益为 100 万元,概率为 P,效益不好时银行损失为 1000 万元,概率为 $1 - P$;而当企业不履行合同并效益好时,银行收益同样为 100 万元,对应概率为 P',而效益不好时,商行亏损也为 1000 万元,出现该情况的概率为 $1 - P'$。根据企业期望函数可求解企业最大期望收益:$E = \overset{max}{i} \left\{ \sum^{2j1} (V_{ij}) P_{ij} \right\} = \overset{max}{i} \left\{ [100P - 1100 \times (1 - P)], [120P' - 1100 \times (1 - P')] \right\} = \overset{max}{i} \{ 1200p - 1100, 1220p' - 1100 \}$,银行的期望收益则应满足约束条件(IR),IR 满足:$\{ 1100P - 1000, 1100P' - 1000 \} \geqq 1000 \times 8\%$,即 $1100P - 1000 \geqq 1000 \times 8\%$,且 $1100P' - 1000 \geqq 1000 \times 8\%$。可得出,$P \geqq 0.982$,$P' \geqq 0.982$;$P, P' \in [0, 1]$。当 P'=1,即企业违反贷款合同且效益好时,企业的收益将达

---

① 参见庞文瑾:"信贷风险管理中的道德风险及防范模型",《金融与经济》,2002年1期。

到最大值120万元。从中可以看出,当企业变更贷款合同将资金投入其他项目时,可以使企业和银行的收益都达到最大。但企业若遵守合同,银行的收益同样可达到最大的额度。换句话说,企业在使自己收益最大化的过程中,使银行承担了更大的风险,这个过程使道德风险增加了。为了防止道德风险的升高,商业银行必须对企业违反贷款合同的行为予以负的激励措施。这将促使企业在利益调整的约束下改变投资选择,自愿地遵守贷款合同,从而降低道德风险。在信息不对称的情况下,商业银行对企业的具体运作难以进行直接的监督并同步予以控制。对于银行而言,必须通过选择满足参与约束和激励相融约束的负约束条件 $S(\pi)$ 以诱使企业根据商业银行的希望进行资金操作,并使银行收益最大化。在所举的例子中,如果银行采用负的激励条件,当企业违约时予以20万元的处罚,即 $S(\pi)=20$,则企业的收益函数就变为:

$E = \overset{max}{i} \left\{ \sum_{}^{2j1} [V_{ij} - S(\pi)] P_{ij} \right\}$,可以看出,在企业守约和违约两种情况下,效益好与不好的概率没有发生变化,当企业守约时,其收益好时所得收益与效益不好时所受损失也没有改变,但如果企业违约,在效益好时,其收益已从120万元下降到100万元,而效益不佳时的损失已升高到1120万元。再来看银行收益经过调整后的变化。银行收益的情况基本没有发生变动,只是当企业违约且效益好时,其收益从100万元上升到了120万元。高出的20万元可以看成对商业银行在追求更高收益时对所增加风险的补偿。在这种情况下,企业作为一个理性经济人不会在同等收益情况下进行风险更大的经济行为,因此会自主遵从贷款合同,进行银行所期望的资金运用,从而在很大程度上避免道德风险的发生。这种负的激励政策模型可归纳为:$E = I \overset{max}{s}_{(\pi)} \left\{ \int \sum_{}^{2j1} [V_{ij} - S(\pi)] P_{ij} dx \right\}$, s.t. $(IR) = \overset{max}{i} \left\{ \int \sum_{}^{2j1} [U_{ij} + S(x)] P_{ij} dx \geq \bar{U}; (IC) = \int \sum_{}^{2j1} [V_{ij}^* - S(\pi)] P_{ij}^* dx \geq \int \sum_{}^{2j1} [V_{ij} - S(\pi)] P_{ij} dx \right.$。[1] 通过对这个多目标线性模型的

_____

① 庞文瑾:"信贷风险管理中的道德风险及防范模型",《金融与经济》,2002年第1期。

求解,可以找出商业银行的最佳负激励条件,使借贷双方收益最大,从而避免由于借款人为寻求更大利益而违反贷款合同所带来的道德风险。

这种利益激励模型不但可以应用于商业银行与借款人之间,同样可以用于商业银行信贷中的各个相互构成委托——代理关系的不同主体之间,如将期望收益 E 看成信贷员在信贷业务中的期望所得,将 V 看成信贷员选择 i 方案在状态 j 下由于提成获得的收益,那么该模型就可以看成对信贷人员的道德风险激励模型。激励模型在商业银行信贷中的应用可以是信贷主体的利益追求与行为道德原则方向趋于一致,减少他们利用不道德操作扩大自己利益的冲动,以达到降低道德风险的目的。利用道德激励模型控制道德风险的关键就在于了解双方的收益期望,找出两者收益之间的相互关系,尤为重要的是必须制定出最佳激励条件。这就要求及时详细地掌握对方的信贷行为动机与其手中的可选择方案。而这些都有赖于商业银行对信贷业务的管理和监督、控制。因此,控制道德风险还要求信贷管理的加强。

3. 信贷管理水平的提升

降低商业银行的道德风险,加强对信贷业务的管理、加强制度上对信贷资金的控制是极为重要的。提升信贷管理水平,降低信贷业务中的道德风险,主要通过以下两种途径:

一种是道德管理的引入。由于信贷道德风险不仅发生在经济领域的,同样也是包含道德的因素,因此加强贷业务的管理不仅意味要完善经济管理的方法和制度,而且要引入道德管理。道德管理就是在管理过程中,用道德原则和规范,而不是带有强制力的规章制度来调节人与人之间的关系,使工作人员在管理中得到尊重和精神需求的满足。早在春秋末年,孔子就提出了道德管理的思想,并看到了道德管理的作用。他说:"道之以政,齐之以刑,民免而无耻;道之以德,齐之以礼,民有耻且格。"①就信贷业务而言,道德管理会给信贷人员提供富有人情

---

① 《论语》,吉林文史出版社 2003 年版。

味的工作环境,由于得到尊重,他们更容易理解并接受与业务相关的政策和规章制度,减少他们与管理间的摩擦或矛盾,从而降低道德风险。在对信贷人员施行道德管理时,应遵循三条原则:(1)仁爱原则。仁是儒家最根本的道德管理思想。孔子认为仁就是"爱人",孟子提出"亲亲而仁民,仁民而爱物",①朱熹更是认为仁就是"爱之理,心之德"。可见,仁就是对人的尊重和帮助。商业银行应在管理中充分尊重信贷人员,关心他们的工作状态和条件,并认真考虑他们的需求,给予合理的满足。美国麻省理工学院的麦克格雷教授提出管理的"Y"理论,认为工作人员是"社会"人,一般人都是勤奋的,只要管理者重视人的因素,满足人的自尊和道德实现的需要,就能使人的潜力得到发挥。在信贷业务中,很多道德风险就是由于信贷人员在工作中合理的需求没有得到尊重,产生对商业银行或工作的不满,在工作中消极散漫,不认真负责而引起的。更有的信贷人员由于得不到尊重,产生对银行的报复心态,恶意贷出银行款项,造成道德风险,给银行带来巨大损失。满足信贷人员的道德实现的需要,给予他们信任与尊重将消除或缓解他们的工作压力和在工作中的矛盾,帮助他们稳定情绪。同时个人价值得到认同还将激励他们,激发他们的工作热情,降低因不负责任而给银行带来的道德风险。(2)贵和原则。孔子曾提出"礼之用,和为贵",孟子曾言道"天时不如地利,地利不如人和"。可见古人对和的推崇和重视。和就是团结、和谐。在进行对信贷人员的管理时,必须以团结为原则,使信贷人员感觉到他们是商业银行的一部分。和与仁是相通的。只有仁,爱护信贷人员,才能帮助他们、团结他们。这要求管理者在管理过程中倾听信贷人员的意见,并给予他们善意的指导,使他们感到他们所在的团队就是他们的舞台,他们可以在此展现他们的智慧和能力。团结信贷人员必须对他们的努力和工作表示认同。和的另外一层含义就是和谐。商业银行要善于调节、化解信贷人员之间的不和谐因素。他们之间的不和似乎与银行本身无关,但这种不和所产生的后果却常

---

① 朱熹:《孟子集注》,齐鲁书社1996年版。

常要商业银行来承担。此外,商业银行中关于信贷规章制度的制定过程可以邀请信贷人员参加,并采纳他们有益的建议。而在信贷政策的贯彻过程中,应多采用道德教育的方法,而不要任何时候都将之强加于信贷人员身上,使信贷人员与银行间也达成一种和谐的关系。团结和和谐有助于培养信贷人员的主人翁意识,能使他们在工作中更为积极主动,从而遏制道德风险的产生。(3)惠民原则。惠民本来用于安邦定国。孔子把"修己以安人","修己以安百姓"。为达到"安人"的目的,孔子赞成子产的"其养民也惠"。惠民就是"富之"。在信贷管理中,我们可以理解为商业银行考虑信贷人员的经济利益,并为他们谋利。惠民包括"以民之利而利之"。商业银行也可以把信贷员的经济利益与商业银行的利益、与他们为银行创造的财富结合起来。这种公利与私利的结合,同时也是公共责任义务与私人责任义务的结合。由于公利中私利的存在,会使信贷人员在对待商业银行信贷业务时如同对待自己的私人业务一样,更为认真负责,以降低业务中的道德风险。

另一种是信贷业务经济管理制度、方法的完善和创新。管理制度的完善和管理方法的创新将扩大管理面积、提高管理效率,使商业银行更准确、快速地掌握信贷信息,对贷出资金实行更为有效的控制,从而降低道德风险。就信贷业务的经济管理而言,主要涉及对借款人及借款项目的调查评价、对贷款项目的审查发放、对商业银行贷出款项的追踪监督。在这三个信贷业务的主要方面进一步完善管理机制、方法,坚持贯彻管理原则将全面提高信贷业务的经济管理水平。对借款人及借款项目的调查评价直接决定着信贷规模和流向,同时又是信贷审批的依据之一,对信贷发放的其他步骤有着很大的影响,在一定程度上决定着道德风险的大小。在对借款人的考察中,我们可引入在西方国家使用较多的"5C"调查法,从五个方面对借款人进行信用分析。① 这五个方面包括品德(Character)、能力(Capacity)、资本(Capital)、担保(Col-

---

① 〔美〕加州大学伯克立分校:《信贷管理及外汇管理概述》,中央广播电视大学出版社 1998 年版,第 44 页。

lateral)和经营环境(Condition of Business)。品德是指借款人的守信程度或按时偿还贷款的意愿。品德良好的借款人,具有偿还债务的高度民主责任感,对所欠贷款一般会如期归还。即使时运不济,项目操作不佳,也会尽力而为。与之相反,道德品质恶劣的借款人则往往恶意逃避银行债务。可以说借款人品德是决定信用可靠程度的最重要因素。对借款人的品德可通过对历史履历记录的分析作出评价。这些记录包括在银行的借款史、对供应商及其客户应付账款的支付情况等。对于有不良历史记录的人应慎重考虑。能力包括法律和经济上两方面的含义。法律上讲是指借款人是否有向商业银行借款的权力,即是否有借款资格。从经济角度来讲是指借款人是否具有按期偿还银行贷款的能力。借款人偿还债务的资金主要来源于收入、出售资产或从其他渠道筹资。商业银行对借款人能力进行评价时不仅要关心借款人的借款资格,同时要分析他的财务状况和赢利能力。分析的具体方法可通过对

其财务报表了解、分析和预测,评价借款人偿还贷款的能力。资本是指借款人拥有的资财价值,通常以净值来衡量。借款人拥有的资本是借款人承担民事责任的物质基础,是债权的物质保障。借款人资本越雄厚,也就意味着他有较强的抗风险能力,债权人所承担的道德风险就越小。商业银行对借款人资本的分析不仅要包括资本的规模,更要注重资本的内在质量,这是决定借款人财务实力的重要因素。因此,对资本的评价要依据市场价值,而不是账面价值,要充分考虑借款人资本的稳定性和变现能力。担保是指借款人应提供的用作还款的保证和抵押品,是借款人偿还贷款的最后保障。商业银行应要求借款人提供适当的担保方式,以保障银行债权的安全实现。借款人提供的贷款担保一般分为保证、抵押、质押三种。① 商业银行对贷款的审查内容应包括保证人保证资格、保证能力、抵押物、质物的权属和价值以及实现抵押权、质权的可行性等等。环境是指对借款人经营活动产生影响作用的各种条件和要素。它包括两个方面:一是指企业自身环境,如借款人的行业

---

① 邓世敏:《商业银行信贷业务》,中国金融出版社 2001 年版,第 93 页。

特点、主要产品和发展前景、技术装备水平、技术力量等。这些是借款人通过自身活动能够控制的。二是指企业外部环境，如政府政策、所处的经济循环周期、竞争环境、金融环境、法律环境等。这些因素一般不由借款人所控制。把经济环境作为信用分析的主要内容之一是十分必要的，因为这些因素常常左右借款人的经营状况，对其偿还贷款能力产生巨大影响。相对应这种信用分析方法，商业银行应建立一套道德分级体系。借款人道德等级的评定就是以特定的经济个体或信用工具为对象，主要对其信用程度作出评价，以确定贷款的道德风险度。这样将有利于商业银行将借款人根据信用状况分类，使得对借款人的贷款政策给予和对贷出资金的管理上更有针对性，从而降低道德风险。而在对贷款项目的审查中，我们应遵循这么一些原则。一是审贷分离原则，即将贷款调查、贷款审查、贷后检查三个工作合理分工，责任分别落到不同的人员或部门，做到各司其职、各负其责；二是分级审批原则，是指商业银行根据业务量的大小，管理水平和贷款风险度确定各级分支机构审批权限，超过审批权限的贷款，应报上级机构审查的原则；三是责权利相结合的原则，即各级贷款管理部门应将贷款管理的每一个环节的责任落实到部门、岗位、个人，严格划分各级信贷人员的职责。而在信贷发放这一环节上，应做到责任清晰、在管理模式上根据借款人的道德级别和借款项目的风险状况实行分级、分类管理。贷款发放的责任应落实到个人，谁发放的资金，谁就要承担相应的责任。这样将增加信贷人员的责任感，增加信贷人员的压力，促使他们认真负责地处理信贷业务，减少道德风险。而在贷款发放的方式上应区别对待。对信誉度高，所投资项目风险较小的借款人，商业银行可以给予其相对较大的资金使用权，如一次性发放贷出资金。而对于道德级别低的借款者，或承担较大风险的项目，商业银行则应加对资金使用的控制力度，甚至参与借款经济单位的管理。如逐一审批贷出企业使用款项，从而保证资金的流向，减小道德风险发生的可能性。对贷出款项的追踪监督是信贷业务中的又一主要环节，牵涉到防止贷出资金被乱用、滥用，对于抑制道德风险是极为重要的。在这项管理中，商业银行应采取措施，保证贷出资金的使用范围和领域。除定时检查借款人的往来账户外，商业银行还可以选择派出银行代表参与企业借入资金的管理。对于资金规模大的贷款业务，这是十分必要的，也是可行和有效的。同时商业银行还应建立并完善贷款资金预警机制及应对措施。借款人资金短缺，偿还债务能力下降通常经过三个阶段：①(1)应收账款回收速度减慢，存货开始积压。借款人为保证经营的正常进行，不得不减少各种采购开支，削减各种成本；(2)借款人发生严重的支付危机，并开始解雇工人和职员；(3)借款人与银行的关系开始恶化，无法支付借款的本息，也不能支付税，最终宣告破产。商业银行必须严密地监视借款人的财务状况，及时了解借款人所处阶段，采取应对措施，如限制借款人的支出或采购渠道，缩短赊销期限，核实借款人的呆账损失，或延长贷款期限，从而遏制道德风险或减小一旦道德风险发生所带来的损失。

4. 信贷职业道德的培养

信贷管理水平的提高，制度的完善将会加强对信贷资金和人员的控制、监督，从而在很大程度上降低道德风险。但任何管理方式、规章制度的执行和贯彻，最终要通过信贷中的业务或管理人员来实现。人在遵循相关规定、执行外部管理和监督、贯彻信贷政策的过程，实际上就是客观事物主观化的过程。就对规章制度和相关政策，及管理模式的解读而言，每个人由于自身文化程度、水平，特别是道德观念、所自主遵守的道德原则以及所形成的价值观的差别，会对所发布的信息产生不同的理解。即便对客观信息有相同理解的不同个体，由于道德水平、道德意志的相异，在具体处理上也会表现出差异性，而这种差异往往是巨大的。比如说，当要对借款对象的情况进行了解时，有的信贷人员就兢兢业业，积极主动地收集相关信息，这样自然就有利于正确信贷决策的作出，从而降低道德风险。而有的人则消极怠慢，不进行细致的调查研究，甚至捏造虚假信息，引发商业银行不当或错误的信贷决定，造成道德风险的升高。因此，在降低商业银行道德风险的过程中，培养、提

---

① 姚长辉：《商业银行信贷与投资》，经济日报出版社1997年版，第178页。

高信贷人员的职业道德就显得非常重要。

　　道德是调整人和人之间的行为规范的总和,这些行为规范一般不依靠政治、行政机关的强制来执行,而是靠人们的内心信念和舆论监督来维护。而所谓职业道德,就是同人们的职业活动紧密联系的,具有自身职业特征的道德准则、规范的总和。信贷人员的职业道德自然就是与信贷业务活动紧密联系的道德规范和准则之总和。培养和提高信贷人员的职业道德,主要从以下几个方面着手:

　　首先要建立信贷人员的职业道德。培养和提高信贷人员的职业道德,那么就必须建立带有职业特征的道德原则、规范和理念。职业道德是公共道德的一个又一个组成部分,因此职业道德不能与社会基本的道德原则、标准和规范产生矛盾或冲突,而要以它们为基础。这些社会的基本道德随着地域、文化和所处历史阶段的不同而变化。其中最基本的道德原则就是不要侵犯或伤害他人的正当利益。结合我国现在的国情,我国正处于社会主义初级阶段,集体主义是我们的道德原则,因此信贷职业道德必须以集体主义道德要求为基本道德原则。除此之外,作为信贷业务操作者的行为指导,信贷人员职业道德原则应包括:诚信、客观、创利。诚信是信贷人员处理业务主体关系,避免不合理、不道德信贷业务发生的根本保证。诚就是能实事求是,对于信贷人员来讲就是不制造、捏造和散布虚假信息,对商业银行进行信息的隐瞒或欺骗。同时信贷员对借款者也要及时通告真实的信贷政策及相关信息,而不能故意刁难或欺瞒借款者,以达到自己的私人目的。信则是对自己义务责任的主动承担。《陆九渊集·拾遗·主忠信》中写道:"忠者何? 不欺之谓也;信者何? 不妄之谓也。人而不欺,何往而非忠;人而不妄,何往而非信。忠与信初非有二也。特由其不欺于中而言之,则名之以忠;由其不妄于外而言之,则名之以信。果且有忠而不信乎? 果且有信而不忠乎? 名虽不同,总其实而言之,不过良心之存,诚实无伪,斯可谓之忠信矣。"①可见信包含有诚与忠的含义。一方面,要做到

238

①　陆九渊:《陆九渊集》,北京中华书局1980年版,卷三十二。

"信"，就要"诚实无伪"；另一方面，"信"与"忠"其实在本质上是没有区别的，对外部讲信用就是"信"，而对内部就称为"忠"。就信贷人员而言，就必须"忠"于商业银行。作为贷款资金的直接贷出者，他们应该毫不回避对资金所担负的责任，他们应及时、主动地了解资金的使用状况，积极采取措施确保资金的安全和商业银行利益的实现。"客观"也是信贷人员所必须遵循的道德原则。"诚"强调的是信贷人员对外界情况、信息的真实反映，而"客观"更多关注的是信贷员自身的主观态度。对外界信息的真实反映与吸纳并不必然导致正确决策的作出。"客观"是指，不论借款者或服务对象是谁，信贷员在对贷款项目的考察、评价中都必须保持一样的心态，不然情绪影响自己的判断，从而作出不当的选择，造成道德风险。信贷员还应当遵守的另一道德原则就是创利原则。信贷业务是一种经济活动，更是商业银行收入的主要来源，因此创利是这一职业的重要道德原则。现在，我国加强了对信贷人员的管理，他们担负的业务责任也大为加重了。一些信贷人员为了逃避这些责任，在业务上采取消极怠慢的态度，对贷出款项过分担忧，从而影响银行收益，并妨碍信贷外部职能的发挥。信贷业务不创利就是一种变相的利益损失，也是一种道德风险。创利不力意味着机会成本的升高。此外，银行背负着巨大的存款利息压力，信贷赢利的减少将导致银行运行风险的提高。因此，对于信贷员而言，必须在谨慎小心的同时，积极寻找、扩大业务范围，努力创造和提升利益空间，为商业银行创造更多的价值。特别对于我们国家而言，我国的四大商业银行都是国有银行，创立的过程不仅是为个人增加业绩，为银行积累财富的过程，更是为国家创造价值的过程。

其次就是加强对职业和职业道德的认识。要培养职业道德，就必须了解相关职业以及职业道德。一方面，信贷人员需要了解信贷业务在银行中的地位、作用和职能。这将有助于信贷人员对银行相关的规章制度更为深刻地理解，并对自己在银行及社会中扮演的角色有更深的体会。信贷业务作为商业银行的主要收入来源，直接决定者银行的运行状况。认识这种业务的重要性将比较容易地使信贷员产生职业自

豪感,从而在内心产生一种压力。这种内心产生的自豪感压力不同于
外在压力,它是信贷人员的自律。这种压力会潜移默化地影响信贷员
行为,使他们在业务处理时处于一种自我约束状态,促使他们提高工作
的积极性与工作热情,并感受到更多的道德义务与责任,从而减少违规
操作或不道德操作的可能性,降低道德风险。另一方面,信贷员需要了
解自己所在行业的职业道德。职业道德的内容将成为信贷人员处理业
务的行为方向。除了对职业道德内容的认识,信贷人员还应该了解职
业道德的性质和在社会道德中的作用。大多数人对社会的一般基本道
德价值是接受的。这包括对这些道德原则的内心认同,也包括社会道
德环境和道德监督带来的迫使性接受。而人们对职业道德的接受程度
却经常不够。这是因为这种道德只作用于一个群体,发生作用的范围
受到局限,而对其监督的主体也往往在一个领域中,甚至只在于一个经
济单位,对职业道德的监督能力相对较弱。而有的人认为职业道德是
社会道德的附属品,是可有可无的,遵守了是好从业人员,而不遵守也
没有一般情况下违法道德的愧疚感。而对职业道德性质与在社会道德
中地位的认识,会使从业人员了解到职业道德是社会道德不可缺少的
一部分。职业道德是社会道德在某一领域内的具体化,与其他的社会
道德相互影响、相互作用。它是在这一职业领域内的行为道德评价标
准,违反职业道德就是对社会道德的违反。信贷人员对信贷职业道德
的正确认识将促使他们对职业道德更为重视,从而摆正对职业道德的
态度,提高对职业道德的接受度。

再次就是对信贷职业道德的内化。内化信贷职业道德,是职业道
德培养的关键环节,更是道德培养的最终目标。对信贷人员职业道德
的内化主要通过以下两条途径:一是对遵守职业道德的个人和行为的
宣传与鼓励。社会中有许多具备良好职业道德的典范,如公交行业中
的优秀乘务员李素丽,不怕脏、不怕累的下水道供热徐虎,他们虽从事
着其他行业,但对这些得到社会公认的优秀分子及其优良职业道德的
宣传和学习会使信贷人员产生道德模仿,从而自觉遵守自己行业的道
德原则。更为重要的是,在进行道德典型的同时,应及时发现信贷人员

中职业道德高尚者,对他们进行表彰、宣传。因为向社会道德典型的学习常使人们感到距离太远,而对身边模范的参照更容易引起道德模仿的积极性,而且学习的目的性更强。而对优秀信贷人员的鼓励和宣传同时会增强职业道德主体的荣誉感,对其继续遵守职业道德将起到心理激励的作用。对遵守职业道德原则行为主体的鼓励不仅要有精神上,还应适当地与物质相结合。就信贷业务职业道德而言,道德维护的利益中就有商业银行的利益,因此给予道德高尚的信贷人员的物质激励是合理的。而物质鼓励牵涉个人的利益,有助于信贷员职业道德条件反射的形成。因为这种物质鼓励会增加违反职业道德行为的机会成本,同时使信贷员遵守职业道德的价值更为直接。通过对遵守职业道德行为和个人的宣传与鼓励将使信贷员对职业道德产生道德情感,从而内化为自己的道德原则。内化信贷人员的职业道德,二要注重对违反职业道德行为的批评和处罚。对于信贷人员弄虚作假、隐瞒欺骗等违反职业道德的行为要予以谴责,并对其由于不道德而引起的损失的责任予以认真追究,并使其受到严厉处罚。职业道德的内化需要良好的道德氛围。一旦行为主体不遵守或违反道德而逃避处罚,或只承担很小的责任,甚至从中获得额外的利益。对其自身和旁观者而言都是一种内化道德的负激励。因此必须加大对违反职业道德行为的处罚和指责力度,使不遵守职业道德的人产生道德羞耻感,产生对不道德的厌恶,从而产生对职业道德的选择偏好,起到内化职业道德的目的。而这种违反职业道德行为所带来的巨大负面后果又会促使其他人形成道德条件反射,从而内化职业道德。当然,对待职业道德还有另一种态度,就是既不违反,也不积极履行。但就信贷业务而言,对职业道德的遵守程度往往都可以通过信贷人员的业绩表现出来。如贷出资金的质量和数目就一般可以表明信贷员的诚信水平和对"创利"道德原则的遵守程度。因此给予业绩好的信贷员以奖赏和鼓励,对于业绩不佳者予以批评和对应的处罚就会在一定程度上激励他们将职业道德原则作为自己自觉行动的原则,实现职业道德的内化。当然,内化的职业道德还要经过信贷人员在日常工作所受到的不断的道德激励得到持续。

由于在信贷中信贷主体间目标冲突和信息不对称的客观存在,以及信贷相关人员道德的差异和内在道德的波动性,完全规避道德风险是不现实的。但通过信贷政策、管理的优化和加强,特别是商业银行信贷价值体系的建立和对信贷人员道德的培养教育和监督控制,商业银行信贷道德风险完全可以得到控制。相信随着道德培养方法和商业银行信贷管理手段的创新和丰富,随着信贷规章制度的日益完善,对道德风险的抑制将更为有效。

主要参考文献

[德]霍尔斯特·施泰因曼、阿尔伯特·勒尔著:《企业伦理学基础》,李兆雄译,上海社会科学院出版社 2001 年版。

[美]A.麦金太尔著:《德性之后》,龚群、戴扬毅等译,中国社会科学出版社 1995 年版。

[日]松下幸之助:《经营人生的智慧》(上),任柏良、陆虹译,延边大学出版社 1996 年版。

[美]戴维·帕卡德著:《惠普之道》,贾宗谊译,新华出版社 1995 年版。

[美]戴维丁·弗里切著:《商业伦理学》,杨斌译,机械工业出版社 1999 年版。

[美]博特赖特著:《金融伦理学》,静也译,北京大学出版社 2002 年版。

[德]乔治·恩德勒、卡尔·霍曼著:《经济伦理学辞典》,王淼祥译,上海人民出版社 2001 年版。

[德]彼得·科斯洛夫斯基著:《伦理经济学原理》,孙瑜译,中国社会科学出版社 1997 年版。

[德]马克斯·韦伯著:《新教伦理与资本主义精神》,于晓等译,三联书店 1987 年版。

[德]乔治·恩德勒等主编:《经济伦理学大辞典》,李兆雄、陈泽环译,上海人民出版社 2001 年版。

[英]亚当·斯密著:《国民财富的性质和原因的研究》,郭大力、王

亚南译,商务印书馆1994年版。

[英]亚当·斯密著:《道德情操论》,蒋自强等译,商务印书馆1999年版。

[英]哈耶克著:《个人主义与经济秩序》,邓正来译,三联书店2003年版。

[美]布坎南著:《伦理学、效率与市场》,廖申白、谢大京译,中国社会科学出版社1991年版。

万俊人:《道德之维》,广东人民出版社2000年版。

李建华:《走向经济伦理》,湖南大学出版社2008年版。

甘绍平:《应用伦理学前沿问题研究》,江西人民出版社2002年版。

陈炳富、周祖城:《企业伦理》,天津人民出版社1996年版。

万建华、戴志望、陈建:《利益相关者管理》,海天出版社1998年版。

温克勤:《管理伦理学》,天津人民出版社1988年版。

龚群:《当代西方道义论与功利主义研究》,中国人民大学出版社2002年版。

王小锡:《经济伦理与企业发展》,南京师范大学出版社1998年版。

吴敬琏:《通向市场经济之路》,北京工业大学出版社1992年版。

厉以宁:《经济学的伦理学问题》,三联书店1995年版。

张维迎:《企业的企业家——契约理论》,上海人民出版社1995年版。

张维迎:《企业理论与中国企业改革》,北京大学出版社1999年版。

欧阳润平:《企业伦理学》,湖南人民出版社2003年版。

崔之元:《"看不见的手"范式的悖论》,经济科学出版社1999年版。

千高原:《企业伦理学》,中国纺织出版社2000年版。

窦炎国:《现代企业伦理学导论》,吉林人民出版社2003年版。

后　记

　　这本书是我近十年来思考企业道德问题的结果，也是在和企业界朋友、学生一起进行思想交流时逐步形成的一些不成熟想法。我在《走向经济伦理》一书中曾经坦言：尽管经济伦理不是我的研究专长，但在市场经济社会中每个人都无法逃避经济冲击力对你的影响，我们每天都在交易，我们必须每天身揣货币才能出门。人们在深感市场经济给自身带来物质财富与享受的同时，却又对市场经济埋三怨四，尤其是一些道德学家大有对市场经济进行声讨之势，动不动就是进行市场经济以来，我们的道德水平如何差，人如何坏。其实在计划经济时代，坏人也不少，甚至更多，道德水平也好不到哪儿去。这就迫使我去思考，市场经济与道德究竟是什么关系。经过思考，我的结论是：经济与道德之间不是简单的直接决定与反作用的关系，它们之间是可能性关系，不是必然性关系，经济伦理研究中的“二律背反论”、“滑坡论”、“内引论”都是没有根据的。经济与道德之间的契合点是利益，利益是道德的基础，并非经济就是道德的基础，因为经济虽然是以利益为驱动，但经济毕竟还是有一整套制度保障。利益是什么呢？最根本的是人的欲求，“利者，所得而喜也。”完整的利益就是人的欲求和欲求的现实化。人有欲望，欲求什么，这是没有道德问题的，或者说，不应进行道德上的评价，只有欲望的现实化才有道德可言。在市场社会中，企业作为经济主体是实现人的欲望的主要依托，是企业家在创造物质财富，来满足人们的欲望。但企业不是慈善机构，毕竟是以谋取自身利益为目标，所以当义与利发生冲突时，难免陷入二难。现代企业遇到的道德难题很多,最根本是的获取企业自身利益与履行社会责任的问题,真正"取之有道"。本书只是以道德风险为轴心探讨了几个现代企业中的道德难题,没有系统化和专门化。

本书由我的学生易珉、周谨平、伍妍、刘华容、李华东、林国治提供了部分章节的初稿,对他们的工作表示满意。第四章在《走向经济伦理》一书中收录过,这次收入本书,更符合内容要求,特此说明。

李建华谨示

咸嘉新村"三思书屋"

2009 年 2 月 27 日

责任编辑:张伟珍
装帧设计:肖　辉
版式设计:程凤琴

图书在版编目(CIP)数据

现代企业的道德难题/李建华　著. -北京:人民出版社,2009.12
(伦理学研究书系·经济伦理)
ISBN 978 - 7 - 01 - 008207 - 3

Ⅰ. 现…　Ⅱ. 李…　Ⅲ. 企业管理-伦理学-研究　Ⅳ. F270 - 05

中国版本图书馆 CIP 数据核字(2009)第 161842 号

现代企业的道德难题
XIANDAI QIYE DE DAODE NANTI

李建华　著

人民出版社 出版发行
(100706　北京朝阳门内大街 166 号)

北京新魏印刷厂印刷　　新华书店经销
2009 年 12 月第 1 版　2009 年 12 月北京第 1 次印刷
开本:710 毫米×1000 毫米 1/16　　印张:16
字数:221 千字　印数:0,001~3,000 册

ISBN 978 - 7 - 01 - 008207 - 3　　定价:30.00 元

邮购地址 100706　北京朝阳门内大街 166 号
人民东方图书销售中心　电话 (010)65250042　65289539